Sola Scriptura ökumenisch

Biblische Argumente in öffentlichen Debatten

Herausgegeben von

Stefan Alkier, Bochum und Frankfurt am Main
Tobias Nicklas, Regensburg
Thomas Paulsen, Frankfurt am Main

BAND 1

Stefan Alkier, Christos Karakolis, Tobias Nicklas

Sola Scriptura ökumenisch

BRILL | Ferdinand Schöningh

Bibliografische Information der Deutschen Nationalbibliothek

Die Deutsche Nationalbibliothek verzeichnet diese Publikation in der Deutschen Nationalbibliografie; detaillierte bibliografische Daten sind im Internet über http://dnb.d-nb.de abrufbar.

www.schoeningh.de

Einbandgestaltung: Evelyn Ziegler, München
Herstellung: Brill Deutschland GmbH, Paderborn

ISSN 2701-9721
ISBN 978-3-506-76038-8 (hardback)
ISBN 978-3-657-76038-1 (e-book)

Vorwort der Reihenherausgeber

Die im Brill / Schöningh Verlag publizierte Frankfurter Übersetzung des Neuen Testaments von Stefan Alkier und Thomas Paulsen (FNT) ist in besonderem Maß der Philologie und damit der Sprachkraft der Texte verpflichtet. Die sich daran anbindende neue Buchreihe *Biblische Argumente in öffentlichen Debatten* zielt auf dieser Basis auf die Denk- und Differenzierungskraft biblischer Texte und Bücher und der Bibel als Ganzer in gegenwärtigen Kontexten und Konflikten. Die Bibel ist das Buch kritischen und selbstkritischen Umdenkens, was sie mit dem griechischen Leitwort *metánoia* zum Ausdruck bringt. Biblische Texte entfalten ein kritisches und kreatives Potential, neu und Neues zu denken, wenn ihre Sichtweisen auf Gott und die Welt nicht kirchlich, politisch oder moralistisch domestiziert, subjektivistisch privatisiert und auch nicht historistisch musealisiert oder gar konstruktivistisch der Beliebigkeit und Belanglosigkeit ausgesetzt werden, sondern ihr anderes, befremdendes, streitbares Denken als enthüllender Widerstreit gegen ideologisch proklamierte Alternativlosigkeit, Starrsinn und jegliche Rechthaberei in kirchliche, kulturelle und politische Debatten eingebracht wird. Die Bibel ist nicht das Buch der Kirche, sondern Buch für die Welt in ihrer Gegebenheit, Schönheit, Zerrissenheit, Bedrohlichkeit, Liebenswürdigkeit, Offenheit und Anfälligkeit gerade auch in Zeiten des politischen Populismus, globaler Verunsicherung, gesellschaftlicher Polarisierungen und scheinbar unlösbarer Probleme: sexualisierte Gewalt, Sexismus und Rassismus, enthemmter Kapitalismus, Chancenungleichheit, Armut, Hunger, Pandemie, Migration und Klimawandel dominieren die Nachrichten und Diskurse in öffentlichen Medien.

Die Publikationen, die in dieser Reihe erscheinen werden, sollen sich einmischen in kirchliche, kulturelle und gesamtgesellschaftliche Debatten zu den Problemen, Krisen, offenen Fragen und Chancen der Gegenwart. Sie sollen helfen, der öffentlichen theologischen Sprachfähigkeit von Kirchenleitungen, Universitätstheologinnen und -theologen, Pfarrerinnen und Pfarrern, Lehrerinnen und Lehrern und allen an der Lebensrelevanz biblischer Texte

Interessierten auf die Sprünge zu helfen. Die Bibel ist reicher als die Theologien der Gegenwart. Sie zielt auf Kommunikation und Öffentlichkeit. In der Auseinandersetzung mit ihren Texten sehen wir ein enormes und weitgehend ungenutztes Erschließungspotential kritischen, überraschenden, neuen Denkens. Die Reihe *Biblische Argumente in öffentlichen Debatten* bietet aber keine Plattform für biblizistischen Starrsinn, dogmatistische Belehrungen und frömmelnde Besserwisserei. Sie setzt weder bei ihren Autorinnen und Autoren noch bei ihren Leserinnen und Lesern einen irrationalen Glauben an irgendetwas voraus. Sie vertraut vielmehr auf die unbestechliche und streitbare Fähigkeit biblischer Texte kreuz und quer zu denken, sich nicht abzufinden mit anmaßenden Macht- und Unrechtsverhältnissen, sondern im Vertrauen auf den Geber und die Gabe des Lebens über jeden Tod hinaus miteinander dankbar und denkbar gemeinschaftliches Leben und gemeinsame Zukunft zu gestalten.

Die Reihe setzt mit einer gemeinsamen bibeltheologischen und ökumenischen Programmschrift eines römisch-katholischen, eines griechisch-orthodoxen und eines evangelischen Theologen ein, die sich darin einig sind, dass allein die Schrift richtig verstanden eine frohe Botschaft für alle bezeugt und nur die gemeinsame, erwartungsvolle wie kritische Hinwendung zur Schrift tragfähige Ökumene ermöglicht. Diese aber ist kein kirchlicher Selbstzweck, sondern vielmehr die Basis dafür, biblische Einsichten in die Ermöglichungsbedingungen gemeinschaftlichen Lebens wie Barmherzigkeit, Solidarität, Dankbarkeit, Demut, Gerechtigkeit, Aufbegehren, Empathie, Anerkenntnis und Hoffnung in die globalen und lokalen Konflikte einzubringen. Es geht der Reihe wie ihrem programmatischen ersten Band um nichts weniger als Umdenken mit der Bibel angesichts der Krisen, Katastrophen und Konflikte heute.

Wir sind sehr dankbar, dass wir mit Christos Karakolis (Athen), David Moffitt (St. Andrews) und Cosmin Pricop (Bukarest) den wissenschaftlichen Beirat der neuen Reihe kompetent und international besetzen konnten. Manuskripte können uns in deutscher und englischer Sprache angeboten werden.

Wir danken dem Verlag Brill / Schöningh, dass er sich auf das Wagnis einer Buchreihe einlässt, für die es keine Vorlage gibt, weil hier wirklich Neuland betreten wird. Wir hoffen sehr, dass der Erfolg der neuen Reihe zu neuen Perspektiven auf gesellschaftliche Probleme und Chancen unserer Zeit, aber eben auch auf die Denkkraft biblischer Texte und der Bibel als Ganzer zur Erschließung, Kritik und Gestaltung von Wirklichkeit führt.

Stefan Alkier, Tobias Nicklas, Thomas Paulsen
Bochum, Regensburg, Frankfurt am Main im August 2020

Inhalt

IV.
Methodologische Entfaltungen

V.
Ökumenische Entfaltungen

VI.
Ermöglichungen schriftgemäßer ökumenischer Praxis

I.

Eine Einladung anstelle einer Einleitung

Die ökumenische Bewegung scheint in einem seltsamen Zwiespalt zu stehen. Zumindest in großen Teilen Mitteleuropas verstehen viele Christinnen und Christen nicht mehr, warum evangelische und katholische Kinder nicht wenigstens in der Grundschule gemeinsam am Religionsunterricht teilnehmen dürfen. Gab es im Vorfeld der Reformationsfeierlichkeiten 2017 zwar Verstimmungen und Irritationen auf der Ebene von Kirchenleitungen, so kann die Mehrheit der evangelischen und römisch-katholischen Christinnen und Christen wie auch die öffentlich-rechtlichen Medien nicht mehr nachvollziehen, warum Christinnen und Christen verschiedener Konfessionen zwar gemeinsam Gottesdienst feiern, sich aber nicht gemeinsam am Tisch des Herrn treffen dürfen, um gemeinsam das Herrenmahl zu empfangen.

In vielen bundesdeutschen Kontexten ist gerade auf der Ebene gelebter christlicher Praxis kaum mehr verständlich, was uns eigentlich trennt. Bereits in einem Land wie Rumänien jedoch, in dem zwar alle Konfessionen noch bis vor wenigen Jahrzehnten unter der Religionspolitik Nicolae Ceauşescus bitter zu leiden hatten, dabei aber in perfider Weise untereinander ungleich behandelt wurden, sind die Gräben noch heute z.T. sehr tief. Ausgelöst durch kriegerische Konflikte in der Ukraine reißen derzeit neue Gräben innerhalb der Orthodoxie auf, die zu überbrücken wenigstens im Moment menschlich unmöglich zu sein scheint. Gleichzeitig lebt die ökumenische Bewegung in einer Vielzahl von Kommissionen und Konferenzen, Begegnungen und Bewegungen sowie – auf verschiedensten Ebenen – Gesprächen zwischen der Hierarchie, Expertinnen und Experten, vor allem aber in Initiativen von Laien, weiter.

Wir, die Verfasser, sind auf unterschiedliche Weisen und in unterschiedlichen privaten und beruflichen Ebenen nicht nur ökumenisch interessiert, sondern auch engagiert. Dabei beobachten wir trotz unserer verschieden geprägten und verorteten subjektiven Perspektiven folgende Trends:

(1) Sobald die Ebenen offizieller Gespräche und daraus resultierender Erklärungen verlassen sind, eröffnen sich in mehr inoffiziellen Bereichen überraschende Spielräume, in denen auch das sonst Undenkbare plötzlich möglich erscheint und unüberwindbar erscheinende Gegensätze überbrückbar werden. Nicht selten ergänzen sich dabei die Vielzahl der sich begegnenden Perspektiven und öffnen den Blick auf den/die jeweils andere(n) und den Wert seines/ihres teilweise auch zunächst befremdlich erscheinenden Denkens. Nicht nur persönliche Verbundenheit und Freundschaft, sondern gemeinsame Forschungsinteressen, hermeneutische Überzeugungen und Frömmigkeitshaltungen lassen konfessionelle Schranken und Grenzen immer wieder als zweitrangig erscheinen. Auch wir haben, so sehr wir Wert darauf legen und dies in unserem Buch wo nötig auch kenntlich machen, unsere konfessionellen Unterschiede *nicht* zu verwischen, nicht nur in den Gesprächen, die zu diesem Buch führten, immer wieder erlebt, dass uns als von der Bibel begeisterte Zeitgenossen weit mehr verbindet als trennt.

(2) Wenigstens bedeutende Teile der ökumenischen Bewegung legten und legen den Fokus aber vor allem auf das die Konfessionen Trennende. Es ist und bleibt wichtig, auch weiter um Fragen des Kirchenverständnisses und, damit zusammenhängend, der Bischofssukzession oder auch der Sakramente zu ringen und dabei verhärtete Positionen aufzuweichen, in manchen Fällen aufzugeben und in anderen Fällen noch klarer als bisher zu benennen, was uns denn wirklich noch trennt. Wir sind aber der Meinung, dass es *wichtiger* ist, uns darauf zu besinnen, was uns eint: Dieses Einende erkennen wir in der *gemeinsamen* Getragenheit von und Verwiesenheit auf das uns als Menschenworte der Schrift begegnende Gotteswort. Wir gehen davon aus, dass das wirkkräftige und reich beschenkende Wort Gottes[1] Kirche und damit jeder historischen Ausformung von Kirchen und Konfessionen vorausliegt (These 3). Damit aber hat

1 Damit meinen wir *nicht* die Bibel in ihren verschiedenen konkreten Ausformungen!

allein die Schrift als verbindliche Bezeugungsinstanz des Wortes Gottes die Kraft, den diversen christlichen Konfessionen und den individuell Glaubenden einen gemeinsamen erfreulichen und ermutigenden Grund zu geben (These 1), der nicht nur auf religiösen Happenings wie Kirchentagen, sondern auch in Krisenzeiten trägt.

Während wir beobachten, dass in mancher Kommission zu ökumenischen Fragen Vertreter der Hierarchie gemeinsam mit systematischen Theologen und Historikern dominieren, sind wir der Meinung, dass gerade deshalb die Exegese ein gewichtiges, wenn nicht entscheidendes Wort für die Ökumene zu sagen hat. Dabei geht es nicht alleine und in erster Linie darum, aufgrund vorgegebener systematischer Fragen Impulse im Blick auf die Entstehungszeit der christlichen Bewegung zu geben, die dann in der systematischen Theologie erst in all ihrer Tiefe erfasst werden könnten. Wir gehen stattdessen davon aus, dass uns das lebendige Gotteswort auch heute noch durch die von konkreten Menschen in konkreten Orten und Situationen formulierten Zeichen der Schrift begegnet und dass auch heute noch der Auftrag der Interpretation der Schrift darin besteht, sich nicht alleine und nicht einmal vor allem auf ihre mögliche Bedeutung in einem hypothetisch rekonstruierten Entstehungshorizont zu beschränken, sondern der Begegnung mit dem Gotteswort als Schrift zu dienen. Unser gemeinsames Anliegen ist es, uns diesem Gedanken aus unseren verschiedenen konfessionellen Perspektiven zu nähern. *Ökumene verstehen wir deshalb als sich gemeinsam von der Frohbotschaft der Schrift bewegt auf dem Weg zu finden und sich in Anerkenntnis der jeweiligen Verschiedenheit gegenseitig im schriftgemäßen, hoffentlichen Handeln zuversichtlich zu bestärken.*

Als gemeinsame Grundlage unseres Arbeitens dienen uns zehn Thesen, die wir bereits im Februar 2018 im gemeinsamen Gespräch entwickelt haben.[2] Auch sie lösen sicher nicht alle Probleme und verstehen sich notwendigerweise als offen für Rückfragen, Kritik

---

2 Den Anstoß dazu gab uns die Frankfurter Tagung zum 500jähringen Reformationsjubiläum, deren Tagungsband vorliegt: Stefan ALKIER (Hg.), unter Mitarbeit v. Dominic BLAUTH u. Max BOTNER, Sola Scriptura 1517–2017. Rekonstruktionen – Kritiken Transformationen – Performanzen, Colloquia historica et theologica 7, Tübingen 2019.

und Interpretationen. Als einen gemeinsamen Ausgangspunkt unseres Nachdenkens verstehen wir die Frage, welcher Weg uns – wenn auch niemals ganz sicher, so dass wir es „besitzen könnten" – *am sichersten*, in Luthers Worten „certissime", zu Gottes Wort führen kann. In einer ersten Runde versuchen wir uns diesem Weg aus den Perspektiven unserer kirchlichen Traditionen anzunähern und dabei jeweils zu zeigen, welche Hilfen und Möglichkeiten, aber auch welche Gefahren sich in den verschiedenen Konfessionen daraus entwickelt haben. In einer zweiten Runde bieten wir methodische und hermeneutische Entfaltungen dieser Grundlage. Wir stellen, anders gesagt, die Frage: Was heißt es denn Bibel zu lesen? Aus dem so Gewonnenen versuchen wir eine Reihe ökumenischer Einsichten zu gewinnen, die sich schließlich in einer letzten Runde in Perspektiven schriftgemäßer ökumenischer Praxis übersetzen lassen.

Im Jahr 1976 hat der bedeutende Regensburger Exeget Franz Mußner den Band „Petrus und Paulus: Pole der Einheit" publiziert und ihm bewusst den Untertitel „Eine Hilfe für die Kirchen" gegeben.[3] Auch unser Buch möchte diesem Anliegen dienen und gerade deswegen Leserinnen und Leser ansprechen, die an verschiedensten Orten innerhalb, vielleicht auch außerhalb oder gar gegenüber von Kirchen stehen. Wir sind jedenfalls nicht nur theoretisch, sondern ganz praktisch und leidenschaftlich davon überzeugt, dass das Wort Gottes die Verschiedenheit unserer Interpretationen nicht nur aushält, sondern, gerade weil es Vielfalt erlaubt und ermöglicht, die Kraft hat, uns in den verschiedensten Situationen und Konstellationen zu interpretieren. Wir möchten mit unserem Buch die Erfahrung teilen, dass, je mehr und je intensiver wir unsere unterschiedlichen Einsichten, Befürchtungen, Sehnsüchte und Hoffnungen in ein dialogisches Gespräch gebracht haben, wir uns gemeinsam umso gewisser, umso leichter und umso klarer von dem getragen wissen, von

3 F. MUSSNER, Petrus und Paulus. Pole der Einheit. Eine Hilfe für die Kirchen (QD 76), Freiburg 1976. Zur Bedeutung dieses Bandes vgl. auch M. THEOBALD, ‚Petrus und Paulus: Pole der Einheit' (Franz Mußner). Ein wegweisendes Buch nach 40 Jahren wiedergelesen. Zum Gedenken an Franz Mußner (1916–2016), in: BZ 61 (2017) 60–85.

dem die Heilige Schrift spricht. Wir hoffen sehr, dass unsere Thesen von Ihnen, verehrte Leserin und verehrter Leser, als Einladung zu der von uns praktizierten und intendierten ökumenischen Lektüregemeinschaft aufgenommen werden kann. Wir freuen uns auf das Gespräch mit Ihnen, wann und wo auch immer.

Wir freuen uns, dass unsere ökumenische Programmschrift die neue Buchreihe „Biblische Argumente in öffentlichen Debatten" eröffnet und wünschen dieser Reihe viel Resonanz. Wir danken dem Mitherausgeber dieser Reihe, Prof. Dr. Thomas Paulsen, für die Aufnahme unseres Buches in diese Reihe und für die Mühe des Korrekturlesens.

Wir danken dem Verlag Brill/Schöningh und namentlich Dr. Martina Kayser und Jörg Persch für die gleichermaßen freundliche wie professionelle Zusammenarbeit. Wir danken Charlotte Dietrich und Charlotte von Schelling für die Erstellung des Manuskripts und Frau von Schelling auch für die Erarbeitung der Register.

Stefan Alkier, Christos Karakolis und Tobias Nicklas
Frankfurt am Main, Athen und Regensburg im Jahr 2020

II.

Sola Scriptura in ökumenischer Perspektive

10 Leitthesen

Stefan Alkier, Christos Karakolis, Tobias Nicklas

1. Allein die Schrift hat als verbindliche Bezeugungsinstanz des Wortes Gottes die Kraft, den diversen christlichen Konfessionen einen gemeinsamen erfreulichen und ermutigenden Grund zu geben.

2. Schrift wird dabei als Konzept des Kanons aus Altem und Neuem Testament begriffen, das nicht gebunden ist an eine einzige Version bzgl. Sprache, Auswahl und Reihenfolge der biblischen Bücher.

3. Das wirkkräftige und reich beschenkende Wort Gottes liegt der Kirche und damit jeder historischen Ausformung von Kirchen und Konfessionen voraus. Den sichersten Zugang zum Wort Gottes bietet die Bibel als Sammlung der Schriften Alten und Neuen Testaments.

4. Der Kanon wird dabei als intertextuelle Lektüreanweisung begriffen, die das Zusammenlesen jedes einzelnen Buches der Bibel mit allen anderen Büchern in alle Richtungen eröffnet. Dadurch legt sich die Schrift in unermesslicher Weise selber aus.

5. Differenzen und Divergenzen der verschiedenen Stimmen in den biblischen Schriften sollen nicht geglättet oder gar harmonisiert werden. Vielmehr verweist ihre Diversität darauf, dass es sich bei den Schriften Alten und Neuen Testaments auch um historisch gewachsenes Menschenwort in der Vielfalt verschiedener historischer Situationen handelt. Die menschliche Formulierung von Wahrheit zwingt dazu, Wahrheit in menschlicher Vielfalt zu denken. Die durch die Transposition in den Kanon generierte Übersummativität der einzelnen Schriften ermöglicht es, in der Vielfalt und Widersprüchlichkeit

 | DOI:10.30965/9783657760381_002

der menschlich verfassten Zeugnisse das eine Wort Gottes zu hören. Die Vielfalt der biblischen Schriften stellt daher keinen Abbruch ihrer Wahrheitsfähigkeit dar, sondern ihre historisch bedingte realitätsgesättigte Erdung.

6. Die Schrift ist reicher als nur eine ihrer Interpretationen. Diese Einsicht führt notwendig zur Demut der Auslegung. Ein und dasselbe Schriftwort kann als lebendiges Wort Gottes in unterschiedlichen Zeiten, Situationen und Lebenswelten verschiedenen Menschen und Menschengruppen Verschiedenes sagen. Die Lebendigkeit des Wortes Gottes zeigt sich in der Lebendigkeit der Rezeption. Jede theologische Abweichung von biblischen Positionen muss als solche offengelegt und vom Geist der Bibel her begründet werden.

7. Das lebendige Wort Gottes ist nicht gebunden an ein einziges Medium. Das Evangelium ist auch darstellbar in Musik, Bild, Liturgie und anderen Medien. Diese Medien ersetzen aber nicht die kritisch normierende Funktion der Schrift.

8. Die Schrift stellt unmissverständlich klar, dass Gott das Heil für alle seine Geschöpfe will und er es ihnen offenkundig anbietet. Theologisch sachgemäße Bibelauslegung muss deshalb im Wortsinn evangelisch, katholisch und orthodox sein, d.h.: sie ist der *guten Nachricht für alle in richtiger Weise* verpflichtet. Was eine so geprüfte Auslegung der Bibel ermöglicht, sollen die Konfessionen nicht verhindern.

9. Jeder Bibelgebrauch, der anderen zum Schaden gereicht, erweist sich damit als diabolischer Missbrauch der Schrift.[1]

---

1 Das Frankfurter Neue Testament übersetzt jetzt das griechische *Diabolos* bewusst nicht als „Teufel", sondern so wörtlich wie möglich als „Zerwerfer". Vgl. hierzu S. Alkier/T. Paulsen, Die Apokalypse des Johannes. Neu übersetzt und mit Einleitung, Epilog und Glossar, Frankfurter Neues Testament 1, Paderborn 2020, 134.

10. Die Schrift ist für alle verständlich, die sie mit dem Geist der Vernunft und Hingabe in nicht abschließbarer Lektüre auslegen. Weil der Geist der Vernunft und die Fähigkeit zur Hingabe Gottes Schöpfungsgaben sind, haben Kirchen, Konfessionen und theologische Ausbildungsstätten die schöne Aufgabe, alle zum eigenen kritischen Bibellesen zu ermutigen.

III.

Hermeneutische Entfaltungen

1. Sola Scriptura als engagierte Leseanweisung – eine evangelische Perspektive

Stefan Alkier

Am Anfang der reformatorischen Bewegung steht nicht die systematische Darlegung eines Schriftprinzips, sondern die Schriftauslegung in existentieller Anfechtung und aufrichtiger Wahrheitssuche mit demütigem Respekt vor dem Auslegungsgegenstand als echtem Gegenüber. Es ist von wegweisender Bedeutung, dass Martin Luther in seiner Verteidigungsschrift *Assertio omnium articulorum Martini Lutheri per bullam Leonis X. novissimam damnatorum*[1] die intellektuellen und emotionalen Kompetenzen des Menschen zusammenbindet und sie auch Laien der Schriftauslegung zuspricht.

Der Leitspruch *Sola Scriptura* proklamiert keinen subjektivistischen Ansatz im Sinne frühromantischer Hermeneutik, wie sie prägnant in einem Aphorismus des Novalis zusammengefasst wird: „Wie ich und was ich lesen soll, kann mir keiner vorschreiben."[2]

---

1 Martin Luther, Assertio omnium articulorum Martini Lutheri per bullam Leonis X. novissimam damnatorum (WA 7; 91–151), 1521. Die im Folgenden verwendeten ins Deutsche übersetzte Zitate aus dieser Schrift Luthers folgen, wenn nichts anderes vermerkt, der Ausgabe: M. Luther, Assertio omnium articulorum Martini Lutheri per bullam Leonis X. novissimam damnatorum / Wahrheitsbekräftigung aller Artikel Martin Luthers, die von der jüngsten Bulle Leos. X verdammt worden sind (1520), in: Martin Luther, lat.-dt. Studienausg. 1: Der Mensch vor Gott, hg. v. W. Härle, Leipzig 2006, 71–217. Meine Ausführungen im vorliegenden Band beruhen auf Überlegungen, die ich im folgenden Aufsatz in Thesenform dargelegt habe, und setzen diese in ökumenischer Perspektive fort: S. Alkier, Sola Scriptura als epistemologisches, hermeneutisches, methodologisches und theologisches Konzept der Schriftauslegung. 20 Thesen, in S. Alkier (Hg.) unter Mitarb. v. D. Blauth u. M. Botner, Sola Scriptura 1517–2017, Rekonstruktionen – Kritiken – Transformationen – Performanzen, Colloquia historica et theologica 7, Tübingen 2017, 429–477.

2 Novalis, Schriften 2. Das philosophische Werk I, hg. v. R. Samuel in Zusammenarb. m. H.-J. Mähl u. G. Schulz, ³1981, 609: „Es gibt kein allgemeingeltendes Lesen, im

 | DOI:10.30965/9783657760381_003

Vielmehr geht es um die epochale Einsicht, dass der Zugang zur Schrift allen offen steht, die den eigenen Geist vom Geist der Schrift zu unterscheiden bereit sind.[3] Diese differenzhermeneutische, im Wortsinn *kritische*, weil Ausleger und Auslegungsgegenstand unterscheidende Pointe führt zu dem hermeneutischen und methodischen Ausgangspunkt, dass die Interpretation bei der Schrift selbst beginnen muss und die Vorgabe der dort zu findenden Zeichen das Kriterium der Angemessenheit jeglicher Interpretationen darstellt.

Die Einsicht in die Komplexität der Datenlage der materiellen Gegebenheit biblischer Schriften hat seit der Reformation quantitative und qualitative Sprünge gemacht.[4] Die Sorge um die Integrität der Schrift führte zu systematisierenden Transformationen der reformatorischen Lektüreanweisung *sola scriptura* hin zu einem dogmatischen Topos.[5] Gelehrte aus allen Konfessionen sahen sich gezwungen zur intensiven textkritischen Erkundung der Datenbasis der biblischen Schriften zur Ermittlung zuverlässiger Bibelausgaben. Hinzu kamen immer wieder neue Funde von Textzeugen,

---

gewöhnlichen Sinn. Lesen ist eine freye Operation. Wie ich und was ich lesen soll, kann mir keiner vorschreiben."

3 Vgl. Luther, Assertio omnium articulorum (s. Anm. 1), 77 ff.

4 Vgl. zur textkritischen Forschung u.a.: K. ALAND/B. ALAND, Der Text des Neuen Testaments. Einführung in die wissenschaftlichen Ausgaben und in Theorie wie Praxis der modernen Textkritik, Stuttgart ²1989; D.L. DUNGAN, A History of the Synoptic Problem. The Canon, the Text, the Composition and the Interpretation of the Gospels, New Haven/London 1999, 186–197; W.G. KÜMMEL, Das Neue Testament. Geschichte der Erforschung seiner Probleme, Freiburg/München ²1970, 41–54; H.G. REVENTLOW, Epochen der Bibelauslegung I, München 1990; E. TOV, Der Text der Hebräischen Bibel, Handbuch der Textkritik, Stuttgart 1997; E. WÜRTHWEIN, Der Text des Alten Testaments, Stuttgart ⁵1988.

5 Die neuere theologiegeschichtliche Forschung führt zwar zu einem differenzierteren Blick auf die vielgescholtene lutherische Orthodoxie, dennoch wird man die Differenz zwischen der existentiellen Lektüreanweisung Luthers und den Systematisierungsversuchen der lutherischen Orthodoxie nicht übersehen dürfen. Vgl. W. SPARN, *Subtilitas intelligendi, explicandi, applicandi.* Protestantische Bibelhermeneutik zwischen 1618 und 1717 im Zeichen des *sola scriptura*, in: S. ALKIER (Hg.), Sola Scriptura 1517–2017. Rekonstruktionen – Kritiken – Transformationen – Performanzen, Colloquia historica et theologica 7, Tübingen 2019, 163–189; vgl. auch V. JUNG, Das Ganze der Heiligen Schrift. Hermeneutik und Schriftauslegung bei Abraham Calov, Stuttgart 1999.

deren Differenzen die Diversität der Ausprägungen der schriftlichen Grundlagen christlichen Lebens von Beginn an bekunden.

Klar wurde durch jahrhundertelange textkritische Forschung: Es gibt nicht das eine Original der Schrift. Nicht einmal von einem einzigen biblischen Buch existiert ein normatives, ursprüngliches Exemplar. Die Schrift gibt es nur im Plural von Abschriften der Abschriften der Abschriften ihrer jeweiligen Bücher. Keine Konfession verfügt über die eine Bibelausgabe, die alle anderen überflüssig machte. Nicht irgendeine Version der Vulgata, auch nicht die griechischen Ausgaben orthodoxer Kirchen, nicht die Lutherbibel und nicht einmal die ökumenisch so wichtige *Biblia Hebraica Stuttgartensia* und das *Novum Testamentum Graece* bzw. das *Greek New Testament* bieten den einen normativen Ursprungstext. Sie alle sind Zeugen für die Kraft und Lebendigkeit und das heißt immer auch Zerbrechlichkeit, Pluralität und Unsicherheit der Überlieferung. Die Schrift und ihre Schriften gibt es allesamt ausschließlich als Übersetzungen ohne Original. Die Schriftauslegung ist deshalb schon auf der Basis der Gegebenheit ihres Auslegungsgegenstandes eine unendliche Aufgabe unterscheidenden, d.h. kritischen Lesens. Wir sollten lernen, nicht länger Zeit und Denkkraft damit zu vergeuden, nach dem einen Original, der einen normativen Ausgabe der Bibel zu suchen oder gar zu behaupten, sie in der Tradition der eigenen Konfession zu besitzen, sondern diese gewaltvolle Fiktion des Einen zu verabschieden, um die Schrift in ihrer menschlichen Vielfalt wahrzunehmen und den Reichtum ihrer Versionen wertzuschätzen.[6]

Wer die Bibel tatsächlich zu lieben behauptet, wird sie so nehmen, wie es sie tatsächlich gibt. Insofern ist die Vorfindlichkeit der Schrift, ihr Gegebensein in der Zerbrechlichkeit ihrer Textzeugen auch der Richter ihrer Auslegung. Nicht irgendeine Ideologie der Schrift, nicht eine fixe Idee ihrer Widerspruchslosigkeit, sondern die vielfältige Gestalt mit all ihren Unsicherheiten und Widersprüchlichkeiten schon auf der Ebene der sie bezeugenden Papyri, Majuskeln, Minuskeln, Lektionare, Väterzitate und Übersetzungen ist das

6 Vgl. D.C. Parker, Textual Scholarship and the Making of the New Testament, The Lyell Lectures, Oxford 2012.

datum, das die Schriftauslegung als das Gegebene wahrnehmen, wertschätzen und kritisch interpretieren muss.

Sola scriptura befähigt in diesem Sinne zur Unterscheidung zwischen der Schrift und den Interpretationen ihrer diversen Versionen. *Sola scriptura* hält die Erkenntnis der Notwendigkeit fortwährender Auslegungen fest, die kein Bekenntnis, kein Dogma, keine Lehrentscheidung, kein System, keine wissenschaftliche Hypothese, keine Textausgabe, keine Übersetzung, keine stille Übereinkunft stillstellen kann. Es gilt, die Schrift immer wieder zu übersetzen in die gegenwärtigen Sprachen und zu interpretieren für die je eigenen Lebenswelten – eine Notwendigkeit, die die hermeneutische Situation in ihrer Grundsätzlichkeit für alle gleichermaßen erfasst. Alle interpretieren, alle müssen interpretieren, alle können nur im Rahmen ihrer je eigenen begrenzten Lebenswelt interpretieren und keiner ihrer Interpreten kann mit seiner noch so plausiblen Interpretation einer ausgewählten Version die Stelle der Schrift ausfüllen.

Es ist nicht zuletzt diese Einsicht in die radikale Dynamik, Prozesshaftigkeit und Geschichtlichkeit der Interpretation und der Plural der Versionen biblischer Schriften, die zur hermeneutischen Einsicht in die Unverfügbarkeit des Auslegungsgegenstandes führt. Wann immer jemand oder eine Institution behauptet, dies oder das sage „die Schrift", ohne den Nachsatz hinzuzufügen, „in der Version X, so, wie ich bzw. wir sie gegenwärtig verstehen", übt er bzw. sie Macht in diabolischer, also zerwerfender Weise aus. Die machtbesessene Fiktion der einen, für jeden und alle gültigen Auslegung der einen und für alle gültigen Schriftversion, setzt sich selbst an die Stelle Gottes und leistet dem *Diabolos*, dem „Zerwerfer",[7] Beihilfe durch die Zerwürfnisse, die seine anmaßende Deutungsmacht erzeugt.

Begreift man zudem die biblischen Schriften selbst als Interpretationen der jeweiligen Erfahrungen und Wahrnehmungen ihrer Verfasser und nachträglichen Bearbeiter mit dem kommunizierenden Gott Israels, der sich durch keine Begriffsbildung,

---

7 Diese Übersetzung folgt der Übers. von Apk 2,10 in: S. ALKIER/ T. PAULSEN, Die Apokalypse des Johannes, neu übers. u. m. Einl., Epilog u. Glossar, FNT I, Paderborn 2020, 47.

durch keine Metapher, durch keinen Namen (vgl. Ex 3,14; Apk 1,5) festlegen lässt, dann folgt daraus auch die notwendige Unterscheidung von Schrift und Wort Gottes.[8] Beides ist unverfügbar, aber das Wort Gottes als Selbstvorstellung und Anrede durch Gottes eigenes kommunikatives Handeln ist menschlicher Verfügbarkeit gänzlich entzogen. Nur Gott selbst kann sein Wort als *sein* Wort kommunizieren. Wann immer es in der Gestalt einer menschlichen Zeichenproduktion erscheint, ist es das Wort Gottes, so wie ein Mensch oder eine Gruppe von Menschen oder eine menschliche Institution es gerade – und hoffentlich aus guten und nachvollziehbaren Gründen – versteht.

Die Konzeption von *sola scriptura* betrachtet den Kanon dabei nicht als eine willkürliche Aneinanderreihung unzusammenhängender Texte. Schon die intertextuelle Schreibweise der neutestamentlichen Schriften – ausführlicher dazu unten, Abschnitt IV.1. – fordert zu einem Zusammenhänge herstellenden Lesen auf.[9] Aber erst der Kanon generiert aus den ausgewählten Schriften einen zusammenhängenden Text, der den Singular *scriptura* begründet.

Mit diesem Singular drückt sich die Rezeptionserwartung aus, es im Akt der Lektüre nicht lediglich mit einer Aneinanderreihung diverser menschlicher religiöser Textproduktionen, sondern mit einem sinnvoll zusammenhängenden Ganzen zu tun zu haben. Auf dieser Erwartung basieren alle Darstellungen, Inszenierungen und

---

8 Diese Unterscheidung spielt eine wichtige Rolle für die Kanontheorie und Hermeneutik Johann Salomo Semlers; vgl. M. SCHRÖTER, Aufklärung durch Historisierung. Johann Salomo Semlers Hermeneutik des Christentums, Hallesche Beiträge zur Europäischen Aufklärung 44, Berlin/Boston 2012, 148–154; vgl. auch S. ALKIER, Urchristentum. Zur Geschichte und Theologie einer exegetischen Disziplin, BHTh 83, Tübingen 1993, 42 f. Der Sache nach findet sie sich aber auch schon bei Martin Luther; vgl. A. BEUTEL, Erfahrene Bibel. Verständnis und Gebrauch des verbum dei scriptum bei Luther, in: DERS., Protestantische Konkretionen. Studien zur Kirchengeschichte, Tübingen 1998, 66–103.

9 Vgl. T. SZÜCS, Intertextualität als Synthese. Zur Interpretation der Oper „Herzog Blaubarts Burg" von Béla Bartók, in: J.S. PETÖFI/T. OLIVI (Hg.), Von der verbalen Konstitution zur symbolischen Bedeutung – From Verbal constitution to symbolic meaning, Papiere zur Textlinguistik [Papers in Textliguistics 62], Hamburg 1988, 387–396.

Interpretationen biblischer Texte in christlichen Gottesdiensten gleich welcher Konfession.

Der Zusammenhang der Bibel kann nur erlesen werden. Die Kunst des Lesens besteht als solche darin, die Vielfalt wahrgenommener Zeichen so zu verknüpfen und mit Bedeutung zu belegen, dass ein stimmiges Gesamtbild entsteht. Die Lektüre eines Textes ist ein interaktiver Prozess, der Umberto Eco[10] zufolge ohne kreative Mitarbeit der Lesenden nicht stattfinden kann.[11] Nach Ecos Einsichten ist der Lektüre-Vorgang ein komplexes Verfahren, das nicht mit dem auskommt, was „da" steht. Es genügt nicht, die Ausdrucksebene, also die Zeichenketten des Textes sinnlich wahrzunehmen, was sofort klar wird, wenn man einen Text anschaut, der in einer Schrift gegeben ist, die man nicht lesen kann. Es genügt aber auch nicht, Wort für Wort zu addieren und grammatische Regeln anzuwenden. Die Arbeit des Lesens erfordert die Aktivierung oder Narkotisierung kulturellen und intertextuellen Wissens und die spontane Erstellung von Hypothesen über größere Zeichenmengen als Makropropositionen ihrer Bedeutung und Funktion für das Ganze des Zeichengebildes, die das Entzifferte erst zu einem sinnvollen Ganzen werden lassen,[12] selbst wenn man – wie etwa bei einem spannenden Krimi – die spontanen Hypothesen durch das später Gelesene revidieren muss.

Aber keineswegs gelingt es jeder Lektüre, aus einer Ansammlung von Zeichen einen zusammenhängenden Text zu generieren. Die

---

10 Vgl. dazu U. Eco, Lector in fabula. Die Mitarbeit der Interpretation in erzählenden Texten, aus dem Ital. übers. v. H.-G. Held [i. O.: Lector in fabula. La cooperazione interpretativa nei testi narrativi, Mailand 1979], München u.a. 1987, 21–28; S. Alkier, Erlesenes Sehen mit offenen Augen und allen Sinnen. Zum Verhältnis von Intratextualität, Intertextualität, Intermedialität und Visualisierung, in: B. Beinhauer-Köhler/D. Pezzoli-Olgiati/J. Valentin (Hg.), Religiöse Blicke – Blicke auf das Religiöse. Visualität und Religion, Zürich 2010, 83–107.

11 Vgl. dazu W. Iser, Der Akt des Lesens. Theorie ästhetischer Wirkung, München 1976; H. Link, Rezeptionsforschung. Eine Einführung in Methoden und Probleme, Stuttgart u.a. ²1980.

12 Vgl. zu Ecos semiotischer Rezeptionsästhetik: K. Dronsch, Bedeutung als Grundbegriff neutestamentlicher Wissenschaft. Texttheoretische und semiotische Entwürfe zur Kritik der Semantik dargelegt anhand einer Analyse zu *akouein* in Mk 4, NET 15, Tübingen/Basel 2010, 179–232.

Textologie von Janos Petőfi, auf die sich Umberto Eco maßgeblich bezieht, hat eine Textdefinition entwickelt, die deshalb Texte nicht substantialistisch begreift, sondern rezeptionsästhetisch argumentiert:

> Für uns ist *Textualität* keine inhärente Eigenschaft verbaler Objekte. Ein Produzent oder ein Rezipient betrachtet ein verbales Objekt als Text, wenn er glaubt, dass dieses verbale Objekt ein zusammenhängendes und vollständiges Ganzes ist, das einer tatsächlichen oder angenommenen kommunikativen Intention in einer tatsächlichen oder angenommenen Kommunikationssituation entspricht. Ein Text ist – gemäß der semiotischen Terminologie – ein komplexes verbales Zeichen (oder ein verbaler Zeichenkomplex), das/der einer gegebenen Erwartung der Textualität entspricht.[13]

Die methodischen Verfahren des *sola scriptura* im Sinne eines intratextuellen *close readings* und eines intertextuellen Wahrnehmens und aufeinander Beziehens der Polyphonie der Schrift sind methodische Leitprinzipien, die gerade auch im heutigen internationalen Diskurs neutestamentlicher Wissenschaft interdisziplinär plausibel formulierbar sind.[14]

Die methodische Basis von *sola scriptura* ist das unabschließbare eigene Erlesen der diversen Bücher der Bibel wie der Heiligen Schrift als Ganzer in ausgewählten Versionen. Verfahren eines *close readings*, wie es etwa in der Literaturwissenschaft der Mitte des 20. Jahrhunderts[15] entwickelt und von der Amsterdamer Schule[16]

---

13 J. PETÖFI, Explikative Interpretation. Explikatives Wissen, in: DERS./T. OLIVI (Hg.), Von der verbalen Konstitution zur symbolischen Bedeutung – From verbal constitution to symbolic meaning, Papiere zur Textlinguistik 62, 1988, 184–195, hier: 184. Vgl. zu Petöfis Textbegriff DRONSCH, Bedeutung, 109–117.

14 Vgl. dazu S. ALKIER/R.B. HAYS, Kanon und Intertextualität, Kleine Schriften des Fachbereichs Evangelische Theologie der Goethe-Universität Frankfurt a. M. 1, Frankfurt a. M. 2010; C. SCHWÖBEL, Sola Scriptura – Schriftprinzip und Schriftgebrauch, in: U. HECKEL U.A. (Hg.), Luther heute. Ausstrahlungen der Wittenberger Reformation, Tübingen 2017, 1–27, insbes. 24–27.

15 Vgl. W. EMPSON, 7 Types of Ambiguity. A Study of its Effects in English Verse, Revised Edition, New York 1949.

16 Vgl. A. WOLFF-STEGER, Die Bibel ist eine große Erzählung – und die Erzählung geht weiter. Frans Breukelmann zum 100. Geburtstag, Texte und Kontexte 150, Dortmund 2016, 21–31.

für die Exegese fruchtbar gemacht wurde, oder intratextuelle Interpretationsverfahren, wie sie in der semiotisch-kritischen Exegese ausgearbeitet und praktiziert werden,[17] können die methodologischen Anregungen des Ansatzes von *sola scriptura* heute realisieren. Mit Martin Luther heißt das: Bevor ich zu einem Kommentar greife, lese und interpretiere ich zunächst das jeweilige Buch selbst und zwar nach den Regeln der Philologie:

> Zuerst musste nach dem Beiseitelegen aller menschlichen Schriften umso mehr und umso nachhaltiger allein über den [Heiligen] Schriften geschwitzt werden, je gegenwärtiger die Gefahr ist, dass jemand sie im eigenen Geist versteht, so dass der Brauch eines beharrlichen Studiums uns schließlich – nach der Überwindung einer solchen Gefahr – des Geistes der Schrift gewiss machen würde, der überhaupt nicht gefunden wird, außer in der Schrift.[18]

Wer das Verständnis auch nur eines einzelnen Verses sucht, muss ihn zunächst im Kontext der jeweiligen Perikope analysieren und danach fragen, wie sie im Zusammenhang des Makrotextes begriffen werden kann. Die unverzichtbare exegetische Arbeit an einer Perikope – auch mit Blick auf die Erarbeitung einer Predigt oder einer Unterrichtsstunde – beginnt damit, das jeweilige Buch ganz zu lesen. Wer also etwas Schriftgemäßes über die Sturmstillung in Mk 4,35–41 sagen möchte, liest zunächst das ganze Markusevangelium mit der Fragestellung, wie das Markusevangelium insgesamt die Sturmstillung plausibilisiert und was wiederum die Sturmstillung in den Gesamtzusammenhang des Markusevangeliums einbringt. *Nach* diesem intratextuellen Lektüreverfahren beginnt die ausgewählte intertextuelle Verwebung mit anderen biblischen Schriften, die den intratextuellen Zusammenhang des Markusevangeliums übersteigen.[19] Für ein intensiveres Studium wird dieser Arbeitsschritt in mindestens einer weiteren Textausgabe wiederholt, sei es eine

17 Vgl. S. ALKIER, Neues Testament, UTB Basics, Tübingen/Basel 2010, 139–174.

18 Luther, Assertio omnium articulorum, 79.

19 Vgl. z.B. S. ALKIER, Zeichen der Erinnerung. Die Genealogie in Mt 1 als intertextuelle Disposition, in: K.-M. BULL/E. REINMUTH (Hg.), Bekenntnis und Erinnerung. FS zum 75. Geburtstag von Hans-Friedrich Weiß, Rostocker Theologische Studien 16, Münster 2004, 108–128.

Übersetzung, sei es eine griechische bzw. mit Blick auf alttestamentliche Texte eine hebräische Ausgabe. Die Aufgabe professioneller Bibelauslegung ist es, Versionen in der Abfassungssprache in den wissenschaftlichen, kirchlichen und gesellschaftlichen Auslegungsdiskurs einzubringen, ohne damit die Deutungshoheit zu beanspruchen. *Sola scriptura* zielt gerade auch darauf, dass die Auslegung von Amtsträgern nicht über – aber auch nicht unter – der der Laien steht. Die ausgebildeten Exegetinnen und Exegeten sollen ihr Licht nicht unter den Scheffel stellen, es aber auch nicht überschätzen. Sie sollen ihre Einsichten kommunizieren und zwar als das, was sie sind: methodisch erschlossene Hypothesen und nicht das Wort Gottes selbst.

Die eigene intra- und intertextuelle Lektürearbeit bildet das methodische Herzstück der *sola-scriptura*-Konzeption. Sie sollte sich nicht mit einer Bibelausgabe begnügen, sondern verschiedene Textausgaben zu Rate ziehen. Gerade im alttestamentlichen Bereich sollten nicht nur die hebräischen Versionen und ihre Übersetzungen, sondern gleichermaßen die griechischen der so genannten Septuaginta gelesen werden.

Die eigene lebenslange Lektürearbeit kann nicht durch den Gebrauch von Lexika, Kommentaren, Predigthilfen, Unterrichtsentwürfen oder anderweitiger Sekundärliteratur ersetzt werden. Diese können aber im besten Fall das eigene Lesen unterstützen, indem sie Hinsichten auf die Texte eröffnen, die im eigenen Lektüreakt nicht wahrgenommen wurden. Hier können auch Einsichten aus dem Studium der Texte in ihrer Produktionssituation sehr hilfreich sein, wie sie z.B. die Erforschung der materiellen Kultur in erhellender Weise einbringt.[20] Auch die Ausweitung der intertextuellen Bezüge über den Kanonzusammenhang hinaus eröffnet ertragreiche neue Perspektiven für das Verständnis der kanonischen

---

20 Vgl. z.B. S. ALKIER/J. ZANGENBERG (Hg.) unter Mitarbeit v. K. DRONSCH/M. SCHNEIDER, Zeichen aus Text und Stein. Studien auf dem Weg zu einer Archäologie des Neuen Testaments, TANZ 42, Tübingen/Basel 2003; K. ERLEMANN/K.-L. NOETHLICH/K. SCHERBERICH/J. ZANGENBERG (Hg.), Neues Testament und Antike Kultur – NTAK (Studienbuch), Tübingen/Basel 2004–2008.

Texte. *Sola scriptura* beschränkt die Möglichkeiten und Hinsichten des Studiums der kanonischen Texte und ihrer vielfältigen inner- und außerkanonischen Bezüge in keiner Weise, aber das Konzept gibt eine klare Richtung vor: Die kanonischen Texte werden als kanonische Texte in ihren kanonischen Zusammenhängen gelesen und alle weiteren Studien, die sich anschließen, werden in ihrer theologischen Relevanz daran zu messen sein, ob sie wieder zur eigenen Lektüre der Schrift zurückführen und diese kritisch bereichern.

Das Konzept *sola scriptura* fördert mit seinen intertextuellen Lektüreanweisungen auch die Erwartung der Textualität der Bibel, aber diese Erwartung kann nur mittels der Rezeption der Bibel als Ganzer plausibel eingelöst werden. Dafür ist es notwendig, Makropropositionen, also größere Textblöcke zusammenfassende Hypothesen, zu formulieren, die der Lektüreerfahrung entsprechen, dass nicht nur die Einzelschriften, sondern die Bibel als Ganze Sinn macht. Solche Makropropositionen sind selbst Ausdruck der Interpretation der Schrift. Häufig wurden sie als „Mitte der Schrift" bezeichnet, was allerdings zu häufig eine dogmatisierende Engführung biblischer Texte bzw. eine eklektische propositionale Verkürzung der Bibel mit sich brachte.

Eine produktivere Möglichkeit, die gelesene Bibel als Ganze in den Blick zu bekommen, besteht darin, sie als große Erzählung von der Schöpfung bis zur Neuschöpfung zu lesen. Die Schrift ist ein zweiteiliges Buch, deren Bücher sich gegenseitig kommentieren und auch kritisieren. Es besteht aus Schriften des Neuen Testaments, die ihren Fixpunkt in einem ihnen vorgängigen und daher entzogenen Ereignis haben – nämlich in der Auferweckung des gekreuzigten Jesus von Nazareth –, und den Schriften des Alten Testaments, die die Geschichte Gottes, des Schöpfers allen Lebens und aller Völker erzählt, der sich in eine besondere Beziehung zum Volk Israel gesetzt hat, ohne die anderen Völker darüber zu vergessen. Dieser Gott wird in den alttestamentlichen Schriften personal und kommunikativ dargestellt als beziehungsfähiger Schöpfergott, der seiner Schöpfung und seinen Bünden die Treue hält trotz aller Gewalttaten und Rechtsbrüche, die seine Geschöpfe einander, damit aber auch Gott selbst antun. Dieser Gott ist es, der den neutestamentlichen Schriften zufolge den Gekreuzigten vom Tode in sein eigenes ewiges Leben hinein auferweckt und damit einen neuen Anfang eröffnet hat, der allen verspricht, ebenso ein neues ewiges Leben zu erhalten, sofern sie Gott zutrauen, stärker als der Tod zu sein und darauf vertrauen können, dass der Gott Israels Jesus bereits diese letztgültige Neuschöpfung hat zuteil werden lassen.

Diese große Geschichte[21] von der Schöpfung, dem Sündenfall, den zahlreichen Neuanfängen durch die Treue des barmherzigen und gerechten Gottes Israels und vom Neuen Bund am Kreuz mit der Verheißung der neuen Schöpfung lässt die ganze Welt und damit auch das eigene Leben neu sehen und ermöglicht ein Umdenken, wie es Jesus in Mk 1,14 f. formuliert:

> Nach der Auslieferung des Johannes kam Jesus nach Galiläa verkündend die Frohbotschaft Gottes und sprechend: „Gefüllt ist der Augenblick und nahe gekommen ist die Königsherrschaft Gottes. Denkt um und vertraut auf die Frohbotschaft!" (Übersetzung Alkier, Paulsen, FNT2)

Diese narrative Konzeption begreift die Bibel deshalb als Buch des Umdenkens, das den ganzen Kosmos Zeit und Raum übergreifend als gute Schöpfung Gottes sehen lässt. Der Sehepunkt ist dabei christologisch markiert, denn es ist die Theologie von Kreuz und Auferweckung des Gekreuzigten, von der aus sie theologisch argumentiert. Sie hat den Vorteil, einen Gesamtzusammenhang zu generieren, der die Polyphonie der biblischen Texte nicht harmonisieren oder beschneiden muss. Zugleich bildet aber der narrative Zusammenhang das Kriterium der Gewichtung der verschiedenen Stimmen: Die Bibel erzählt eine zusammenhängende Geschichte als Frohbotschaft für alle, die schriftgemäß so begriffen werden kann, dass Gottes Macht und Liebe nicht durch Raum und

21 Dieses narrative Konzept habe ich auch als Hörbuch gestaltet: Die Nacht der Bibel. Biblische Erzählsequenzen in Wort und Klang gelesen von Peter Schröder, Barbara Auer und Peter Lohmeyer. Vgl. dazu die Informationen auf meiner Frankfurter Homepage; vgl. auch die Rezension dazu von A. von Legat, Vom Alpha zum Omega. Mit der CD „Die Nacht der Bibel" präsentiert der Frankfurter Neutestamentler Stefan Alkier die Geschichte Gottes mit seiner Schöpfung als Hörbuch in ausgewählten Texten der Bibel, Unsere Kirche 34 (2017), 2.

Zeit begrenzt sind. Wer den Sprung in diese Geschichte als wahre Geschichte wagt, wird ihr zufolge an dieser Macht und Liebe partizipieren – als geliebtes Geschöpf Gottes jetzt und sogar über den Tod hinaus. Diese Interpretation des Gesamtsinns ist sicher nicht die einzig mögliche, aber sie ist im Wortsinn evangelisch, katholisch und orthodox plausibel begründbar.[22]

Verschiedene Bildungen von Makropropositionen der biblischen Texte als Ganzer und auch verschiedene theologische Gewichtungen ihrer diversen Stimmen in diversen Textversionen sind möglich, weshalb immer wieder neu darüber zu streiten ist, wie die Bibel als Ganze zu verstehen ist. Deshalb macht es auch Sinn, dass es verschiedene Konfessionen gibt. Sie favorisieren jeweils bestimmte Textversionen und setzen unterschiedliche Schwerpunkte bei der Gewichtung der biblischen Stimmen und der Generierung ihrer Zusammenhänge. Die Idee einer institutionalisierten Einheitskirche sollte aber gänzlich aufgegeben werden, da sie nicht mit dem Konzept des polyphonen Kanons in seinen diversen Versionen kompatibel ist. Wer sich aber der Frage nach einem Gesamtsinn der Schrift entzieht, gibt nicht nur das Konzept *sola scriptura* auf, sondern die Konzeption der Bibel und die Möglichkeit einer biblisch begründeten Theologie insgesamt.

Christliche Zeichenproduktion in mündlicher und schriftlicher Kommunikation entstand als Ausdruck der Überzeugung, dass mit dem Tod Jesu von Nazareth am Kreuz nicht das letzte Wort über den Gekreuzigten gesprochen ist, sondern dass seine Geschichte in Kontinuität und Differenz zu seiner Lebensgeschichte, die ihn ans Kreuz führte, durch eine Machttat des von ihm verkündigten Gottes Israels fortgesetzt wurde.[23] Die Schriften des Neuen Testaments

22 Vgl. S. ALKIER, Evangelisch – Katholisch – Orthodox. Evangelische Theologie aus neutestamentlicher Perspektive, in: H. SCHULZ (Hg.), Evangelische Theologie. Eine Selbstverständigung in enzyklopädischer Absicht, Kleine Schriften des Fachbereichs Evangelische Theologie der Goethe-Universität Frankfurt a. M. 7, Leipzig 2016, 54–75.

23 Diese Position habe ich monographisch begründet, vgl. S. ALKIER, Die Realität der Auferweckung in, nach und mit den Schriften des Neuen Testaments, NET 12, Tübingen/Basel 2009, amerikanische Übersetzung: The Reality of the Resurrection. The New Testament Witness, Leroy Huizenga

interpretieren ihren Ausgangspunkt der Auferweckung des gekreuzigten Jesus von Nazareth als eschatologisches Ereignis. Fast alle neutestamentlichen Schriften nennen diesen Ausgangspunkt explizit. Alle aber setzen die Auferweckung des Gekreuzigten als vom Gott Israels gewirkte Neuschöpfung – verstanden als Transformation des irdischen Leibes Jesu in das göttliche Leben – für ihre jeweiligen Anliegen und Argumentationen voraus, denn nur so kann der Gekreuzigte als der lebendige und wirkmächtige Kyrios gelten; und nur so kann von der Realisierung des Neuen Bundes die Rede sein, den schon das Jeremiabuch ankündigt (Jer 31,31–34) und der der Schriftensammlung des Neuen Testaments dann im Zuge der Kanonisierung ihren trefflichen Namen verleiht.

Die intertextuelle Schreibweise der neutestamentlichen Schriften bringt klar und verständlich zum Ausdruck, dass die Auferweckung des Gekreuzigten nur im Rahmen der Geltung der als solche in Anspruch genommenen Heiligen Schriften Israels begriffen werden kann. Diese intertextuelle Schreibweise transformiert diese Heiligen Schriften Israels zu den auch für den Neuen Bund weiterhin gültigen Zeugen des Alten Bundes. In dieser Hinsicht bezeugen die alttestamentlichen Schriften die Auferweckung des gekreuzigten Jesus von Nazareth und insofern ist der Gesamtzusammenhang des Kanons theologisch und christologisch vom Kreuzesgeschehen her begründet. Die Überzeugung von der Auferweckung des gekreuzigten Jesus von Nazareth führte also zur Produktion der neutestamentlichen Schriften und zur Transformation Heiliger Schriften Israels zu den alttestamentlichen Schriften des christlichen Kanons. Die Auferweckung des Gekreuzigten bildet daher ihr dynamisches Objekt, das sie hervorbrachte, ihnen also vorausliegt und als solches entzogen bleibt.

Diese christologische Makroproposition ist kanontheologisch und kanongeschichtlich belastbar. Sie wird aber dogmatisch missverstanden, wenn sie als vermeintliche „Mitte der Schrift“ dazu

---

(trans.), Waco 2013. Vgl. auch S. ALKIER, Das Kreuz ist keine Metapher, in: S. ALKIER/C. BÖTTRICH (Hg.), u. Mitarb. v. M. RYDRYCK, Neutestamentliche Wissenschaft in gesellschaftlicher Verantwortung. Studien im Anschluss an Eckart Reinmuth, Leipzig 2017, 15–34.

missbraucht wird, die alttestamentlichen Texte zu domestizieren und sie nur noch sagen zu lassen, was neutestamentliche Schriften auch sagen. Den alttestamentlichen Schriften ist um der christologischen Makroproposition willen ihre je eigene Stimme nicht nur zu lassen, sondern es gilt, sie mit derselben Geltungsannahme zu hören wie neutestamentliche Schriften. Erst in ihrem polyphonen intertextuellen Zusammenspiel ermöglichen sie die Wahrnehmung des einen Wortes Gottes.

Die Aufgabe alttestamentlicher und neutestamentlicher Forschung im Rahmen theologischer Fakultäten besteht dann darin, die Lektüre der kanonischen Schriften als kanonische Schriften informativ und kritisch zu fördern, nicht aber sie zu ersetzen. Sie zielt keineswegs auf eine missverstandene Hermeneutik des Einverständnisses mit allem, was der Kanon anbietet. Sie kann förderlich gerade auch darin sein, dass sie sensibilisiert für die Problematik solcher biblischen Stimmen, die Gewalt verherrlichen, ungerechte Machtverhältnisse sanktionieren oder sexistische Geschlechterrollen festschreiben. Allerdings verfehlt sie ihre theologische Aufgabe, wenn sie sich auf Ideologiekritik beschränkt. Ihr theologisches Leitziel ist es vielmehr, Lektüren der Schrift dahingehend zu unterstützen, dass die Bibel als Ganze gesehen als gültige Frohbotschaft, als Evangelium wahrgenommen und begriffen wird. Wie ein Jurist, eine Juristin nicht Anwalt, Anwältin der individuellen Autoren des Grundgesetzes, sondern Anwältin, Anwalt der Intention des Grundgesetzes ist, so ist die Exegetin, der Exeget an Theologischen Fakultäten nicht Anwältin, Anwalt biblischer Autoren, sondern Anwältin, Anwalt des Evangeliums, von dem nur die Bibel *integram* gelesen Kunde geben kann.

Die Bücher des Neuen Testaments erzählen die Jesus-Christus-Geschichte als Erfüllung der messianischen Verheißungen der alttestamentlichen Schriften. Dabei setzen sie die Selbigkeit Gottes und die Gültigkeit der in Anspruch genommenen Heiligen Schriften Israels als sein Wort voraus. Auch an der besonderen Stellung Israels halten sie damit fest. Sie sind aber überzeugt, dass mit der Auferweckung des Gekreuzigten eine Zeitenwende stattgefunden hat und deshalb nun – wie es ja auch die Propheten verheißen haben – alle Völker in das Heilsangebot Gottes hineingerufen sind.

Die eschatologische Zeit ist ihnen zufolge in die Jetztzeit hineingebrochen und verändert dadurch alles, auch wenn dies noch nicht für alle sichtbar geworden ist.

Weil der Erzählzusammenhang von Tod und Auferweckung des gekreuzigten Jesus von Nazareth die narrative und theologische Dynamik der Jesus-Christus-Geschichte bildet, wird von diesem Zusammenhang her in den kanonischen Evangelien auf je unterschiedliche Weise erzählt, wer der Gekreuzigte war, wie er wirkte, was er lehrte, wie es zu seiner Hinrichtung kam und worauf die Gewissheit seiner eschatologischen, also die Zeitenwende einleitenden Auferweckung gründet.

In die Erzählungen der Evangelien sind Interpretamente eingelassen, die als Metakommentare zu erkennen geben, dass sich ihre Darstellung von der Überzeugung herleitet, dass der Gekreuzigte von Gott auferweckt wurde und er der von Israel erwartete Messias ist, den Gott durch die Auferweckung als solchen beglaubigt und zum machtvollen Kyrios der ganzen Welt eingesetzt hat. Die Evangelien sind keine antiquarischen Berichte, die von einer abgeschlossenen Vergangenheit eines zu Ende gegangenen Lebens berichten. Vielmehr sind sie Interpretanten des dynamischen Objekts der Auferweckung des Gekreuzigten und erzählen als solche von dem lebendigen Kyrios, der als auferweckter Gekreuzigter mit seinen Kreuzesmalen dauerhaft die Signatur der menschlichen Sünde an seinem Leib trägt. Sie erzählen seine Geschichte so, dass sie seinen Weg der Barmherzigkeit, der die zweckfreie Liebe Gottes lebt, kontrastieren mit der erbarmungslosen Macht der Verzweckung, die keine Grenzen kennt und sich sogar am Sohn Gottes brutal vergreift. Sie machen den Ernst der Lage deutlich, indem sie nicht erzählen, dass schon alles irgendwie gut geht, weil Gott ja der liebe Gott ist. Vielmehr setzen sie die alttestamentlichen Gottesdarstellungen gerade in ihrer Komplexität fort. Gott, wie auch Jesus ihn in den Evangelien verkündet, wird als barmherziger *und* gerechter Gott gezeichnet, dessen Zorn diejenigen trifft, die den Werten der irdischen und kosmischen Mächte der Verzweckung der Schöpfung weiterhin folgen und sich nicht auf den Weg der zweckfrei liebenden Barmherzigkeit einlassen. Das Evangelium erzählt eine gute Nachricht, nämlich die, dass allen Menschen Vergebung angeboten wird, wenn sie sich auf Gottes und seines Sohnes Weg der Barmherzigkeit einlassen. Dieses Angebot kann aber auch ausgeschlagen oder verfehlt werden.

Die Apostelgeschichte erzählt, wie das Wirken des Heiligen Geistes Versammlungen im Namen Jesu Christi gründet und sie sich bis zum Mittelpunkt der Welt ausbreiten. Der Heilige Geist ist die Weise, wie der erhöhte auferweckte Gekreuzigte jetzt, also auch in der Gegenwart der heutigen Leser und Leserinnen, kommuniziert und wirkt. Die Briefe interpretieren auf sehr verschiedene Weise Tod und Auferweckung des Gekreuzigten und reflektieren von da aus die Konsequenzen für die jeweilige konkrete Situation. Die Apokalypse am Ende der Bibel setzt einen sinnvollen Abschluss, weil dieses Buch einen kosmologischen Kampf inszeniert, der die Gefährlichkeit widergöttlicher Mächte und ihrer Verehrung ernst nimmt. In vielfältigen Bildern zeichnet sie die Brutalität der Macht des Bösen nach in der Gewissheit, dass der mit der Macht Gottes ausgestattete auferweckte Gekreuzigte das Böse vernichten wird. Die Apokalypse ist ein Buch der Zuversicht. Ihre Verheißung des neuen Himmels und der neuen Erde, als des Ortes und der Zeit, wo alle Tränen abgewischt werden, gibt Hoffnung auf ein gutes Ende, wie die Schöpfungserzählungen vom guten Anfang erzählen.

Der Singular der Schrift wird seit Johann Salomo Semler im entwicklungsgeschichtlichen Paradigma aufgelöst in die Vielfalt und Disparität der Texte,[24] die gegenüber der Geschichte als Epiphänomene gelten. Sie sind Mittel zum Zweck, um zum eigentlichen Ort der Wahrheit zu gelangen: die Geschichte selbst. Das damit implizierte Geschichtskonzept denkt Geschichte als das eigentliche

24 Zum kaum zu überschätzenden Einfluss Semlers auf die Geschichte der historisch-kritischen Exegese vgl. schon J.G. EICHHORN, ‚Johann Salomo Semler', in: Allgemeine Bibliothek der biblischen Literatur, 5. Vol. 1. Stück, 1793, 1–183; vgl. auch M. SCHRÖTER, Aufklärung durch Historisierung. Johann Salomo Semlers Hermeneutik des Christentums, Hallesche Beiträge zur Europäischen Aufklärung 44, Berlin/Boston 2012; S. ALKIER, Unerhörte Stimmen. Bachtins Konzept der Dialogizität als Interpretationsmodell biblischer Polyphonie, in: M. KÖHLMOOS/M. WRIEDT (Hg.), Kleine Schriften des Fachbereichs Evangelische Theologie Bd. 3 – Wahrheit und Positionalität, Leipzig 2012, 45–70.

Leben, demgegenüber die Schrift bestenfalls Hinweischarakter hat. Aber nicht nur Schrift, sondern Sprache als solche gilt in diesem Geschichtskonzept als Instrument, mittels dessen die Wahrheit des geschichtlichen Ereignisses annäherungsweise „rekonstruiert“ werden kann. Die Schrift wird in der historisch-kritischen Exegese zu einer trüben[25] Quelle, die methodisch gereinigt werden muss,[26] um zur Klarheit des eigentlichen, unverfälschten Ursprungs zu gelangen: der Geschichte selbst.

Diesem philosophisch, sprach-, text- und geschichtstheoretisch überholten Konzept, das von einer ungebrochenen Akzeptanz einer instrumentellen Sprachauffassung getragen wird, ist das semiotisch-rezeptionsästhetische Konzept von *sola scriptura* nicht mehr zugänglich, denn seine unzureichende instrumentelle Sprachauffassung verstellt in historistischer Engführung den Blick für den kategorialen Zusammenhang von „Text“ und „Geschichte“.

Aus den Geschichten wird im 18. Jahrhundert der Singular „Geschichte“ abstrahiert als ein von den Quellen unabhängiger, außersemiotischer Raum,[27] demgegenüber alle Zeichenbildungen nachträglich erfolgen. Die Sehnsucht, die sich mit diesem imaginierten Raum, der einen universalen Zusammenhang aller Ereignisse stiftet, Ausdruck verschafft, ist die Sehnsucht nach einer vollen Wahrheit, die gleichbedeutend ist mit vollem Leben ohne die Wirren und Irritationen der immer zu interpretierenden Zeichen. Dieser imaginierte asemiotische geschichtliche Raum als solcher benötigt scheinbar keine Zeichen, keine Interpretation, keine Bedeutung, er fällt vielmehr mit seiner Bedeutung zusammen. Zeichen jeder Art und Schriftzeichen insbesondere verdünnen der Geschichts- und Sprachauffassung historisch-kritischer Exegese

---

25 Vgl. S. Alkier, Sad Sources: Observations from the History of Theology on the Origins and Contours of the Synoptic Problem, in: M. Müller/H. Omerzu (Hg.), Gospel Interpretation and the Q-Hypothesis, Library of NTS 573, London u.a. 2018, 43–78.

26 Die „Klarheit der Schrift“ wird in der historisch-kritischen Exegese kaum mehr wahrgenommen und deshalb durch die geforderte „Klarheit der Methode“ ersetzt.

27 Vgl. R. Koselleck, Vergangene Zukunft. Zur Semantik geschichtlicher Zeiten, Frankfurt a. M. [6]2006.

zufolge den Wahrheitsgehalt, je weiter sie sich medial von seinem Ursprung entfernen. Sie sind der Schutt der Geschichte, den es durch rekonstruktive Arbeit abzutragen gilt.

Im Unterschied zu diesem hermeneutischen und exegetischen Historismus stellt das rezeptionsästhetisch argumentierende Konzept von *sola scriptura* die Lesenden mitten hinein in die Texte, in die Geschichten, die sie erzählen, in die Logik ihrer Diskurse und in die Lieder, die sie singen. Sie lassen die Lesenden zum Ort werden, wo sie sich weiterhin ereignen und wirken. Idealtypische Leser*innen im Paradigma *sola scriptura* sind im Wortsinn „Philologen" und als solche auch notwendigerweise radikale Geschichtstheologen. Sie sind treue Freunde der Texte, die sie interpretieren, und wissen sich aufgrund der dynamischen Leistung der Zeichenprozesse mit ihrem Entstehungsgrund wirksam verbunden. Die Textzeichen ermöglichen es nämlich, bei aller zu berücksichtigenden historischen und kulturellen Diskontinuität eine Kontinuität vom Anlass der Zeichenbildung als deren motivierendes, Kraft gebendes, dynamisches Objekt denken zu lassen hin zu den Interpretantenbildungen der gegenwärtigen Interpretationen, die in ihren dynamisch gedachten Interpretationsakten plausible Hinsichten auf das dynamische Objekt erarbeiten. Im besten Fall erschließen die Hinsichten gelingender Interpretationen die im Zeichenprozess der Interpretantenbildung aktualisierten Objekte. Zeichenbildung wird deshalb kategorial nicht als von der eigentlichen geschichtlichen Wahrheit entfernendes Epiphänomen begriffen, sondern als geschichtliche Wirksamkeit der Repräsentationen des dynamischen Objekts im unmittelbaren Objekt des jeweiligen Zeichenbildungsprozesses.[28] Text

---

28 Vgl. H. DEUSER, Kategoriale Semiotik und Pragmatismus, in: DERS., Gottesinstinkt. Semiotische Religionstheorie und Pragmatismus, RPTh 12, Tübingen 2004, 20–37, ebd. 32: „Zeichen sind demnach nicht einfach nur die materialen Vehikel, die für etwas anderes stehen, sondern die *kategoriale Semiotik* beschreibt auf der Basis von Zeichenvermittlungen den umfassenden, schlusslogisch und gemäß der Zeichenstruktur gegliederten Prozess von Repräsentationsleistungen. In diesen allein ist die so genannte Außenwelt menschlich zugänglich. Dass unsere Konklusionen bezüglich der Evolution aller Wirklichkeit selbst *hypothetisch* bleiben, zeigt nur, dass menschliches Denken die Gegenstandswelt nicht hervorbringt [...],

und Geschichte bilden deshalb in der Theoriebildung des Konzepts *sola scriptura* keine kontradiktorischen Oppositionen, sondern vielmehr einen prozessualen Wirkungszusammenhang.

Der Akt der Lektüre nimmt die Lesenden mit in die Sache, von der der Text spricht. Der Leser oder die Leserin wird dabei weder zum Herrscher über den Sinn des Textes noch zum willenlosen Werkzeug des Textes, sondern vielmehr zu seinem interagierenden, kritisch mitdenkenden Mitarbeiter.

Wird sie/er von der Sache des Textes ergriffen, ereignet sich die Schrift als Wort Gottes. Diese Ergriffenheit kann aber methodisch nicht hergestellt werden, sondern sie kann theologisch nur nachträglich als Wirken des Heiligen Geistes interpretiert werden. Nicht mehr, aber auch nicht weniger behauptet das reformatorische rezeptionsästhetisch argumentierende Konzept von *sola scriptura*. Deswegen fordert Luther die stetige Lektüre durch jede(n) Einzelne(n) und zwar eine engagierte, d.h. zugleich kritische und empfangsbereite Lektüre, eine Lektüre, die die durch die instrumentale Sprachauffassung des entwicklungsgeschichtlichen Paradigmas historisch-kritischer Exegese entstandene Diastase von Text und Geschichte überwindet zugunsten einer an kritischer philologischer, historischer, literaturwissenschaftlicher und theologischer Forschung interessierten und sich selbst wie alle anderen Lektüren vorher und nachher geschichtlich verortet wissenden Lektüre.

Die im Kanon gesammelten Schriften des Alten und Neuen Testaments sind geerdet in erfahrenen Ereignissen, die in konkreten Räumen und Zeiten situiert waren. Auch wenn die Einleitungswissenschaft keine exakten Angaben über Abfassungsorte und -zeiten der einzelnen Schriften erarbeiten konnte, sondern nur hypothetisch mehr oder weniger plausible historische Kommunikationssituationen anbieten kann, so ist doch auch dieses vage Ergebnis jahrhundertelanger historischer Forschung nicht nichts. Ein wichtiges Ergebnis der vielfältigen einleitungswissenschaftlichen

---

wohl aber an ihrer Entwicklung Anteil hat." Vgl. auch die komplexe Darstellung der Zeichenkonzeptionen von Martin Luther und Charles Sanders Peirce bei G. LINDE, Zeichen und Gewißheit. Semiotische Entfaltung eines protestantisch-theologischen Begriffs, Tübingen 2013.

Kontroversen und Umbrüche besteht darin, dass die später in der Bibel als Richtschnur zusammengefassten Texte nicht lediglich von imaginierten Orten und Zeiten handeln, sondern selbst in den klar erkennbar fiktionalen Passagen wie etwa dem Garten Eden am Anfang der Bibel oder dem himmlischen Jerusalem an ihrem Ende konkrete Raum- und Zeiterfahrungen ihrer Lebenswelten zu zusammenhängenden Zeichen verwoben wurden.

Dieses hohe Maß an geschichtlicher Referentialität der israeltheologischen und christlichen Zeichenbildungsprozesse trägt entschieden zur Überzeugungskraft der biblischen Texte im Einzelnen und der Bibel als Ganzer bei. Das hohe Maß an Diversität und Widersprüchlichkeit biblischer Texte und ihrer Versionen ist nicht zuletzt damit zu erklären, dass diese Referentialität immer auch kulturelle, politische und theologische Positionierungen vertextet und damit an antagonistischen[29] Kommunikationsprozessen teilnahm. Die biblischen Texte halten sich aus den erfahrenen Konflikten und Problemen nicht in ausgewogener Beliebigkeit heraus, sondern beziehen Stellung. Sie wollen nicht als Markt beliebiger Möglichkeiten gelesen werden, sondern als Aufruf zum Umdenken (vgl. Mk 1,14f.) und zur Gestaltung von Praxis unter der Perspektive, dass der Gott Israels und kein anderer Gott den ganzen Lebenszusammenhang geschaffen hat und ihm deshalb alle Geschöpfe schuldig sind, in geschöpflicher Geschwisterlichkeit untereinander und in dankbarer Ehrerbietung dem Schöpfer gegenüber zu denken und zu leben. Die Bibel stellt jedem Leser eine ganz einfache Frage: Traust du dem Gott, von dem hier erzählt wird, zu, dass er nicht nur Schöpfer und Bewahrer deines Lebens ist, sondern dass er sogar den durch die Kreuzigung getöteten Jesus von Nazareth real in sein eigenes göttliches Leben hinein neu geschaffen hat und er deshalb nun

29 Vgl. dazu S. ALKIER, Antagonismen im 1. Petrusbrief, in: S. ALKIER (Hg.), Strategien der Positionierung im 1. Petrusbrief, Kleine Schriften des Fachbereichs Evangelische Theologie 4, Leipzig 2014, 9–22; DERS., Schwerwiegende Differenzen – Vernachlässigte Antagonismen in der Johannesapokalypse, in: C. WIESE/S. ALKIER/M. SCHNEIDER (Hg.), Diversität – Differenz – Dialogizität. Religion in pluralen Kontexten, Berlin 2017, 247–289. Vgl. auch S. ALKIER (Hg.), Antagonismen in neutestamentlichen Texten (in Vorbereitung).

z.B. im Vollzug des Abendmahls als lebendiger Herr seiner Gemeinde begegnen kann?

Leserinnen und Leser der Bibel werden in diese narrativ-normative Positionierung hineingezogen. Wer sich der Positionierung der Bibel verweigert, hat sich nicht etwa herausgehalten, sondern eben eine andere Position eingenommen. Wer die Machtansage der ineinander verwobenen biblischen Textzeichen, dass der Gott Israels der Allherrscher ist über alle Zeiten und Räume hinweg, und dass seine Macht sogar über die Grenzen des menschlich Möglichen hinausgeht und nicht einmal der Tod Gottes kreativem Handeln eine Grenze setzt – wer also diese Machtansage nicht teilen kann, verlässt die biblische Positionierung und arbeitet nicht mehr an ihrem Zeichengewebe suchend und gestaltend und auf diese Weise bezeugend mit.

Hier scheidet sich der Weg zwischen biblischer Theologie und Christentum. Die christliche Religion hat viele religiöse Individuen und Gemeinschaften hervorgebracht, die die Semiose der biblischen Zeichen und damit den biblischen Denkweg nicht mitgehen. Die christlichen Kirchen und auch die theologischen Fakultäten müssen sich fragen, was es für sie noch bedeutet, die Theologie der Frohbotschaft Jesu Christi in den gegenwärtigen kulturellen, politischen und wissenschaftlichen Konstellationen zu vertreten. Halten sie die biblischen Zeichen für wahr, so dass sie selbst mit ihrem eigenen Leben zum Zeichen der Wahrheit der biblischen Textur werden? Biblisch begründete Theologie ist positionelle Theologie, kritische Zeugenschaft, die die theologische Kosmologie der biblischen Schriften kritisch durchdenkt und interpretiert – und der biblisch-theologischen Erschließung der Welt als interpretierter und so auch heute denkbarer Hypothese im Streit der Weltdeutungen mit der Gestaltung der eigenen Institution und des eigenen Lebens hörbare und plausible Stimmen gibt.

Wer sich heraushält aus den Konflikten und Krisen und Fragen unserer Zeit, hat nicht nur das Erbe der Reformation, sondern die biblischen Schriften als Ganze dem Museum überlassen. Die Schrift als multiples und zuweilen auch widersprüchliches Zeichengewebe ist im Konzept von *sola scriptura*, gerade weil sie historisch erfahrungsgesättigt geerdet ist, das himmlische Buch der Bücher, das neue Perspektiven auf die Zukunft eröffnet. Sie ist nur theologisch relevant, wenn in der Auseinandersetzung mit ihren Texten nicht nur Geschichte, sondern auch Gegenwart und Zukunft gedeutet werden.

Der religionsphilosophische und theologische Mangel weiter Teile der als „historisch-kritisch" gelabelten Exegese besteht vor allem darin, sich nicht allen Zeiten, sondern nur einem Ausschnitt der Vergangenheit als vergangener Zeit zuzuwenden und die eigene Auslegung nicht als theologische, kulturelle und politische Positionierung in der eigenen Gegenwart zu begreifen. Die theologische Kontinuität zur Bibel wird aber erst in der Einsicht realisiert, dass die Bibel nicht neutral ist, sondern eine Stellungnahme zur Erschließung des gesamten Kosmos mit allen erfahrenen Schönheiten, Problemen und Konflikten unter den Konstellationen und in den Modalitäten der eigenen Gegenwart und erwarteten bzw. erhofften Zukunft erfordert. Dafür steht *sola scriptura*: die radikale Geschichtlichkeit des Auslegungsgegenstandes und aller Auslegungen unter den semiotischen Bedingungen menschlicher Kommunikation; dieses Konzept zieht die Geschichtlichkeit ihres Auslegungsgegenstandes, die Geschichtlichkeit der bereits erfolgten Auslegungen und die Geschichtlichkeit der eigenen Auslegung in Betracht mit dem Mut zur aspirierten Gestaltung der Zukunft, die alles auf die eine Karte setzt, dass nämlich dieser Kosmos als gesamter Lebenszusammenhang kein blinder Zufall ist, sondern sich tatsächlich und wahrhaftig der liebevollen Kreativität des barmherzigen und gerechten Gottes Israels verdankt, der nicht mehr ohne die Jesus-Christus-Geschichte als Ereigniszusammenhang von Kreuzigung und Auferweckung gedacht werden kann.

Unter den gegenüber der Reformationszeit veränderten Bedingungen der Wissensproduktion kann diese Sicht der Dinge aber nicht mehr als Dogma eingebracht werden, sondern sie muss die Arbeit der Begründung einer Hypothese auf sich nehmen, denn wenn die biblische Positionierung sich als undenkbar falsifizieren ließe, hätten die theologischen Fakultäten als theologische Fakultäten keine Berechtigung mehr, an mit Steuergeldern finanzierten Universitäten einen Denkraum in Anspruch zu nehmen. Die christlichen Gottesdienste und kirchlichen Bekenntnisschriften wären dann nichts als Esoterik, religiöse Ideologie, Aberglaube.

Die als zu interpretierende Zeichen gegebene und aufgegebene biblische Theologie und Kosmologie kann aber unter den gegenwärtigen geltenden Verfahren der Wissensproduktion nicht falsifiziert werden und deswegen ist es die Aufgabe der theologischen Fakultäten, die theologische und kosmologische Position der Textur der Schrift hypothetisch – und das heißt kritisch durchdacht und argumentierend – in die gegenwärtigen Diskurse zur Erschließung der Lebensrealität und ihrer möglichen zukünftigen Gestaltung einzubringen.

Luther und andere Reformatoren griffen mit dieser epistemologischen Positionierung nicht in einen interreligiösen Diskurs einer pluralen Gesellschaft ein. Auch Atheismus und religionsablehnende Positionen waren im 16. Jh. eher die Ausnahme. Es ging vielmehr um ein innerchristliches, ja sogar innerkirchliches Problem: Wer kann wie und warum etwas Sicheres über Gott sagen? Luthers Antwort lautet:

> Man muss nämlich hier mit der Schrift als Richter ein Urteil fällen, was [aber] nicht geschehen kann, wenn wir nicht der Schrift in allen Dingen, die den Vätern beigelegt werden, den ersten Rang einräumen. Das heißt, ut sit ipsa per sese certissima, facillima, apertissima, sui ipsius interpres, omnium omnia probans, iudicans et illuminans [...].[30]

Die gut gelungene Übersetzung der *assertio*, die Sibylle Rolf vorgelegt hat, übersetzt philologisch vertretbar: „Das heißt, dass sie durch sich selbst ganz gewiss ist, ganz leicht zugänglich, ganz verständlich, ihr eigener Ausleger, alles von allen prüfend, richtend und erleuchtend". Ich schlage dagegen vor, die Superlative *certissima, facillima, apertissima* nicht mit „ganz" wiederzugeben, sondern in Übereinstimmung mit den übersetzungstheoretischen Prinzipien des *Frankfurter Neuen Testaments*[31] ihre superlativische Bedeutung auch in der Übersetzung beizubehalten, denn die Einleitung mit „das heißt" (hoc est) zeigt doch das Folgende als Erläuterung der

30 Luther, Assertio omnium articulorum, 79–81.

31 S. ALKIER/T. PAULSEN Einleitung, in: DIES. Die Apokalypse des Johannes neu übers., a.a.O., 1–20.

im vorherigen stehenden Vorordnung der Schrift als Primärliteratur vor die Sekundärliteratur. Demnach ist die Schrift nicht durch ein Lehramt, sondern „durch sich selbst *am gewissesten, am leichtesten zugänglich, am klarsten*“ und zwar als Alternative zu einer Auslegungspraxis, die erst die Sekundärliteratur und dann von dem Vorverständnis und den Setzungen der Sekundärliteratur ausgehend die Schrift interpretiert. Es geht schon bei Luthers *sola scriptura* nicht um die Ablehnung der Sekundärliteratur, also auch nicht um die Ablehnung der Tradition als solcher, sondern es geht zunächst und vor allem anderen um eine weitreichende methodische Entscheidung: erst die Quelle lesen, dann die Sekundärliteratur wahrnehmen. Keine Lehre und kein Lehramt, sei es der Papst, ein geistlicher Führer oder seien es Universitätsprofessoren, sei es ein kirchliches Dogma oder eine wissenschaftliche Hypothese, soll der Interpretation der Schrift normierend vorangestellt werden. Der epistemologische Raum, in dem interpretierend zuverlässiges Wissen von Gott aufscheinen kann, ist schriftgemäßer Theologie zufolge die Rezeption des Gewebes des biblischen Textganzen.

In der gegenwärtigen Situation pluraler Gesellschaften muss noch hinzugefügt werden: *sola scriptura* ist gegenüber allen Offenbarungsansprüchen, philosophischen Gotteskonzeptionen und atheistischen Bestreitungen jeglichen Gottesglaubens die schrifttheologisch begründete christliche epistemologische Positionierung, die in den weltweiten Diskurs um das Verständnis des Kosmos als Ganzen die Überzeugung als kosmologische Hypothese[32] einzubringen hat, dass die Welt und der ganze Lebenszusammenhang durch den freien Willen und die Macht des Gottes geschaffen wurden und getragen werden, von dem die Schriften des Alten und Neuen Testaments bei aller Pluralität, Unsicherheit und Brüchigkeit menschlicher Kommunikation und Erschließungsanstrengungen noch *am gewissesten, am leichtesten zugänglich, am klarsten* Kunde geben.

---

32 Vgl. dazu H. DEUSER, Religion: Kosmologie und Evolution. Sieben religionsphilosophische Essays, Tübingen 2014; M. KLEINERT/H. SCHULZ (Hg.), Natur, Religion, Wissenschaft. Beiträge zur Religionsphilosophie Hermann Deusers, RPT 91, Tübingen 2017.

2. Alle müssen für alle interpretieren und jeder kann irren – eine römisch-katholische Perspektive

Tobias Nicklas

Im 33. Kapitel des Buches Exodus finden wir eine tief bewegende Erzählung, die, so weit entfernt von unserer Welt sie zunächst zu sein scheint, uns mitten in unser Thema[1] hineinführt: Mose bittet Gott, den Herrn, ihn seine Herrlichkeit schauen zu lassen (Ex 33,16). Gott verspricht Mose, ihm diese Gnade zu gewähren, macht aber klar: „Du kannst mein Angesicht nicht sehen; denn kein Mensch kann mich sehen und am Leben bleiben" (Ex 33,20). Mose muss sich in eine Felsspalte stellen, als die Herrlichkeit Gottes vorüberzieht. Zu seinem Schutz hält Gott seine Hand so lange über ihn, bis er vorüber ist. Mose kann nur den Rücken Gottes sehen. Selbst wenn sich in der Berufung des Propheten Jesaja (Jes 6,1–7) eine (umstrittene) Ausnahme findet, erzählt die Bibel von einem Gott, der sich den Seinen geradezu aufdrängt und sich dabei ganz wesentlich erkennen lässt (vgl. z.B. 1 Joh 4,8), dessen Antlitz aber erst die Bewohner des himmlischen Jerusalems am Ende der Zeiten schauen werden (Offb 22,4). In unsere Fragestellung hinein „übersetzt" heißt dies: Selbst wenn sich uns in der Bibel Gottes Wort schenkt, können wir es nie „unmittelbar", direkt und für alle Zeiten ganz sicher besitzen. Wenn wir ihm begegnet sind, dann immer nur so, dass wir es „von hinten" wahrnehmen, also uns erst im Nachhinein dessen bewusst werden können, dass Gottes Wort – in irdischem Gewand – an uns vorübergezogen ist, dass wir es aber – ähnlich wie

1 Wichtige Aspekte des folgenden Beitrags habe ich, z.T. ausführlicher, z.T. besser belegt mit Sekundärliteratur bereits in dem Beitrag T. Nicklas, Überzeitliche Offenbarung in menschlichen Worten. Sola Scriptura aus katholischer Perspektive, in: S. Alkier (Hg.), Sola Scriptura 1517–2017. Rekonstruktionen – Kritiken – Transformationen – Performanzen, Colloquia historica et theologica 7, Tübingen 2019, 323–342 vorgestellt; einige Punkte sind gegenüber diesem Beitrag aber bereits deutlich weitergeführt und gedacht.

 | DOI:10.30965/9783657760381_004

Maria Magdalena den geliebten Auferstandenen (vgl. Joh 20,17) – nicht festhalten können, ja dass wir ihm nie distanzlos, unmittelbar gegenüberstehen können. Mit einem verwandten Problem ringt auch Augustinus von Hippo (354–430 n.Chr.) in seinen *Confessiones*:

> Hören will ich und verstehen, auf welche Weise du im Anfang Himmel und Erde gemacht hast. Es schrieb dies Moses – er schrieb es und ging weg. Von da aus, wo er von dir gekommen war, ging er hinüber zu dir, und jetzt steht er nicht mehr vor mir. Wenn er aber hier stünde, würde ich ihn festhalten, befragen, bei dir ihn beschwören, mir diese (Worte) zu eröffnen. Ich würde meine leiblichen Ohren ganz für die Laute öffnen, die aus seinem Mund herausbrächen. Redete er in hebräischer Sprache, träfe er vergeblich meinen Sinn, noch berührte er meinen Geist auf irgendeine Weise. Spräche er aber Latein, so wüsste ich, was er sagte. Woher aber wüsste ich, ob er die Wahrheit sagte? Wenn ich aber auch das wüsste, wüsste ich es von ihm? Im Innern, innen im Sitz des Denkens – weder in hebräischer, noch griechischer, lateinischer oder barbarischer Sprache – würde die Wahrheit ohne Mund und sprachliches Werkzeug, ohne den Klang von Silben sagen: Er sagt Wahres.[2]

Selbst wenn er Mose festhalten könnte, selbst wenn Mose zu ihm sprechen würde, würden diese menschlichen Worte des Mose Augustinus, der des Hebräischen nicht mächtig ist, eventuell gar nicht erreichen – und selbst wenn Mose lateinisch sprechen würde, wäre damit das Entscheidende noch nicht geschehen: Die Erkenntnis der Wahrheit dessen, was Mose gesprochen hat, müsste auf einem anderen Weg zu ihm finden, in einem inneren Hören auf die Stimme Gottes.[3] Damit aber ist das menschliche Wort des Mose nicht entwertet: Wenn Gott zu uns spricht, dann ist dies mit J.F. Lyotard „ein Sprechen, das durch die Sprache des Menschen erst hörbar

2 Augustinus, *Confessiones* 11,3.5. Übersetzung von mir; zitiert (in anderer Übersetzung) auch bei E. Dirscherl, Das menschliche Wort Gottes und seine Präsenz in der Zeit. Reflexionen zur Grundorientierung der Kirche, Studien zu Judentum und Christentum 26, Paderborn u.a. 2013, 15f.

3 Ich lehne mich hier an Dirscherl, Wort Gottes, 17, an, dessen Gedanken die einleitenden Abschnitte inspirieren.

wird und ihm den Freiraum und Zeitraum der Antwort lässt."[4] Der durch die Mittelbarkeit des Gotteswortes erst ermöglichte Frei- und Zeitraum aber ist theologisch wie anthropologisch unabdingbar, wenn nicht nur die Göttlichkeit Gottes ernst genommen, sondern auch die Menschlichkeit des Menschen als freies Gegenüber Gottes gewahrt bleiben will. Mit anderen Worten: Bereits als Literatur *an sich* verlangt die Schrift nach Interpretation. Doch was wir literaturtheoretisch formulieren können, lässt sich auch theologisch und anthropologisch begründen: Als Text, in dem Gottes Wort Menschen begegnen will, ist die Bibel aufgrund der Natur der Offenbarung Gottes in Zeit und Welt hinein, innerhalb derer sich menschliches Leben vollzieht, der Interpretation aufgegeben. Wenn wir aber wirklich glauben, dass uns in der Schrift – in welcher Gebrochenheit auch immer – Gottes Wort begegnen kann, dann muss das bedeuten, dass es in dem interpretierenden Suchen dieses Gotteswortes für alle um alles geht:[5] *Alle müssen für alle interpretieren.*

Von dieser Basis müssen wir ausgehen, wenn wir über Bibelauslegung in der römisch-katholischen Kirche sprechen wollen. Doch was ist damit eigentlich gemeint? Wir müssen uns klarmachen, dass die Rede von der römisch-katholischen Kirche mindestens drei Dimensionen umfasst, die, obwohl sie eng miteinander zusammenhängen, nicht zu schnell miteinander vermischt werden dürfen. Zunächst einmal gibt es *an sich* einfach die empirische römisch-katholische Kirche, die wiederum in einer unendlich scheinenden Zahl von Lebenswelten, historischen Situationen und pastoralen Orten quer durch verschiedenste Gesellschaften und Teile von Gesellschaft präsent ist und die in den unterschiedlichsten Teilen der Welt wirkt. Diese Kirche hat etwa eine Milliarde von Mitgliedern, von denen die allermeisten wenigstens ab und an mit biblischen

4 DIRSCHERL, Wort Gottes, 17 (in Zusammenfassung der Gedanken von J.F. LYOTARD, Vor dem Gesetz – nach dem Gesetz, in: E. WEBER (Hg.), Jüdisches Denken in Frankreich, Frankfurt a. M. 1994, 157–182, hier: 159).

5 Ich verstehe das Wort „alle" hier so offen wie möglich und beziehe mich nicht nur auf Christinnen und Christen oder gar nur Katholiken, ohne damit Menschen vereinnahmen zu wollen, die kein derartiges Verständnis der Schrift akzeptieren wollen oder können.

Texten und ihrer Interpretation konfrontiert sind. Im Grunde geht es letztlich um diese Kirche, diese Menschen – und ihre konkrete Praxis der Bibelauslegung. Gleichzeitig kann diese Praxis unmöglich in all ihrer Komplexität beschrieben werden. Sie umfasst genauso die mehr oder weniger geglückte Religionsstunde (wo auch immer in der Welt) wie Ernesto Cardenals „Evangelium der Bauern von Solentiname“[6], das benediktinische Stundengebet (z.B. mit den gesungenen Psalmen) wie die aus dem Internet kopierte Sonntagspredigt, den wissenschaftlichen Vortrag an der Universität (mit anschließender Publikation), die private Meditation oder die Lektüre im Bibelkreis. Der Reichtum der Bibelauslegung in der römisch-katholischen Kirche ist weiterhin unendlich groß, auch wenn sich mancherorts bittere Armseligkeit breit macht: Ich begegne zu vielen Predigten, die biblische Texte, wenn überhaupt, nur als Impuls für moralinsaure Lebensweisheiten heranziehen, Religionslehrerinnen und -lehrern, die große Teile der Schrift nur über seit Jahren kopierte Arbeitsblätter kennen, und Gemeinden, die das Alte Testament weiterhin für eine Reihe längst überholter Geschichten über einen rachsüchtigen Gott halten, der von einem Jesus überwunden wurde, der für Licht, Freude und eine süßliche Form von Liebe steht. Und ich begegne einer Unzahl von Christinnen und Christen, in deren Leben die Bibel (und noch weniger die Herausforderung eines biblisch beeinflussten Selbst- und Weltbildes)[7] überhaupt keine Rolle zu spielen scheint. All dies gehört zu der römisch-katholischen Kirche, die gleichzeitig in einer Reihe offizieller Dokumente seit der Mitte des 20. Jahrhunderts bedeutende Schritte getan hat, um die Rolle der Bibel und ihrer Auslegung ins Zentrum des eigenen Denkens zu stellen. Ich konzentriere mich im Folgenden auf Texte des II. Vatikanischen Konzils. Ganz grundlegend ist § 21 von *Dei*

6 E. Cardenal, Das Evangelium der Bauern von Solentiname, Gütersloh 1991.

7 Zur Idee, dass ein vom biblischen Narrativ beeinflusstes Bild von Menschen, menschlichem Lernen und seiner Aneignung der Welt „bildungsrelevant“ ist, vgl. die Beiträge in dem von T. Nicklas und R. Koerrenz verantworteten Band „Bildung“ im Jahrbuch für Biblische Theologie 2020.

Verbum, der Dogmatischen Konstitution über die Offenbarung des II. Vatikanischen Konzils:[8]

> Die Kirche hat die Heiligen Schriften immer verehrt wie den Herrenleib selbst, weil sie, vor allem in der heiligen Liturgie, vom Tisch des Wortes Gottes wie des Leibes Christi ohne Unterlass das Brot des Lebens nimmt und den Gläubigen reicht. In ihnen zusammen mit der Heiligen Überlieferung sah sie immer und sieht sie die höchste Richtschnur (*suprema regula*) ihres Glaubens, weil sie, von Gott eingegeben und ein für alle Male niedergeschrieben, das Wort Gottes selbst unwandelbar vermitteln und in den Worten der Propheten und Apostel die Stimme des Heiligen Geistes vernehmen lassen.[9]

Was ist hier eigentlich mit „Kirche" gemeint? Obwohl der Text natürlich von der römisch-katholischen Kirche spricht, ist die Antwort bei genauerem Hinsehen gar nicht so einfach: Die Aussage muss einerseits empirisch-historisch verstanden werden, bezieht sie sich doch recht konkret auf Vergangenes und Gegenwärtiges. Andererseits steht sie gleichzeitig für so etwas wie ein Ideal, auf das in einer Situation, in der das Gesagte vielen Mitgliedern dieser Kirche (und wohl nicht nur Laiinnen und Laien) offenbar nicht klar genug ist, immer wieder hingewiesen werden muss. Damit aber begegnen wir der zweiten wichtigen Dimension der Rede: dem Bild, welches die römisch-katholische Kirche in offiziellen Dokumenten von sich entwickelt, der Vorstellung der Kirche als Grundsakrament, die – obwohl empirisch Teil dieser Welt und ihrer Geschichte – in ihrem Handeln Gottes Realpräsenz in der Welt sichtbar machen soll.

Wenn ich im Folgenden vor allem anhand einiger Schlüsseltexte auf beide Dimensionen eingehe (und immer wieder ihr spannungsvolles Zueinander in den Blick nehme), dann kommt schließlich

8 Zu Geschichte und Bedeutung dieses Textes vgl. u.a. J. Ratzinger, Einleitung und Kommentar zum Prooemium, zu Kapitel I, II und VI der Offenbarungskonstitution ‚Dei Verbum', in: ders., Gesammelte Schriften. Zur Lehre des Zweiten Vatikanischen Konzils, Freiburg u.a. 2012, 715–791, hier: 715–731 sowie H. Hoping, Theologischer Kommentar zur Dogmatischen Konstitution über die göttliche Offenbarung *Dei Verbum*, in: Herders Theologischer Kommentar zum Zweiten Vatikanischen Konzil 3, Freiburg u.a. 2005, 695–831, hier: 703–735.

9 Deutsche Übersetzungen der Texte des II. Vatikanums nach K. Rahner/H. Vorgrimler, Kleines Konzilskompendium, Freiburg u.a. ^{35}2008.

noch eine dritte Dimension hinzu: meine eigene Perspektive auf diese Dokumente wie auch mein eigenes Verständnis sowohl der Situationen, die mir begegnen, als auch der Texte, über die im Folgenden gesprochen werden soll.

Doch zurück zum eben zitierten Konzilstext: Der Schrift kommt hier als der „höchsten Richtschnur“ des Glaubens größte Bedeutung zu; sie wird als Wort Gottes und gleichzeitig als Worte konkreter Menschen verstanden. Damit ist das bereits eingangs skizzierte, spannungsvolle Zueinander zwischen dem Sprechen des ewigen Gottes und den Worten in Zeit und Raum lebender Menschen, zwischen Gotteswort, menschlichen Geschichten und menschlicher Geschichte, zum Ausdruck gebracht.

Was bedeutet dies für die konkrete Auslegung der Bibel? Die Frage, was es denn konkret heißt, biblische Texte angemessen zu interpretieren, wird wenigstens hier nicht angesprochen. Wären Texte – und damit auch biblische Texte – einfache Transportmittel einer immer gleichen, in angemessener Interpretation eineindeutig erfassbaren und rekonstruierbaren Botschaft und würde die Deutung von Texten dann ganz einfach messbar in den Paradigmen von „richtig“ und „falsch“ aufgehen, müsste man darüber auch nicht weiter nachdenken. Es scheint, als sei hier diese Frage nicht im Blick. Interessanterweise hat jedoch Papst Johannes Paul II. in seiner „Ansprache über die Interpretation der Bibel in der Kirche“ am 23. April 1993 dieses Problem mit Worten auf den Punkt gebracht, die es verdienen, im Detail zitiert zu werden: Der Papst wendet sich entschieden gegen die Vorstellung, Gottes Wort in der Bibel müsse so eindeutig sein, dass eine interpretierende Auslegung durch Exegese dem Wesen Gottes als des Absoluten widerspreche. Der Text des Papstes lautet:

> Eine falsche Vorstellung von Gott und der Menschwerdung hat eine gewisse Anzahl von Christen zu einer entgegengesetzten Stellungnahme veranlasst. Sie haben die Neigung, zu glauben, bei Gott als absolutem Wesen müsse auch jedes seiner Worte absolute Geltung haben, unabhängig von allen Einflüssen der menschlichen Sprache. Nach ihrer Meinung besteht also kein Grund, diese Einflüsse zu studieren, um Unterscheidungen zu treffen, die die Tragweite der Worte relativieren würden. Doch hier verfällt man einer Illusion und

> lehnt in Wirklichkeit die Geheimnisse der Inspiration der Heiligen Schrift und der Menschwerdung ab, um sich an eine falsche Auffassung vom Absoluten zu klammern. Der Gott der Bibel ist nicht ein absolutes Wesen, das alles, womit es in Berührung kommt, zermalmt, um alle Unterschiede und Nuancen zu unterdrücken. Er ist im Gegenteil der Schöpfergott, der die erstaunliche Vielfalt der Wesen ‚ein jedes nach seiner Art' geschaffen hat, wie es der Bericht der Genesis wiederholt sagt (vgl. Gen 1). Weit davon entfernt, die Unterschiede zu beseitigen, achtet und schätzt Gott sie (vgl. 1 Kor 12,18.24.28). Wenn er sich in einer menschlichen Sprache ausdrückt, gibt er keineswegs einem jeden Ausdruck eine einheitliche Bedeutung, er verwendet vielmehr auch mit äußerster Geschmeidigkeit die möglichen Nuancen und nimmt auch deren Begrenzungen in Kauf. Das macht die Aufgabe der Exegeten so komplex, so notwendig und so erregend![10]

Dies ist kein Widerspruch zu § 11 von *Dei Verbum*, wo wir lesen, dass die „Bücher der Schrift" „sicher, getreu und ohne Irrtum die Wahrheit lehren" (*veritatem ... firmiter,*[11] *fideliter et sine errore docere*). So sehr wir uns vielleicht manchmal wünschen würden, dass es anders wäre, so wenig wäre es weder der Größe Gottes noch der Vielfalt menschlichen Lebens entsprechend (also zutiefst unmenschlich!), das Ziel angemessener Bibelauslegung einfach darin zu erkennen, diese Wahrheit wie einen (geradezu in eine Art von Katechismus zu gießenden) immerwährenden festen Bestand zu destillieren, um sie unverkürzt und für immer abgesichert in die nächste Generation zu tragen. Dies würde bedeuten, das Gotteswort zu „verwahren", nicht aber, es zu bewahren. Die von Gott geschenkte Wahrheit lässt sich nicht auf diese Weise in den Griff bekommen und letztlich „zähmen". Wenn die Schrift kritisches Leitprinzip eines theologischen Denkens sein soll, das wirklich mit den Leben verschiedenster Menschen zu tun hat, dann steht, wie schon angedeutet, Schriftauslegung *per se* in der Spannung zwischen „Schrift" (sowie ihrem Anspruch,

10 Seine Heiligkeit Johannes Paul II., Ansprache über die Interpretation der Bibel in der Kirche, in: Päpstliche Bibelkommission, Die Interpretation der Bibel in der Kirche, 23. April 1993, Verlautbarungen des Apostolischen Stuhles 115, Bonn ^{2}1996, 7–19, hier: 12–13.

11 Interessanterweise ist hier das Adverb *certe* vermieden. Stattdessen findet sich *firmiter*, das auch für „zuverlässig, treu, fest" stehen kann.

in verschiedenste Zeiten hinein „sicher, getreu und ohne Irrtum“ lebendige Wahrheit zu vermitteln) und der „Geschichte“, in der wir sie lesen und zu verstehen suchen. Diese „Geschichte“ wiederum vollzieht sich nicht einfach eindimensional, sondern ist in verschiedenste Lebenskontexte, d.h. „Geschichten“ hinein aufzubrechen. Damit aber ist die entscheidende Frage auf den Punkt gebracht: Wie können wir dem uns in der Schrift begegnenden menschenfreundlichen Wort Gottes in der Geschichte, die sich für jede und jeden von uns nur in der Unzahl von Geschichten unseres Lebens konkretisiert, nahekommen? Wo wir uns dessen bewusst sind, dass Gottes Wort bei einer schier unendlichen Zahl von Menschen ankommen will, die für unübersehbar viele Lebenssituationen und Fragen stehen, wird auch unmittelbar klar, dass die Vielfalt und Uneindeutigkeit der Schrift kein Defizit ist, sondern ihre einzige Chance, in die Vielfalt des menschlichen Lebens auf menschenfreundliche Weise hineinzusprechen, Antworten auf eine Unzahl existenzieller Lebensfragen zu geben, die auf höchst unterschiedliche Weise das lebendige Wort Gottes zur Sprache bringen mögen. Anders gesagt: Die Vielfalt der Stimmen, in denen sich das Wort Gottes in Menschenworten ausdrückt, ist kein Widerspruch zur Vorstellung von der lebendigen *einen* Wahrheit des *einen* Gottes, welche für uns Menschen nie voll erfassbar, definier-, d.h. begrenzbar oder in den Griff zu bekommen ist. Diese *muss* sich vielmehr in der Vielfalt von Stimmen innerhalb der Schrift ausdrücken, welche wiederum die dauernde Interpretation verlangen, um der unendlichen Vielfalt dessen, was menschliches Leben sein kann, begegnen zu können.[12] So menschlich es ist, sich ein Mehr an Eindeutigkeit zu erhoffen, so unmenschlich wird solche Eindeutigkeit in dem

12 Vor diesem Hintergrund lassen sich theologische Fragestellungen wie in einer Ellipse mit zwei Brennpunkten einordnen: der eine Brennpunkt liegt in der Einheit des dreifaltigen Gottes, der andere in der unüberschaubaren (sich auch geschichtlich ändernden) Vielfalt menschlichen Lebens bzw. menschlicher Lebenssituationen in ihrer z.T. radikalen Unentscheidbarkeit. Verantwortliche Theologie darf keinen der beiden Brennpunkte außer Acht lassen – und muss sich gleichzeitig dessen bewusst bleiben, dass *beide* (!) radikal unbeherrschbar sind.

Moment, wo sie auf die wahren Herausforderungen menschlichen Lebens trifft.

Gleichzeitig können wir uns des Gotteswortes nie vollkommen *sicher* sein: Sobald wir meinen, es zu *besitzen*, sobald wir es (in dem Bild, das das Johannesevangelium wie auch Augustinus verwendeten) *festhalten* wollen, hört es auf, Wort *des lebendigen Gottes* zu sein. Es muss stattdessen immer neu geschenkt werden. Wenn wir den Menschen aber nicht als rein passives Objekt, als einen Empfänger verstehen wollen, der nicht selbst in der Lage ist, Gott zu suchen, muss es Wege geben, die helfen, das Gotteswort zu erschließen. Diese Wege sind nicht einfach den Methoden der (post-) modernen Bibelwissenschaft gleichzusetzen, denen es um die möglichst präzise Erfassung der menschlichen Worte der Schrift gehen muss. Da das Gotteswort zwar weder an ihnen klebt, noch in ihnen vollkommen aufgeht, so doch aber an sie gebunden ist, bilden diese Methoden eine entscheidende Voraussetzung in der Suche nach dem Gotteswort. Dass diese Wege immer höchst riskant sind und sie nie – für keinen Menschen, sei es der Papst, Heilige oder Apostel – *ganz sicher* zu Gottes Wort führen, hat mit dem Wesen Gottes zu tun, der sich zwar schenkt, aber nicht zum definier- und dauerhaft fassbaren Objekt machen lässt. Luthers *certissime* trifft genau dann diesen Punkt, wenn wir es nicht als „ganz sicher", sondern als „am sichersten" (und damit sicherer als andere Wege) deuten.[13]

Auch die römisch-katholische Kirche ringt um einem solchen Weg, der sicherer ist als andere. Dabei spricht sie von zwei die Schrift begleitenden Prinzipien, nämlich der Vorstellung von „Tradition" bzw. „Überlieferung" sowie der Rede vom „Lehramt". Auch sie kann nie *ganz sicher* sein, sondern ist im Letzten darauf verwiesen, glaubend darauf zu vertrauen, dass ihr das Gotteswort geschenkt[14] und sie in der Lage ist, dieser Gabe, die gleichzeitig zur größten denkbaren Aufgabe wird, durch die Zeit hindurch gerecht zu werden.

---

13 Vgl. hierzu der Beitrag von Stefan ALKIER III.1.

14 Die Vorstellung, dass der römisch-katholischen Kirche das Gotteswort geschenkt ist, bedeutet natürlich nicht, dass es *nur* ihr (oder gar konkret: ihren Mitgliedern) geschenkt sei.

Die Rede von *Tradition* – einerseits bezogen auf den Bestand des zu Überliefernden, andererseits auf den Prozess der Überlieferung – ist heute bereits an sich und ohne direkten Bezug zur römisch-katholischen Kirche in vielen Kontexten eher negativ konnotiert, scheint sie doch für eine verkrustete, allein der Vergangenheit zugewandte, wenig gegenwarts- oder gar zukunftsoffene, nur auf das Eigene gerichtete und autoritativ bewahrte (statt immer neu reflektierte) Haltung zu stehen. Dabei ist Tradition zunächst einmal ein universales Prinzip, ohne das menschliche Kultur unmöglich ist. Im Hinblick auf unsere Frage kann sie schon vor dem Missverständnis warnen, dass es in den vergangenen Jahrhunderten Leserinnen und Leser der Bibel gegeben habe, die diese als vollkommen von einer Lesegemeinschaft unabhängige Monaden, reine Individuen ohne Gesellschafts- und Gruppenbezug, gelesen hätten. Ganz grundsätzlich hilfreich sind folgende Gedanken von Bernd Auerochs:

> Menschliche Gesellschaften müssen sich sowohl materiell wie symbolisch reproduzieren können, um ihre Fortexistenz in der Zeit zu garantieren. Die symbolische Reproduktion stellt Gesellschaften die Aufgabe, ihre kulturellen Gehalte, ihre Praktiken, Sprachen, Institutionen, Normen, Werke von früheren Generationen aufzunehmen und an die nächsten Generationen weiterzugeben. Hierzu bedarf es, neben dem unverzichtbaren Beistand der Natur, auch eigener ‚kultureller Strategien der Dauer' (A. Assmann): Überlieferungsprozessen, Traditionen. Insofern jede Gesellschaft aus ihrer Vergangenheit heraus ihre Gegenwart und ihre Zukunft gestalten muss, handelt es sich bei der Existenz von Tradition um eine anthropologische Universalie.[15]

Damit ist Tradition *an sich*, wenn trotz aller Notwendigkeit der Reform so etwas wie ein kulturelles Kontinuum (und damit Kultur!) bewahrt bleiben soll, unverzichtbar. Gleichzeitig steht die Weitergabe von Tradition(en) wie auch das Leben in Tradition(en) immer zwischen

15 B. Auerochs, Tradition als Grundlage und kulturelle Präfiguration von Erfahrung, in: F. Jaeger/B. Liebsch (Hg.), Handbuch der Kulturwissenschaften 1: Grundlagen und Schlüsselbegriffe, Stuttgart/Weimar 2011, 24–37, hier: 24.

zwei Polen: Vor allem Max Weber, der Tradition als „eingelebte Gewohnheit“ versteht und sie „vom zweckrationalen, wertrationalen und affektuellen Handeln“ differenziert, hat auf die Gefahren eines Lebens verwiesen, das sich (zu sehr) von Tradition(en) her bestimmt. Er denkt dabei an die „eigentümliche Selbstverständlichkeit und Alternativlosigkeit, in der Traditionen jenen erscheinen, die sie befolgen, und an ihnen teilhaben. Traditionen leben oft auch weiter, weil unsere Möglichkeiten, an ihnen etwas zu ändern oder sie außer Kraft zu setzen, sehr begrenzt sind, und weil es das Leichte ist, so weiterzumachen wie bisher, und der Gedanke an mögliche Alternativen gar nicht aufkommt.“[16]

Selbstverständlichkeit und Alternativlosigkeit scheinen nun jedoch Begriffe zu sein, die mit der Suche nach dem „Wort Gottes“, das uns als Schrift begegnet, sehr wenig zu tun haben. Die Rede von „Tradition“ ist damit notwendig und gleichzeitig immer gefährdet; sie ist unverzichtbar und kann gleichzeitig gefährlich werden. Somit steht sie bereits *an sich* (und ohne dass wir damit schon etwas über Tradition in der römisch-katholischen Kirche gesagt hätten) zwischen zwei Polen: Einerseits ist es für jede Gruppe unabdingbar, Traditionen (und damit Tradition) zu entwickeln und zu bewahren, andererseits sind diese Traditionen in dem Moment, in dem sie und ihre Funktion nicht mehr reflektiert werden, in der Gefahr, als Deutungsmacht beanspruchendes Autoritätsargument missbraucht zu werden: „So war es schon immer – und deswegen ist jede weitere Frage überflüssig.“[17] Traditionen bedürfen deswegen einerseits der Traditionskritik und andererseits der Interpretation, mit der sie plausibel zu machen sind. Letzterer Gedanke wiederum gilt in besonderem Maße für die gefährdete Tradition. Könnte er nicht in Situationen, in denen – im Grunde weltweit – kirchliche Tradition in hohem Maße gefährdet scheint, den Impuls geben,

16 Zitate a.a.O., 27.

17 In kirchlichen Kontexten kann sich das Argument gern mit der dann jede weitere Diskussion zu unterbinden suchenden Rede vom angeblichen „Stifterwillen“ Jesu – des historischen Jesus, des irdischen Jesus oder gar des kosmischen Christus? –, zu dem eine bestimmte Gruppe von Amtsträgern aufgrund ihres Amtes eindeutigen Zugang haben, verbinden.

entscheidende Aspekte kirchlicher Tradition in ihrer Bedeutung vertieft ins Bewusstsein zu führen und eine aktive Einstellung ihnen gegenüber zu begründen, ohne sich dabei in Autoritätsargumenten zu verlieren?

Doch was ist mit dem Begriff „Tradition" in der römisch-katholischen Kirche gemeint? Dass bereits der Begriff „Tradition" (synonym mit „Überlieferung") eine Tradition hat und sich in deren Verlauf wandelte, zeigt Joseph Ratzinger, wenn er schreibt:

> Die Frage nach der Art und Weise, wie das in Christus ergangene Wort der Offenbarung in der Geschichte gegenwärtig bleibt und auf den Menschen zukommt, gehört zu den Grundfragen, über denen sich die abendländische Christenheit im Jahrhundert der Reformation zerspaltete. Der Streit knüpft sich dabei an den Begriff der ‚Überlieferung', in dem die katholische Christenheit die eine Form der Offenbarungsvermittlung, neben der anderen in der Heiligen Schrift, auszudrücken versuchte, um damit einen doppelten Protest auszulösen: Mit Überlieferung wurden zunächst die sogenannten ‚consuetudines ecclesiae' bezeichnet, wie die Heiligung des Sonntags, das Gebet nach Osten, die Fastenbräuche, die verschiedenen Weihungen und Segnungen und dergleichen mehr, was die konkrete Form kirchlicher Frömmigkeit im Spätmittelalter bestimmte. All das Viele, zum Teil Erhebende, zum Teil Verwunderliche, das die spätmittelalterliche Kirche zu einem weitläufigen, unübersichtlichen Haus voller Ecken und Winkel gemacht hatte, wurde unter dem Begriff der ‚Überlieferung' gerechtfertigt und als Bestandteil der konkreten christlichen Wirklichkeit legitimiert. Luther, den die Einfachheit des Evangeliums mit ihrer explosiven Kraft ergriffen hatte, konnte im Licht seiner Erfahrung des richtenden und vergebenden Gottes in alledem nur Tändelei sehen, mit der die Menschen über den eigentlichen Abgrund ihres Daseins hinweggetäuscht und im Vordergrund beruhigt werden; mehr noch: Er sah darin die Wiederkehr des Gesetzes, die Überordnung der Menschensatzung über Gottes Wort, gegen die Paulus mit solcher Unerbittlichkeit gekämpft hatte und die nun doch wieder zur Tatsache in der Kirche geworden war.[18]

18 J. RATZINGER, Ein Versuch zur Frage des Traditionsbegriffs, in: DERS., Gesammelte Schriften. Glaube in Schrift und Tradition, Freiburg u.a. 2016, 391–431, hier: 391–392.

Entscheidende Kernaussagen des II. Vatikanischen Konzils zeigen, dass sich der Begriff von Tradition demgegenüber tatsächlich deutlich gewandelt hat. Ich zitiere erneut *Dei Verbum* Kapitel 2, § 7:

> Was Gott zum Heil aller Völker geoffenbart hatte, das sollte – so hat er in Güte verfügt – für alle Zeiten unversehrt erhalten bleiben und allen Geschlechtern weitergegeben werden. Darum hat Christus der Herr … den Aposteln geboten, das Evangelium, das er als die Erfüllung der früher ergangenen prophetischen Verheißung selbst gebracht und öffentlich verkündet hat, allen zu predigen als die Quelle jeglicher Heilswahrheit und Sittenlehre und ihnen so göttliche Gaben mitzuteilen. Das ist treu ausgeführt worden, und zwar sowohl durch die Apostel, die durch mündliche Predigt, durch Beispiel und Einrichtungen weitergaben, was sie aus Christi Mund, im Umgang mit ihm und durch seine Werke empfangen oder was sie unter der Eingebung des Heiligen Geistes gelernt hatten, als auch durch jene Apostel und apostolischen Männer,[19] die unter der Inspiration des gleichen Heiligen Geistes die Botschaft vom Heil niederschrieben. Damit das Evangelium in der Kirche für immer unversehrt und lebendig bewahrt werde, haben die Apostel Bischöfe als ihre Nachfolger zurückgelassen und ihnen ‚ihr heiliges Lehramt überliefert.' Diese Heilige Überlieferung und die Heilige Schrift beider Testamente sind gleichsam ein Spiegel, in dem die Kirche Gott, von dem sie alles empfängt, auf ihrer irdischen Pilgerschaft anschaut, bis sie hingeführt wird, ihn von Angesicht zu Angesicht zu sehen, so wie er ist.[20]

Wenigstens einige Gedanken, die sich aus diesem Text ergeben, seien angesprochen:

---

19 Interessanterweise verschließt sich die römisch-katholische Kirche inzwischen nicht mehr vollkommen der Vorstellung, dass es auch apostolische Frauen gegeben haben muss. Dies zeigt sich doch recht deutlich in der Tatsache, dass Papst Franziskus im Juni 2016 den jährlichen Gedenktag für Maria Magdalena (22. Juli) zum Fest der *apostola apostolorum* erhoben hat. Zu theologischen Konsequenzen dieses Schritts vgl. M. THEOBALD, Apostolizität und Macht. Wer hat das Sagen? Oder zur ambivalenten Rolle von Frauen im Neuen Testament, in: M. ECKHOLT/U. LINK-WIECZOREK/D. SATTLER/A. STRÜBIND (Hg.), Frauen in kirchlichen Ämtern. Reformbewegungen in der Ökumene, Freiburg/ Göttingen 2018, 87–106, hier: 105–106.

20 RAHNER/VORGRIMLER, Konzilskompendium, 370–371.

Zunächst einmal geht es in der Rede um Schrift und der Rede von der Tradition letztlich um das Gleiche, nämlich darum, der Selbstmitteilung Gottes so nahe wie möglich zu kommen. Schrift wie auch Tradition gehen damit auf die gleiche Quelle zurück. Von dieser Quelle her entwickelt sich in der Sicht des Konzils neben der Schrift und eng mit ihr verbunden so etwas wie eine Traditionskette, die, leider in der Gefahr, Israel und das Alte Testament aus dem Blick zu verlieren,[21] von Jesus Christus her über die Predigt der Apostel und dann die Sukzession der Bischöfe in unsere Zeit hinein trägt. Dieses Bild ist, so sehr es historisch vereinfacht, grundsätzlich nachvollziehbar, bedarf aber der Ergänzung und Erläuterung, wenn es nicht in theologische Sackgassen und Widersprüche führen soll: Wenn es in Schrift wie in Tradition zuallererst um die Selbstmitteilung Gottes (bis hin zur Selbstmitteilung in seinem Sohn) geht, dann leiten sich Schrift und Tradition davon ab, dass Gott selbst sich in seinem Wort der Interpretation „ausliefert", ja sein Wort „über-liefert".

Dieses sich selbst Schenken des lebendigen Gottes „unversehrt zu erhalten" kann dann nicht bedeuten, einen selbstverständlich werdenden, definierbaren (d.h. „begrenzbaren"), autoritativ zu verteidigenden Bestand an gesicherter, besitzbarer Wahrheit wie einen unveränderlichen Gegenstand durch die Zeit zu tragen, sondern (gerade in Kontexten, in denen Tradition angefragt, der Kritik ausgesetzt und gefährdet scheint) immer wieder bewusst zu machen, dass es in ihr letztlich um die Vermittlung des in der gedeuteten Begegnung mit dem lebendigen Gott Erkannten gehen will. In theologischer Terminologie ausgedrückt ergibt sich dann das Paradox, dass das „unversehrte Bewahren" (siehe vorne: *Dei Verbum* Kapitel 2, § 7) nur da möglich ist, wo die Rede vom Heiligen Geist sich, wie es in der zitierten Passage auf den ersten Blick den Anschein haben mag, nicht alleine auf die apostolische Vergangenheit, sondern auch auf die Gegenwart bezieht. „Unversehrtes Bewahren" ist also nur da denkbar, wo dem schöpferischen, ja manchmal umstürzenden

21 Hierzu vgl. aber die bedeutenden Gedanken bei K. LEHMANN, Das Alte Testament als Offenbarung der Kirche, in: F.-L. HOSSFELD (Hg.), Wieviel Systematik erlaubt die Schrift? Auf der Suche nach einer gesamtbiblischen Theologie, QD 185, Freiburg u.a. 2001, 279–289.

Wirken des Geistes auch weiter Raum gelassen wird. „Unversehrtes Bewahren" des lebendigen Gotteswortes muss so mit der bleibend wirksamen schöpferischen Kraft des Geistes zusammengedacht werden.[22] Dieser Geist aber kann nicht alleine an eine empirische Organisation oder gar historisch gewachsene Organisationsformen gebunden werden; er weht vielmehr, wo er will (Joh 3,8) – und lässt Kirche werden, wo er will.

Wenn es aber der gleiche Heilige Geist ist, der die Empfängerinnen und Empfänger des Gotteswortes zu jeder Zeit inspiriert hat und inspiriert, dann ist deutlich, dass Schrift und Tradition nur dann angemessen verstanden sind, wenn sie aufs Engste miteinander verbunden gesehen werden. Mit anderen Worten: Nicht nur in der Schrift, sondern auch in der Tradition begegnen sich „Gotteswort" und „Menschenwort". Dabei aber bleibt die Schrift allen Auslegungen vorgeordnet. Umgekehrt kann „Tradition" in dem Sinne, den das Konzil meint, nur da gegeben sein, wo im Menschenwort Gottes Wort erkennbar ist. Im positivsten Sinne kann Tradition so dazu beitragen, die in der verwirrenden Vielfalt der Schrift zugrundeliegenden Makropropositionen[23] sichtbar zu machen und so das in der Schrift begegnende Gotteswort zum Sprechen zu bringen.[24] Recht verstanden, kann sie den Weg zum in der Schrift begegnenden Gotteswort weisen, darf ihn umgekehrt nie verstellen. Sicherlich ist „nicht alles, was in der Kirche existiert, ... deshalb auch schon

22 Vgl. hier DIRSCHERL, Wort Gottes, 45: „Wer die christliche Bibel liest, kommt in Berührung mit dem Wort Gottes, mit Israel und der Kirche, in der sie zur kanonischen Grundlage geworden ist. Die Väter provozierten mit der Aussage, dass nur derjenige die Schrift verstehen kann, der sie in demselben Geist liest, in dem sie geschrieben wurde. [...] Ein Wort Gottes, das sich dem Wirken des Hl. Geistes verdankt, kann nur von jenen verstanden werden, die auch vom Hl. Geist berührt sind. Die Inspiration steht hier für eine Öffnung des Menschen und der Schrift auf Gott und den Nächsten hin, ohne die es nicht möglich wäre, von Gottes Wort zu sprechen. Der Hl. Geist steht für die Öffnung auf jenen unendlichen Gott hin, von dem her mir der Sinn der Schrift erschlossen wird und der mich in die Verantwortung für den Nächsten stellt."

23 Hierzu vgl. den Beitrag III.1 von STEFAN ALKIER im vorliegenden Band.

24 Hier sehe ich einen wichtigen Bezug zu dem, was CHRISTOS KARAKOLIS in III.3 über die Rolle von Kirchenvätern in der Orthodoxie schreibt.

legitime Tradition …, sondern neben der legitimen gibt es auch die entstellende Tradition." Vor diesem Hintergrund muss Tradition auch in der römisch-katholischen Kirche „nicht nur affirmativ, sondern auch kritisch betrachtet werden."[25] Umgekehrt setzen die Aussagen des Konzils die Zuversicht voraus, dass auch da, wo Menschen am Werk sind, die es weitergeben, Gottes Wort als Wort *Gottes* nicht einfach ab einem bestimmten Punkt passives Objekt der Weitergabe sein kann, sondern sich als Wort Gottes im Geist immer neu auch heute und in Zukunft Bahn bricht.[26] Niemand – und sei es ein Apostel, ein Bischof oder der Papst – kann sich jemals sicher sein, in einer bestimmten Entscheidung den Geist Gottes zu besitzen. *Deswegen kann jede und jeder irren.*[27] Es gibt – wollen wir für den Moment die Rede von Jesus Christus als dem inkarnierten Gotteswort ausnehmen – keine Zeiten, Orte oder gar Personen, bei denen wir *ganz sicher* sein können, dass in ihnen oder an ihnen *ganz sicher* und dauerhaft Gottes Geist erkennbar wäre. Umgekehrt gibt es keine Zeit, keinen Ort und keine Person, zu der, an dem und in der Gottes Geist nicht wirksam werden könnte und/oder möchte. Den Zugang zum Gotteswort in Schrift und Tradition ermöglichende Impulse können daher zu jeder Zeit, an jedem Ort und von jedermann – und jeder Frau – ausgehen. *Deswegen kann*

---

25 Beide Zitate nach RATZINGER, Einleitung und Kommentar, 756, der dabei Gedanken des Konzilsvaters Kard. Meyer aufgreift und bedauert, dass das Konzil nicht deutlicher die Schrift als Maßstab der Traditionskritik herausgearbeitet habe (ebd., 756–758).

26 In eine ähnliche Richtung gehen Aussagen bei RATZINGER, Einleitung und Kommentar, 751: „Die Predigt der Apostel wird mit den Begriffen donum und communicare erläutert; wiederum tritt so an die Stelle des gesetzlichen Bildes die Idee der Gnade und das dialogische Prinzip; Verkündigung als Kommunikation im schenkenden Handeln Gottes. Für die Frage der Überlieferung ist damit ein wesentlich neuer Ansatzpunkt geschaffen, denn wenn der Ursprung der Überlieferung, das, was am Anfang steht und weitergegeben werden muss, nicht ein promulgiertes Gesetz ist, sondern die Kommunikation in der geschenkten Fülle Gottes, dann muss auch Weitergabe etwas anderes bedeuten als bisher."

27 Dies ist kein Widerspruch zum Dogma der Unfehlbarkeit, in dem es ja nicht darum geht, dass eine menschliche Person ab einem bestimmten Punkt ihres Lebens nicht mehr irren könne.

jede und jeder zum Träger einer Interpretation werden, die für alle zum Evangelium wird. Gleichzeitig kann sich kein solcher Impuls je *ganz sicher* sein, das Gotteswort unverfälscht oder auch nur unverkürzt (und noch weniger: in alle geschichtlichen Kontexte wie in jede mögliche Lebenssituation hinein unverfälscht und unverkürzt) wiederzugeben. Dies ist im Grunde gemeint, wenn das Konzil davon schreibt, dass zur Überlieferung „auch das Nachsinnen und Studium der Gläubigen" – also aller Gläubigen – „durch innere Einsicht, die aus geistlicher Erfahrung stammt", erfolgt.[28] An dieser Idee ist wichtig, dass jeder und jede einzelne Gläubige, im Geist Gottes stehend, durch sein/ihr eigenes Nachsinnen dem Wort Gottes in Schrift und Überlieferung nicht nur selbst begegnen, es zum Ereignis werden lassen, sondern es auslegen, ja *im Dienst an Kirche und Welt* zu einem vertieften Verständnis beitragen kann (und im Grunde gefordert ist, dies auch zu tun). Dazu gehört, wie schon angedeutet, auch die Kritik der Tradition: Eines der besten Beispiele dafür, dass das intensive Studium der Schrift dazu führen kann, Impulse für eine Haltung der Kirche zu liefern, die sich auch gegen Aspekte wendet, die über Jahrhunderte hinweg „Tradition" zu sein schienen, jedoch ganz offenbar das Gotteswort verdunkeln, besteht in der exegetisch vermittelten Erkenntnis der tiefen Bedeutung des Judentums Jesu von Nazaret und der bleibenden Erwählung Israels, die geholfen hat und weiter helfen muss, die Kirche – ich spreche hier über die römisch-katholische Kirche, weil ich mir in dieser Frage kein Urteil über andere Kirchen anmaßen möchte – aus Judentumsvergessenheit und vielen (nicht überall, aber doch um ein unendliches Maß zu häufig in ihrer Geschichte begegnenden) Antijudaismen zu befreien.[29]

---

28 Gleichzeitig kann der im Kontext verwendete Begriff „Fortschritt" zu einem Problem werden, wenn man ihn so versteht, als könne das als Wort Gottes Geschenkte dauerhaft in all seiner Tiefe *festgehalten* und darauf wie auf einem Gebäude aufgebaut werden. Stattdessen ist es, wo unverfälscht bewahrt werden will, nötig, alles einmal Errungene und Tradierte in neuen Kontexten und neuen Situationen immer wieder neu zu denken.

29 Einen wichtigen Überblick bieten z.B. S. KRAUSS/W. HORBURY, The Jewish Christian Controversy from the Earliest Times to 1789. Vol. 1: History, TSAJ 56, Tübingen 1995.

Den Fokus alleine und in erster Linie auf Traditionskritik zu legen, würde aber bedeuten, in die Falle Max Webers zu gehen. Verantwortungsvoller Umgang mit Tradition verlangt Reflexion; vollkommener Verlust von Tradition bedeutet aber auch den Horizont zu verlieren, innerhalb dessen sich Schriftverständnis konstituiert. Ich spreche bewusst von einem Horizont, der zum Maßstab werden kann, der jedoch nie *über* der Interpretation der Schrift steht oder gar deren Stimme verstummen ließe. Die Schrift ist nicht abhängig von der Tradition; sie kann und muss zum Maßstab der Tradition werden, der sich auch als kritisches Gegenüber verstehen darf (und dies wohl auch manches Mal muss).[30] Tradition ist deswegen nur da recht verstanden, wo sie offen bleibt für das Korrektiv durch das Gegenüber der Schrift.

Deutlich schwieriger aufzulösen ist die Spannung zwischen Schrift und Lehramt. In § 10 von *Dei Verbum* lesen wir:

> Die Aufgabe aber, das geschriebene und überlieferte Wort Gottes verbindlich zu erklären, ist nur dem lebendigen Lehramt der Kirche anvertraut, dessen Vollmacht im Namen Jesu ausgeübt wird. Das Lehramt ist nicht über dem Wort Gottes, sondern dient ihm, indem es nichts lehrt, als was überliefert ist, weil es das Wort Gottes aus göttlichem Auftrag und mit dem Beistand des Heiligen Geistes voll Ehrfurcht hört, heilig bewahrt und treu auslegt und weil es alles, was es als von Gott geoffenbart zu glauben vorlegt, aus diesem einen Schatz des Glaubens schöpft.[31]

Und wenig später:

> Es zeigt sich also, dass die Heilige Überlieferung, die Heilige Schrift und das Lehramt der Kirche gemäß dem weisen Ratschluss Gottes so miteinander verknüpft und einander zugesellt sind, dass keines ohne die anderen besteht und dass alle zusammen, jedes auf seine Art, durch das Tun des Heiligen Geistes wirksam dem Heil der Seelen dienen.[32]

---

30 Vgl. auch die Gedanken bei RATZINGER, Einleitung und Kommentar, 756–757.

31 RAHNER/VORGRIMLER, Konzilskompendium, 372–373.

32 RAHNER/VORGRIMLER, Konzilskompendium, 373. Wichtig hier auch die Kritik von HOPING, Theologischer Kommentar, 762: „Nicht in den Blick

Die Rede vom „Lehramt der Kirche", das in besonderer Weise an Bischöfe und Papst gebunden ist, trennt sicherlich – vielleicht besonders tief – die Kirchen. Ich hielte sie dann für theologisch kaum haltbar, ja in höchstem Sinne problematisch, wenn man damit die Idee verbinden würde, eine bestimmte Person (oder eine Gruppe von Personen) könne aufgrund ihres Amtes sicher davon ausgehen, jederzeit und dauerhaft so im Besitz des Gottesgeistes zu sein, dass sie sich in der Suche nach dem Gotteswort nie irren könne bzw. dass dieser immer direkt aus ihr spreche. Ein solches Verständnis ist hier aber sicherlich nicht angezielt. Stattdessen ist wieder an die eingangs reflektierte Differenzierung der Rede von Kirche zu erinnern. Versteht man den zweiten Abschnitt als eine Aussage über das empirische Handeln der Kirche, kann er nur zu Aporien führen. Zielt er aber auf das Wesen der Kirche, wird er sinnvoll. So wenig er von der empirisch-historischen Kirche je vollends eingeholt werden kann, so sehr kann und muss dieser Satz für die empirische Kirche, will sie dem entsprechen, was ihr Wesen ist, zum Maßstab werden, an dem sie sich zu orientieren hat. Dann aber ist dies eine großartige und mutige Aussage. Dies wiederum bedeutet: Will man Kirche *trotz aller z.T. erschreckenden Sündigkeit jeder empirischen Form von Kirche* als sakramentale Realität verstehen – d.h. wahrhaftig als „Leib Christi", als einen Raum in der Welt, in der Gottes Wirken im Geist erkennbar wird –, dann besteht eine Chance, die Rede vom kirchlichen Lehramt so zu deuten, dass sie sich ebenfalls in die Suche nach dem „sichersten" – wenn auch nie ganz sicheren – Weg zum Wort Gottes einordnen lässt. Die Rede vom Lehramt macht dann Sinn, wenn sie sich als eine Art von Repräsentation der Interpretationsgemeinschaft des Wortes Gottes versteht, an der jede und jeder einzelne Gläubige teilhat.[33] So verstanden, tritt das Lehramt nicht zwischen

kommt, dass das Verständnis des überlieferten Glaubens zwischen Lehramt, wissenschaftlicher Theologie und den Gläubigen auch einmal strittig sein kann."

33 Ratzinger, Einleitung und Kommentar, 772–773, schreibt zu Art. 10: „Er stellt zunächst heraus, dass Bewahrung und tätliche Verwirklichung des Wortes Gottes Sache des ganzen Gottesvolkes, nicht bloß der Hierarchie sind. Die Kirchlichkeit des Wortes, von der hier ausgegangen wird, stellt also nicht einfach eine Lehramtlichkeit dar, sondern umfasst die Gemeinschaft der

die Glaubenden und die Bibel,[34] sondern setzt bei den Glaubenden an und ein: Dabei sind „konkrete Orte hauptamtlichen kirchlichen Lehrens zu nennen: Professorinnen und Professoren der Theologie, Priester, Diakone, Lehrerinnen und Lehrer, Katechetinnen und Katecheten. Aber schließlich sind alle Christinnen und Christen auf Grund von Taufe und Firmung zur Teilhabe an der christlichen Glaubensverkündigung aufgerufen."[35] Dann können wir vielleicht noch einen Schritt weiter gehen: Jeder kann irren – jede und jeder Glaubende jedweden Standes! Und trotzdem kann gehofft werden, dass die Kirche in ihrem Gesamt *auch als empirische Kirche* mit all ihren Schwächen und in ihrer Gebrochenheit *auch* das repräsentiert, ja präsent macht, was sie in ihrem Wesen ist, nämlich „Leib Christi" (1 Kor 12,12–31; vgl. Röm 12,4–5), „Tempel Gottes" (1 Kor 3,16–17), „heilige Priesterschaft" (1 Petr 2,5.9). Mit anderen Worten: Keine empirische Form von Kirche entspräche je ganz dem, was die Kirche ihrem Wesen nach sein sollte und ist. So wie jeder einzelne Mensch erst im Angesicht des Gottes, dessen Name für „Ich bin es" steht, ganz zu sich selbst finden kann, ist auch Kirche (im besten Fall!) unterwegs dazu, ganz zu ihrem Wesen zu finden, welches sie geschichtlich nie voll einholen kann. Und doch ist zu hoffen, dass sie auch in Geschichte und Zeit „Spiegel" dessen sein kann, was das Wesen

---

Glaubenden insgesamt." Während hier noch in einigen Aussagen „Lehramt" und „Gemeinschaft der Glaubenden" nebeneinander zu stehen scheinen, versuche ich im Folgenden beides miteinander in unauflöslichem Bezug zueinander zu sehen.

34 Entscheidend scheint mir der Gedanke, dass auch die authentische Auslegung von Schrift und Tradition durch das Lehramt niemals einfach dem Wort Gottes identisch ist. So zitiert K. LEHMANN, Dei Verbum – Gottes Wort – eine Botschaft des Heils für die ganze Welt. Erste Einführung in die Dogmatische Konstitution über die göttliche Offenbarung des Zweiten Vatikanischen Konzils, in: DERS./R. ROTHENBUSCH (Hg.), Gottes Wort im Menschenwort. Die eine Bibel als Fundament der Theologie, QD 266, Freiburg 2014, 25–50, hier: 41 in diesem Zusammenhang den Konzilsvater Kard. Léger: „Das Wort Gottes, das durch sich selbst definiert ist, ist etwas anders als eine authentische Interpretation durch das Lehramt, das selbst in den besonderen Fällen seiner Unfehlbarkeit eine Vervollkommnung zulässt. Nach dem Wort des Apostels sind die Reichtümer Gottes unergründlich, und wir kennen nur zum Teil seine Mysterien."

35 K. RUHSTORFER, Einführung in die Theologische Erkenntnislehre, in: DERS. (Hg.), Systematische Theologie, Paderborn 2012, 15–88, hier: 45.

von Kirche ausmacht.[36] Die Rede von einem „lebendigen Lehramt der Kirche" kann so darauf verweisen, dass Kirche auch in ihrer empirisch-historischen Existenz und trotz des Ungeistes, der immer wieder auf abgründige Weise sucht, Wohnung in ihren Mauern zu nehmen, als Tempel des *Gottesgeistes* (und nur als solcher!) im Geist Gottes „das geschriebene und überlieferte Wort Gottes verbindlich zu *erklären*" (und ihm damit zu *dienen*) in der Lage ist. Wenn das kirchliche Lehramt als Repräsentation der Glaubensgemeinschaft verstanden ist, heißt dies damit weiterhin: Um dem Gotteswort zu dienen, muss es erklärt werden. Jede und jeder hat zu deuten – jede und jeder kann irren: Und doch besteht die Hoffnung, dass eine solche *synchrone wie diachrone* Interpretationsgemeinschaft trotz der Fehler und Sündhaftigkeit jedes einzelnen ihrer Mitglieder das Wort Gottes als Gemeinschaft immer wieder neu wahrnehmbar werden lässt.[37] Diese Hoffnung beruht auf dem Vertrauen, letztlich vom Geist Gottes getragen zu sein, auch wenn dieser „weht, wo er will" (Joh 3,8). Gerade deswegen kann und darf bei aller *äußeren Form* von Kirche und ihrer Organisation diese (und damit ihr Lehramt) nie das Ohr für die prophetische Dimension verschließen, die bis heute in jeder Schriftauslegung jedes und jeder Glaubenden, in dem/der der Geist Gottes Wohnung nehmen möchte, aufbrechen kann. So steht auch das Lehramt nicht über der Schrift und ist bleibend auf die Unterscheidung der Geister angewiesen. Dieses Motiv, einer der Gedanken, an dem christliche Theologie von Anfang an den Raum für gesunde Skepsis und Selbstkritik lässt, ja diese für absolut notwendig hält, führt uns an den Quell von Schrift und Tradition zurück,[38] die Offenbarung Gottes, die in Christus kulminiert: Die entscheidenden Kriterien einer solchen Scheidung

---

36 Ich verwende das Bild vom Spiegel im Sinne von 1 Kor 13,12.

37 In diesem Sinne verstehe ich auch das Dogma der Unfehlbarkeit, in dem der *ex cathedra* sprechende Papst nie einfach seine persönliche Meinung kundtut, sondern für das Gesamt der Interpretationsgemeinschaft Kirche steht, die als Kirche nie die Hoffnung verlieren darf, dass sie dem, was sie glaubend zum Ausdruck bringt, wahrhaftig vertrauen kann. Gleichzeitig kann aber auch das Wort des Papstes – selbst *ex cathedra* – ganz selbstverständlich nie dem Gotteswort einfach identisch sein – und bedarf im Verlauf der Geschichte der aktualisierenden und kontextualisierenden Interpretation.

38 Hierzu T. NICKLAS, Skepsis und Christusglaube. Funktionen, Räume und Impulse des Zweifels bei Paulus, in: B. EDELMANN-SINGER/T. NICKLAS/

der Geister gibt uns die Schrift: „Keiner, der aus dem Geist Gottes redet, sagt: Jesus sei verflucht. Und keiner kann sagen: Jesus ist der Herr! wenn er nicht aus dem Heiligen Geist redet." (1 Kor 12,3; vgl. auch 1 Joh 4,2–3). Auch die in 1 Kor 12–14 folgenden Aussagen entwickeln Kriterien, die weiterhelfen können, bzw. Leitlinien, denen zu folgen ist. Ich denke hier an das Zueinander der verschiedensten Geistesgaben, die „anderen nützen" sollen (1 Kor 12,7), in deren Gesamt Gemeinde zum „Leib Christi" werden kann (1 Kor 12,12–31)[39] und die alle ohne die Gnadengabe der Liebe vollkommen wertlos sind (1 Kor 13), ich denke dabei auch daran, wie sehr Paulus *vor diesem Hintergrund* das prophetische Element einordnet und es *vor diesem Hintergrund* auch hochschätzen kann (1 Kor 14). Doch nicht nur 1 Kor 12–14 bietet uns solche Kriterien, diese lassen sich vielmehr aus dem Gesamtzeugnis der Schrift erheben und dann z.B. mit zwei der eingangs formulierten Thesen umschreiben: Die Schrift stellt unmissverständlich klar, dass Gott das Heil für all seine Geschöpfe will und er es ihnen offenkundig anbietet. Theologisch sachgemäße Bibelauslegung muss deshalb im Wortsinn evangelisch, katholisch und orthodox sein, d.h. sie ist der guten Nachricht für alle in richtiger Weise verpflichtet (These 8). Umgekehrt ergibt sich dann, dass jeder Bibelgebrauch, der anderen zum Schaden gereicht, sich als diabolischer Missbrauch der Schrift erweisen muss (These 9). Selbst all dies ist kein im konkreten Einzelfall operationalisierbares System oder Rezept, wohl doch aber eine Leitlinie zur Unterscheidung der Geister. Wahrscheinlich ist nicht mehr möglich als eine solche Leitlinie; auf dem immer riskanten Weg zum Wort Gottes kann sie jedoch schon einiges an Sicherheit verleihen.

J.E. Spittler (Hg.), ‚Test Everything': Skeptic and Believer in Ancient Mediterranean Religion, WUNT 443, Tübingen 2020, 165–188.

39 Dabei ist es mir sehr wichtig, dass Paulus vom „Leib Christi" und nicht einfach von irgendeinem Leib aus vielen Gliedern spricht. Das Bild vom „Leib Christi", der für Paulus immer der Leib des gekreuzigten und als solchem auferweckten Christus bleibt, kann so nicht nur synchron, sondern auch diachron ausdrücken, was Kirche ist, zu diesem Leib gehören alle, die zu allen Zeiten in ihn „hineingetaucht/hineingetauft" wurden, und in ihn, der weiterhin die Male des Gekreuzigten trägt, können sie auch mit all dem, was ihre Menschlichkeit ausmacht, aufgenommen werden.

3. Die Kirchenväter können das eigene Verstehen anleiten, aber nicht ersetzen – eine orthodoxe Perspektive

Christos Karakolis

Die orthodoxe Theologie wird oft mit der Theologie der Kirchenväter und vor allem der griechisch-sprechenden Kirchenväter des ersten Jahrtausends identifiziert. Das ist allerdings eine falsche Auffassung, die nicht nur in nicht-orthodoxen Kreisen, sondern sogar auch unter Orthodoxen zu beobachten ist.[1] Bevor wir uns damit befassen, wie die Kirchenväter an die Bibel herangegangen sind und wie ihre Texte zu unseren heutigen biblischen Zugängen beitragen können, wollen wir die Beziehung zwischen der orthodoxen Theologie und der Theologie der Kirchenväter klarstellen und natürlich auch bestimmen, was überhaupt unter dem Begriff „Kirchenväter" zu verstehen ist.

1. Orthodoxe Theologie und Kirchenväter

Orthodoxe Theologie ist die Theologie der orthodoxen Kirche. Es ist theologisch falsch, die orthodoxe Kirche prinzipiell in einzelne griechisch-, russisch-, rumänisch-, serbisch- usw. orthodoxe Kirchen zu unterscheiden. Es gibt nur eine orthodoxe Kirche, während die Nationalkirchen organische Teile dieser einen orthodoxen Kirche sind.[2] Diese verfügt über eine einheitliche kirchliche Struktur, eine

1 S. G. Florovsky, St Gregory Palamas and the Tradition of the Fathers, in: Sob. 4 (1961), 165–176; P. Kalaitzidis, From the ‚Return to the Fathers' to the Need for a Modern Orthodox Theology, in: SVTQ 54 (2010), 5–36; A. Casiday, Church Fathers and the Shaping of Orthodox Theology, in: M.B. Cunningham/E. Theokritoff (Hg.), The Cambridge Companion to Orthodox Christian Theology, Cambridge 2008, 167.

2 S. G.A. Galitis/G.I. Mantzaridis/P. Wiertz, Glauben aus dem Herzen: Eine Einführung in die Orthodoxie, München 1988, 67–72.

 | DOI:10.30965/9783657760381_005

einheitliche Theologie und einheitliche ethische Grundsätze. Die sogenannten altorientalischen Kirchen,[3] die ihrerseits auch eine eigene kirchliche Struktur haben, besitzen ebenso ein orthodoxes Selbstbewusstsein und haben viel mit der oben genannten orthodoxen Kirche gemeinsam. Trotzdem werde ich mich von nun an auf die orthodoxe Theologie und Kirche beziehen, die sich im tausendjährigen Byzantinischen Reich entwickelte und heute hauptsächlich in Osteuropa zu lokalisieren ist.[4]

Die orthodoxe Kirche hat das Selbstbewusstsein einer Kontinuität von der ursprünglichen apostolischen Kirche des 1. Jahrhunderts bis hin zur heutigen orthodoxen Kirche, die traditionell in Osteuropa ihren Sitz hat und der auch zahlreiche Gemeinden der orthodoxen Diaspora auf der ganzen Welt angehören. Es geht um die Kirche der ersten sieben Ökumenischen Konzilien, die nach dem 4. Ökumenischen Konzil von Chalzedon (451) von den altorientalischen Kirchen und später (1054) von der Westkirche getrennt wurde. Die orthodoxe Theologie legt besonderen Wert auf die „Heilige Tradition", die sich vor allem in der Theologie der großen Kirchenväter der ersten vierzehn Jahrhunderte, also etwa bis zur Zeit des Gregor Palamas (1296–1359), ausdrückt, aber natürlich einen besonderen Schwerpunkt auf die Kirchenväter der frühen christlichen Jahrhunderte bis zu der Zeit des Johannes von Damaskus (ca. 676–749) legt.[5] Dies alles bedeutet jedoch nicht, dass die orthodoxe Theologie in den Texten der Kirchenväter ausgeschöpft ist. Ganz im Gegenteil gibt es wichtige orthodoxe Theologen, die auf der Grundlage der patristischen Theologie, aber auch im Dialog mit der gesamten christlichen Theologie und mit der Modernität überhaupt neue theologische Positionen, Interpretationen und Synthesen formuliert haben.[6] Aufgrund des großen Nachdrucks der

3 Traditionell sind diese Kirchen in Ägypten, Syrien, Armenien, Äthiopien und Südindien lokalisiert.

4 Einzelne „autokephale" orthodoxe Kirchen sind die Kirchen von Konstantinopel, Alexandrien, Antiochien, Jerusalem, Russland, Serbien, Rumänien, Bulgarien, Georgien, Zypern, Griechenland, Albanien, Polen, Tschechien und der Slowakei.

5 S. Casiday, Church Fathers, 167–187.

6 S. das Handbuch zur Orthodoxen Theologie von P. Ladouceur, Modern Orthodox Theology: Behold, I Make All Things New (Rev 21:5), London 2019.

orthodoxen Theologie auf der patristisch-theologischen Tradition allerdings wird hier speziell auf die Kirchenväter Bezug genommen, jedoch mit kritischem Blick und im Licht von modernen orthodox-theologischen Ansätzen.

In der orthodoxen Theologie gilt es, zwischen Kirchenvätern und kirchlichen Autoren zu unterscheiden.[7] Die Kirchenväter sind diejenigen, die offiziell zu den Heiligen der orthodoxen Kirche zählen. Daher betrachtet die orthodoxe Theologie sie als inspirierter im Vergleich zu den kirchlichen Autoren und den Theologen der Neuzeit. Auf der anderen Seite gelten als kirchliche Autoren diejenigen, die zwar von der Kirche nicht als Heilige anerkannt wurden, zum großen Teil aber bedeutende Theologen waren, die mit ihrem Werk den Weg und die Entwicklung der Theologie im Laufe der Jahrhunderte beeinflusst oder gar bestimmt haben. Es gab sogar Fälle von kirchlichen Autoren, die bei weitem wichtigere Theologen als die meisten Kirchenväter waren, obwohl später manche ihrer theologischen Positionen als nicht-orthodox verworfen wurden. Dies ist z.B. der Fall der großen Alexandriner Klemens (ca. 150–215) und Origenes (ca. 185–254) sowie der antiochenischen Theologen Theodor von Mopsuestia (350–428) und Theodoret von Kyrrhos (ca. 393–458). Andererseits gab es auch etliche Kirchenväter, deren dogmatische Positionen von der orthodoxen Kirche nicht akzeptiert wurden. Solche Fälle sind etwa im Westen Augustin (354–430), der die Prädestinationslehre unterstützt hat,[8] und im Osten Gregor von Nyssa (335–395), der die Allerlösungslehre vertreten hat.[9]

Jedenfalls mögen zwar auch die heiligsten Kirchenväter von Gott inspiriert sein, aber unfehlbar sind sie nicht. Nie in der Geschichte der orthodoxen Theologie begegnet eine solche Lehre, wenn auch manchmal diese falsche Tendenz in der gegenwärtigen orthodoxen Spiritualität zu beobachten ist. Dass die Kirchenväter nicht

---

7 S. B. ALTANER/A. STUIBER, Patrologie: Leben, Schriften und Lehre der Kirchenväter, Freiburg 1978, 3–5.

8 S. G. NYGREN, Das Prädestinationsproblem in der Theologie Augustins: Eine systematisch-theologische Studie, FKDG 5, Göttingen 1956.

9 S. M. LUDLOW, Universal Salvation: Eschatology in the Thought of Gregory of Nyssa and Karl Rahner, Oxford 2000.

unfehlbar sein können, wird dadurch bewiesen, dass sie oft nicht miteinander übereinstimmen, sondern verschiedene bzw. entgegengesetzte Meinungen vertreten. Aus diesem Grund hat die orthodoxe Theologie nie einen einzigen Kirchenvater als maßgebliche und unfehlbare Stimme der Kirche akzeptiert, sondern sich konstant nach dem sogenannten *consensus patrum* orientiert.[10] Der Konsens der Kirchenväter materialisiert sich im synodalen Verwaltungssystem der Orthodoxie. Eben weil die Autorität des Einen zurückgewiesen wird, muss sich die Kirche als Ganzes durch Konsens über die sie betreffenden Fragen entscheiden, ob diese mit der Verwaltung oder mit der Theologie relevant sind.

Aus dem vorher Gesagten wird klar, dass in der Orthodoxie den Kirchenvätern aufgrund ihrer anerkannten Heiligkeit und nicht immer aufgrund ihrer Theologie eine besonders hohe Autorität zukommt. Nach orthodoxem Verständnis ist ein Heiliger jemand, der in seinem Leben die Höhe der Tugend, der persönlichen Erleuchtung und Reinigung und aus einer gewissen theologischen Perspektive sogar die Gottesschau und die Deifikation (*theosis*) erreicht hat.[11] Der Begriff *theosis* bedeutet nicht die Vergöttlichung des Menschen, sondern im Wesentlichen die Verbindung und Vereinigung des Menschen mit Gott, nicht aber mit dem göttlichen Wesen an sich, sondern mit der göttlichen Wirkung (Energien).[12]

Zum Schluss sei auch darauf hingewiesen, dass der Begriff der Kirchenväter nicht auf eine zeitliche Phase begrenzt ist. Es gab also Kirchenväter in allen geschichtlichen Perioden des Christentums und es gibt auch zeitgenössische Kirchenväter, ebenso wie es auch heutzutage gegenwärtige Heilige gibt. In der orthodoxen

---

10 S. G. FLOROVSKY, Bible, Church, Tradition: An Eastern Orthodox View, Collected Works of Georges Florovsky 1, Belmont, MA 1972, 73–92. In diesem Sinne s. auch S. HARKIANAKIS, The Infallibility of the Church in Orthodox Theology, übers. von P. Kariatlis, Adelaide/Sydney 2008.

11 S. A. PAPANIKOLAOU, Theosis, in: E. HOWELLS/M.A. MCINTOSH (Hg.), The Oxford Handbook of Mystical Theology, Oxford 2020, 569–585.

12 S. GALITIS/MANTZARIDIS/WIERTZ, Glauben, 90–92. Eine Vereinigung des Menschen mit dem göttlichen Wesen würde nach orthodoxem Verständnis zum Pantheismus führen, s. etwa J.S. ROMANIDES, The Ancestral Sin, übers. von G.S. Gabriel, Ridgewood, NJ 2002, 56.

Theologie gilt also die klassische Auffassung nicht, nach der die zeitliche Periode der Kirchenväter einerseits im Osten mit Johannes von Damaskus (676–749) und andererseits im Westen mit Isidor von Sevilla (560–636) zum Abschluss kam.[13] Allerdings gelten, wie schon erwähnt, aus der Perspektive der orthodoxen Theologie als die wichtigsten Kirchenväter diejenigen, die etwa in den ersten vierzehn christlichen Jahrhunderten hauptsächlich im griechischen Sprachraum gelebt und gewirkt haben.

2. Bibelexegese durch die Kirchenväter aus orthodoxer Sicht

Wenn allerdings die Kirchenväter einen besonderen Status von Heiligkeit, Nähe zu Gott, Erleuchtung und Inspiration haben, dann haben sie auch eine privilegierte Position beim Verständnis und bei der Interpretation der Bibel in der Kirche inne. Wenn aber diese Bedeutung der Heiligkeit der Kirchenväter verabsolutiert werden würde, ginge unsere Möglichkeit verloren, direkten Zugang zur Heiligen Schrift zu haben. Stattdessen hätten wir dann nur einen indirekten Zugang zur Heiligen Schrift – und zwar ausschließlich bzw. hauptsächlich durch die patristische Interpretation.

Die Kirchenväter schrieben ihre Texte in einem anderen historischen Kontext und versuchten Fragen ihrer Zeit, nicht unbedingt die unserer Gegenwart zu beantworten. Sie haben sich also durch ihre Bibelexegese an die Menschen ihrer eigenen Zeit innerhalb ihres eigenen sozialgeschichtlichen Kontextes gewandt. Wie die Bibel so sollten auch die Kirchenväter entschlüsselt und angemessen interpretiert werden. Sie sind nicht an sich und aus sich alleine verständlich, da sie, wie schon angemerkt, in einem anderen historischen Kontext und Umfeld schrieben. Die Zeitlosigkeit der Exegese der Kirchenväter liegt damit nicht so sehr im Inhalt ihrer Interpretationen, sondern vor allem in der Art und Weise, wie sie sich der Bibel annähern, nämlich mit Respekt, kritischem Geist und

13 Altaner/Stuiber, Patrologie, 7.

mit der Bereitschaft, ihre Botschaft in der Sprache der Gesellschaft ihrer eigenen Zeit zu vermitteln.

Historisch gesehen wurden die Schriften der Kirchenväter in der orthodoxen Theologie zu einem inoffiziellen Kanon nach dem Kanon der Heiligen Schrift erhoben, da sie als der schlechthinnige Ausdruck der rechtgläubigen Lehre und Praxis galten.[14] Die faktische Gleichsetzung der patristischen Literatur mit der Heiligen Schrift ist aber falsch, da die Bibel die apostolische Stimme der Offenbarung Gottes authentisch bewahrt, während die patristischen Schriften Interpretationen dieser Stimme sind. Auch wenn ihre Interpretation selbst inspiriert sein mag, kann sie keinesfalls mit der Stimme der Augenzeugen des fleischgewordenen Wortes Gottes (Joh 1,14) gleichgesetzt werden.

Auch das Konzept der Kirchenväter als solches wird erst ab dem 4. Jahrhundert schrittweise angewendet. Im Gegensatz dazu hatte sich in den ersten drei Jahrhunderten das Konzept der Kirchenväter noch nicht ausgeformt, sondern nur das Konzept der Lehrer der Kirche. Ein großer Teil dieser Lehrer wurde später als Kirchenväter anerkannt. Wenn also später das Selbstbewusstsein der orthodoxen Kirche als Kirche der Väter (*ecclesia patrum*) geprägt wurde, so ist das das Ergebnis einer Entwicklung im Vergleich zum Selbstbewusstsein der einheitlichen christlichen Kirche der frühen Jahrhunderte. Dies ist auch charakteristisch für das Glaubensbekenntnis von Nicäa-Konstantinopel, in dem der Glaube an die „eine, heilige, katholische und apostolische Kirche“ proklamiert wird, nicht aber etwa an die „eine patristische Kirche“.[15]

In den ersten christlichen Jahrhunderten führt die direkte Auseinandersetzung mit der Heiligen Schrift zu einer Vielzahl von exegetischen Positionen wie auch einer Vielzahl von Interpretationsmethoden. Als sich das Konzept der Autorität der Kirchenväter und der patristischen Tradition überhaupt (hauptsächlich

14 S. C. Karakolis, Das Neue Testament in der orthodoxen Kirche und Theologie: Hermeneutische Ansätze und Perspektiven, in: Sacra Scripta 16 (2018), 88–89.

15 S. R. Staats, Das Glaubensbekenntnis von Nizäa-Konstantinopel: historische und theologische Grundlagen, Darmstadt 1996.

während der mittelbyzantinischen Periode) allmählich durchsetzte, wurde allerdings die intensive Befassung mit der Bibel selbst zunehmend aufgegeben und zum großen Teil durch Ansätze aus der Sicht der früheren Kirchenväter ersetzt. Die großen Exegeten und Kommentatoren der Schrift (etwa Johannes Chrysostomos, Basilius der Große, Kyrill von Alexandrien usw.) gaben ihren Platz anderen Exegeten, die in erster Linie die früheren Interpretationen zusammenfassten. Ich denke hier etwa an Theophylakt von Ohrid (1050–1107) und Euthymius Zigabenus (1050–1120). In diesem Kontext entstanden auch die byzantinischen Katenen, in denen einzelne schon vorhandene patristische Exegesen von biblischen Texten kompiliert wurden.[16] Die Katenen sind in der Tat wertvoll, weil sie patristische Interpretationen tradierten, die ansonsten verlorengegangen wären. Zugleich sind sie aber auch ein deutliches Indiz sowohl für den unverhältnismäßigen Anstieg der patristischen Autorität als auch für die entsprechende Verringerung der originellen biblischen Exegese.

Der Übergang des Christentums vom biblischen und apostolischen zum patristischen Paradigma wird charakteristischerweise etwa in einer Formulierung des 4. Ökumenischen Konzils von Chalzedon ausgedrückt („... indem wir also den heiligen Vätern folgen ...“),[17] die nicht auf der Schrift, sondern ausschließlich auf der patristischen Tradition fundiert wird. Hier lässt sich exemplarisch das erkennen, was wir vorher schon erwähnt haben, nämlich dass die patristische Theologie allmählich einen kanonischen Status erreicht hat. Auf diese Weise wurde im Grunde ein neuer Kanon nach dem biblischen Kanon gebildet oder einfacher gesagt, ein Kanon nach dem Kanon. Diese Entwicklung hat wiederum zur Identifikation der patristischen Literatur mit der heiligen Tradition als

---

16 S. etwa die vielbändige Edition: J.A. CRAMER (Hg.), Catenae Graecorum Patrum in Novum Testamentum, Oxford 1840 = Hildesheim 1967; s. auch die Studien im Band von H.A.G. HOUGHTON (Hg.), Commentaries, Catenae, and Biblical Tradition: Papers from the Ninth Birmingham Colloquium on the Textual Criticism of the New Testament in Conjunction with the COMPAUL Project, Piscataway, NJ 2016.

17 E. SCHWARTZ (Hg.), Acta conciliorum oecumenicorum, Band 2.1.2, Berlin 1933, 129.

einem äußeren Prinzip geführt, das die Wahrheit der jeweiligen theologischen Lehre und die Authentizität der jeweiligen biblischen Interpretation objektiv beurteilen könne.[18]

Letzten Endes hat die Autorität der Kirchenväter tatsächlich die Autorität der Bibel verschoben. Während man also in der Orthodoxie das Evangelium in der Liturgie anbetet und küsst, neigt man dazu, es nicht privat zu lesen. Zudem ist es oft so, dass man es auch in der Liturgie nicht versteht, da es in mehreren Nationalkirchen nicht in der heutigen Sprache, sondern in einer alten und längst toten Sprachform (etwa auf Altgriechisch oder Kirchenslawisch) vorgelesen wird. Dies ist natürlich in der alten Kirche nicht der Fall gewesen. Die biblischen und ganz besonders die neutestamentlichen Schriften wurden in einer Sprache verfasst, die ihre Leser bzw. Zuhörer verstehen konnten. An diesem Punkt sollte die orthodoxe Theologie zu ihrem biblischen Ursprung zurückkehren, um ihrer eigenen altkirchlichen Tradition zu entsprechen.

Der Hauptgrund für das oben beschriebene Phänomen sind die historischen Traumata, die die Kirche durch die ihren Glauben und ihre Einheit bedrohenden häretischen Bewegungen und Schismen erlitt. In der alten Kirche hat die Tatsache, dass der Häretiker Marcion (ca. 85–160) eine begrenzte Sammlung von neutestamentlichen Büchern ausgewählt hat, entscheidend zur Bildung des Kanons beigetragen.[19] In ähnlicher Weise führte die Tatsache, dass sich die Häretiker häufig auf ihre eigenen willkürlichen Interpretationen der Bibel stützten, zu einer reflexiven Angst vor dem direkten Zugang zur Bibel und umgekehrt zum absoluten Vertrauen den Kirchenvätern gegenüber, die angeblich die Schrift ein für alle Mal mit unangefochtener Autorität interpretiert hätten.

---

18 S. S. AGOURIDES, The Orthodox Church and Contemporary Biblical Research, in: J.D.G. DUNN/H. KLEIN/U. LUZ/V. MIHOC (Hg.), Auslegung der Bibel in orthodoxer und westlicher Perspektive: Akten des west-östlichen Neutestamentler/innen-Symposiums von Neamţ vom 4.–11. September 1998, WUNT 130, Tübingen 2000, 140–141.

19 S. J.M. LIEU, Marcion and the Making of a Heretic: God and Scripture in the Second Century, Cambridge 2015; D.T. ROTH, The Text of Marcion's Gospel, Leiden 2015.

Allerdings fordern die Kirchenväter selbst die Gläubigen dazu auf, die Bibel auch privat zu lesen,[20] eine Praxis, die aus verschiedenen Gründen in den orthodoxen Gebieten des Balkans während der osmanischen Herrschaft zeitweise verboten wurde. Dementsprechend wurde es in Griechenland zu Beginn des 20. Jahrhunderts verboten, jedwede Bibelübersetzung zu produzieren und zu verbreiten, es sei denn, sie wurde von der Heiligen Synode der griechischen Kirche genehmigt.[21] Im 20. Jahrhundert findet diese Tendenz der Verabsolutierung und „Kanonisierung" der patristischen Theologie ihre theoretische Grundlage in den Werken wichtiger orthodoxer Theologen, die an westlichen Universitäten studierten und lehrten, gleichzeitig aber versuchten, ihre orthodoxe Identität zu bestätigen und von westlichen christlichen Identitäten abzugrenzen, indem sie die patristische Tradition auf Kosten der Bibel überbetonten. Ein charakteristisches Beispiel dafür ist die für die orthodoxe Theologiegeschichte sehr gewichtige Dissertation von Ioannis Zizioulas (gegenwärtig Metropolit von Pergamon) unter dem Titel *Die Einheit der Kirche in der heiligen Eucharistie und im Bischof während der drei ersten Jahrhunderte*[22] gewesen. Diese Arbeit lässt jeglichen kritischen und vergleichenden Bezug auf das relevante Zeugnis des Neuen Testaments aus, während sie im Wesentlichen von den Werken der apostolischen Kirchenväter, das heißt von Autoren ab dem Anfang des 2. Jahrhunderts, ausgeht. Dadurch wird ein Bild erstellt und präsentiert, das die Vielfalt und den Reichtum der neutestamentlichen Ekklesiologie faktisch ignoriert.

In den orthodoxen dogmatischen Lehrbüchern wird die Bibel oft als Teil der heiligen Tradition betrachtet, die hauptsächlich in den patristischen Texten niedergeschrieben steht, während angeblich nach römisch-katholischer Auffassung die Schrift und die Tradition

---

20 S. T.G. STYLIANOPOULOS, The New Testament: An Orthodox Perspective. Band 1: Scripture, Tradition, Hermeneutics, Brookline, MA 1997, 65–66.

21 S. M. KONSTANTINOU, Bible Translation and National Identity: The Greek Case, in: International Journal for the Study of the Christian Church 12 (2012), 176–186.

22 J.D. ZIZIOULAS, Eucharist, Bishop, Church: The Unity of the Church in the Divine Eucharist and the Bishop during the First Three Centuries, übers. von E. Theokritoff, Brookline, MA 2001.

als zwei differenzierte Glaubensquellen unterschieden seien.[23] Allerdings gilt selbst für die römisch-katholische Kirche eine solch strikte Trennung zumindest nach dem 2. Vatikanischen Konzil nicht mehr, während andererseits auch in der alten Kirche der Begriff der Tradition die Bibel nicht überdeckt. Im Gegenteil wurde die Bibel immer als eine eigenständige und einzigartige Größe verstanden, da sie das historische und inspirierte Zeugnis der Apostel für den Herrn Jesus Christus authentisch dokumentiert.

Manche orthodoxen Theologen sind der Überzeugung, dass das Verhältnis von Gotteswort und Menschenwort in der Bibel der christologischen Lehre von Chalcedon entspreche,[24] nämlich genauso wie Jesus Christus, der Sohn Gottes, zwei Naturen habe, die göttliche und die menschliche, die „unvermischt, unveränderlich, ungetrennt und unteilbar“ sind, sich auch Gotteswort und Menschenwort in der Schrift zueinander verhalten. Diese Auffassung ist jedoch aus dogmatischer Sicht falsch, da die menschliche Natur Jesu Christi perfekt und sündenlos ist,[25] während das menschliche Element der Bibel nicht tadellos ist, da es etwa Ungenauigkeiten und Widersprüche oft nicht vermeidet. Darüber hinaus ist die empirisch vorliegende Schrift nicht einfach direkt und ungebrochen göttlichen Ursprungs, sondern sie ist die menschliche Niederschrift der Offenbarung Gottes. So gibt es auch Stellen in der Bibel, in denen eigentlich nicht die Offenbarung Gottes selbst ausgedrückt wird, sondern eher menschliche Schwächen und Leidenschaften zum Vorschein kommen.

---

23 S. Kapitel III.2 von TOBIAS NICKLAS. Vgl. I. KARAVIDOPOULOS, Offenbarung und Inspiration der Schrift – Interpretation des Neuen Testaments in der Orthodoxen Kirche, in: DUNN u.a. (Hg.), Auslegung, 160.

24 S. etwa den Bezug auf die Hermeneutik des verstorbenen Athener Professors Ioannis Panagopoulos von T.G. STYLIANOPOULOS, Scripture and Tradition in the Church, in: CUNNINGHAM/THEOKRITOFF (Hg.), Cambridge Companion, 32. S. auch die relevante Präsentation und Stellungnahme von U. LUZ, Theologische Hermeneutik des Neuen Testaments, Neukirchen-Vluyn 2014, 76–77.

25 S. etwa D. STANILOAE, Orthodox Dogmatic Theology: The Experience of God. Band 1: Revelation and Knowledge of the Triune God, übers. von I. Ionita und R. Barringer, Brookline, MA 1998, 67–78.

3. *Sola scriptura* und *sola ecclesia*

Wir würden behaupten, dass im Gegensatz zum *sola scriptura* Prinzip des Protestantismus die Orthodoxie durch das Prinzip *sola ecclesia* bezeichnet werden kann. Wie das *sola scriptura* im evangelischen Christentum steht auch das *sola ecclesia* eigentlich für eine besondere theologische Sichtweise. Es bedeutet also nicht, dass alles andere abzulehnen wäre und dass es das einzig geltende theologische Prinzip sei. Es bedeutet aber, dass alles im Licht der Kirche betrachtet wird, nämlich als kirchliche Funktionen, wie das Paulus in 1 Kor 12–14 lehrt. Demgemäß ist auch die Exegese der Bibel eine kirchliche Funktion, jedoch nicht im Sinne ihrer Unterwerfung unter kirchliche Prinzipien und Mächte, sondern in dem Sinne, dass sie die schlechthinnige Sprache der Kirche ist. Während der ersten christlichen Jahrhunderte fungierte die kirchliche Theologie traditionell in erster Linie als Interpretation der Schrift. Bibelsprache und Bibelauslegung waren in der Tat das Hauptelement der kirchlichen Sprache.[26] Die Auslegung der Schrift ist eine kirchliche Funktion, weil sie prophetischen Charakter hat, nicht im Sinne des ekstatischen Ausdrucks des Willens Gottes, sondern vor allem im Sinne der Ermahnung und der Kritik, die zur Reue, Veränderung und Umkehr führen. Es kann vorkommen, dass die prophetische Predigt die kirchliche Administration stört, die dann versucht, diese zum Schweigen zu bringen oder einfach zu ignorieren. Für die kirchliche Funktion ist jedoch die prophetische Predigt unabdingbar. Die schlechthinnige prophetische Predigt ist die erneute und erneuernde Lektüre der Bibel selbst, die als kirchlicher Dienst den Weg der Kirche widerspiegelt.

In der Orthodoxie wurde auch schon die Meinung geäußert, dass wir die Schrift an sich nicht brauchen, da wir die Kirchenväter haben. Allerdings betont etwa Sankt Silouan von Athos (1866–1938), dass wir die Bibel, auch wenn sie verloren ginge, vielleicht nicht mit den gleichen Worten, aber sicherlich mit dem gleichen Geist erneut

---

26 S. G. GALITIS, Die historisch-kritische Bibelwissenschaft und die Orthodoxe Theologie, in: La théologie dans l'église et dans le monde, ETC 4, Chambésy – Génève 1984, 109–125.

schreiben könnten.[27] Dies impliziert, dass die Kirche ohne die Schrift nicht leben könnte. Es impliziert aber auch, dass die Heiligen Schriften innerhalb der kirchlichen Gemeinschaft geschrieben wurden und nicht vom Himmel gefallen oder direkt von Gott diktiert worden sind. Deshalb ist die orthodoxe Theologie der Überzeugung, dass normalerweise die kirchliche Gemeinschaft Vorrang vor der Schrift hat.[28] Andererseits hat das in der Schrift niedergeschriebene Wort Gottes sein eigenes Leben, interagiert mit der Gemeinschaft und leitet sie, so wie die Gemeinschaft ihrerseits die Schrift interpretiert und sie sich durch diese ihre Interpretation aneignet.

Diese Position impliziert allerdings auch, dass die Kirche die Bedeutung der Schrift völlig verstanden habe, ohne dass es den Raum für ein vollständigeres Verständnis der Schrift gäbe.[29] Wenn dies jedoch der Fall gewesen wäre, wäre die Schrift nicht als der kostbarste Schatz erhalten geblieben, wie das aus der zeitlosen Praxis der Ost- und Westkirche ersichtlich wird, indem sie beide die Bibel in alle möglichen Sprachen übersetzen und eine große Menge von biblischen Handschriften kopieren ließen, so dass die Bibel der am besten bezeugte Text in der menschlichen Geschichte überhaupt ist.

Natürlich darf man nicht vergessen, was in der orthodoxen Kirche und in der orthodoxen Theologie oft geschieht, dass nämlich die christliche Kirche schon immer eine Schrift besaß bzw. dass es niemals eine Kirche ohne Schrift gegeben hat. Es ging am Anfang einfach um das Alte Testament, zu dem später das Neue Testament hinzugefügt wurde. Paulus, der erste uns bekannte christliche Schriftsteller, sowie auch die späteren Autoren der übrigen

---

27 A. SOPHRONIUS, Starez Siluan, Mönch vom Berg Athos. Band 1: Sein Leben und seine Lehre, Düsseldorf 1980, 81–86.

28 Vgl. J. MEYENDORFF, Living Tradition: Orthodox Witness in the Contemporary World, Crestwood, NY 1978, 13–17.

29 Typische Beispiele für solche Ansichten sind die überaus wichtigen orthodoxen Theologen V. LOSSKY, The Mystical Theology of the Eastern Church, Crestwood, NY 1957; T. WARE (Bishop Kallistos of Diokleia), The Orthodox Church, London 1997, und C. YANNARAS, Elements of Faith: An Introduction to Orthodox Theology, übers. von K. Schram, Edinburgh 1991, die in ihren Büchern über die orthodoxe Theologie kein einziges Kapitel der Bedeutung der Bibel widmen.

neutestamentlichen Bücher, bezieht sich stets auf „die Schrift“ bzw. „die Schriften“, d.h. aus unserer heutigen Perspektive das Alte Testament.[30] Dementsprechend stellt der Evangelist Lukas in der Apostelgeschichte Petrus so vor, dass er unmittelbar nach der Ausgießung des Heiligen Geistes an Pfingsten predigt, indem er seine Lehrinhalte auf den Schriften basieren lässt und überhaupt an ihre Autorität appelliert (Apg 2,14–36). Aber auch Jesus Christus selbst setzt seine Predigt in der Bibel fest, die er erneut interpretiert.[31] Es hat also in der Tat nie eine christliche Kirche ohne Bibel gegeben, was die Validität der klassischen orthodoxen theologischen Position relativiert, nach der die Kirche der Schrift zeitlich vorangeht und ihr daher gegenüber höher steht.[32]

Letzten Endes schließt *sola scriptura* das *sola ecclesia* nicht aus, sondern beide Prinzipien können durchaus miteinander koexistieren. Beide zusammen bedeuten, dass sowohl die Kirche als auch die Bibel unersetzliche Realitäten für das Leben der Gläubigen sind. Da es ohne Schrift keine Kirche geben kann, kann es außerhalb der Kirche auch kein theologisch angemessenes Verständnis der Schrift geben. Eine Kirche ohne Schrift ist wie ein Schiff ohne Ruder. Andererseits wäre eine alleinstehende Schrift, also eine Schrift, die nicht Teil im Leben einer kirchlichen Gemeinschaft wäre, wie ein vom Schiff losgelöstes Ruder.[33]

Wie die Bibel ist auch die Kirche als Gemeinschaft von Gläubigen in ihren individuellen Ausdrücken und Positionen nicht unfehlbar. Allerdings werden innerhalb der Kirche, so wie in der Bibel, die Offenbarung Gottes und der authentische Geist des Evangeliums

30 S. etwa Röm 1,2; 3,21; 4,3; 9,17; 10,11; 11,2.3; 15,4; 16,26; 1 Kor 12,28.29; 14,29.32.37; 15,3.4; Gal 3,8.22; 4,30; Phil 3,6.9; 1 Thes 2,15.

31 S. etwa Mt 5–7; 19,16–22; 22,35–40; Mk 7,1–15; 10,2–9.17–23; 12,18–34; Lk 18,18–23.

32 Über das „Zusammenspiel“ von Schrift und Tradition s. STYLIANOPOULOS, New Testament, 47–61.

33 Vgl. die Annäherung an das sola scriptura-Prinzip aus orthodoxer Seite von E. TSALAMPOUNI, Sola scriptura: A Greek-Orthodox Perspective, in: S. ALKIER (Hg.), Sola Scriptura 1517–2017: Rekonstruktionen – Kritiken – Transformationen – Performanzen, Colloquia historica et theologica 7, Tübingen 2019, 343–358.

immer bewahrt. Die Schrift ist der Ausdruck und die Aufzeichnung dieser Offenbarung und dieses Geistes. Die Kirche braucht diesen Ausdruck, damit sie falsche Auffassungen und Praktiken korrigieren und sich entsprechend neu orientieren kann.

Die großen Kirchenväter liefern uns die geeigneten Werkzeuge, damit wir die Bibel in einem bestimmten Licht lesen können. Über diese Autorität der großen Kirchenväter hinaus muss jedoch das Zeugnis der Bibel selbst leuchten. Die kirchliche Exegese, die mit der Schrift übereinstimmt, könnte in gewisser Hinsicht auch als *sola scriptura* charakterisiert werden, weil sie den wahren Geist der Schrift bewahrt.[34] Die heilige Tradition ist auch ein Teil der Offenbarung Gottes. Um als solche zu fungieren, muss sie aber unbedingt mit dem wahren biblischen Geist einhergehen. In der Regel vermitteln die orthodoxen Lehrbücher ein hoch theologisches, aber gleichzeitig auch idealisiertes Bild der Kirche, u.a. als Leib Christi, Garant und Träger der Wahrheit des Evangeliums und heilige Gemeinschaft.[35] Die Lehrbücher bestimmen jedoch nicht, welche Haltung der Gläubige einnehmen soll, wenn die kirchliche Hierarchie, die alle oben genannten Eigenschaften der Kirche bewahren soll, von dieser Pflicht abfällt. In Anbetracht dieser Gefahr kann und soll die Bibel als ein Spiegel für die kirchliche Lehre und Praxis dienen, um vor Inkompatibilitäten mit ihrer Botschaft zu warnen. Zahlreiche Verbrechen wurden im Namen Christi sowohl von westlichen als auch von orthodoxen Christen begangen. Diese wären nicht geschehen, wenigstens nicht in diesem Umfang, wenn die Bibel ihre prophetische Rolle beibehalten hätte, also nicht als ein Buch, das streng durch die kirchliche Administration und Hierarchie verwaltet und interpretiert wird, sondern als Offenbarung Gottes, die sowohl die kirchliche Hierarchie als auch die Kirche als Ganzes inspirieren und kritisieren soll. Eine sorgfältige Lektüre und ein tiefes Verständnis der Bibel können dazu beitragen, wichtige Aspekte des

34 S. über diese Problematik den Aufsatz von C. PRICOP, Sola Scriptura? Eine rumänisch-orthodoxe Perspektive, in: ALKIER (Hg.), Sola Scriptura, 359–376.

35 S. etwa P. KARIATLIS, Church as Communion: The Gift and Goal of Koinonia, Adelaide/Sydney 2011.

kirchlichen Lebens zu verbessern, Ungerechtigkeiten zu korrigieren und Wunden zu heilen.

4. Die Kirchenväter als Anleiter zum Verständnis der Bibel

Grundsätzlich sollten alle Gläubigen den Inhalt der Bibel kennen. Das ist in der Orthodoxie nicht selbstverständlich, da es in ihren Kreisen die Tendenz gibt, dass sich orthodoxe Christen hauptsächlich auf die patristische Tradition berufen, um ihre orthodoxen Positionen zu legitimieren, oft sogar, ohne sie auch wirklich und gründlich zu kennen.

Eine tiefere Kenntnis der patristischen Tradition führt aber notwendigerweise zu der Feststellung, dass sie viele verschiedene Positionen und biblische Interpretationen beinhaltet, die vom jeweiligen sozialen, historischen und kulturellen Kontext abhängen. Daher gibt es nicht nur eine patristische Position zu jeder Frage. Ganz im Gegenteil gibt es viele patristische Positionen, die sich manchmal gegenseitig ausschließen, während es in Bezug auf bestimmte Fragen der Moderne bzw. der Postmoderne gar keine spezifischen patristischen Positionen gibt. Zudem gibt es auch patristische Positionen, die offenbar fehlerhaft sind.[36]

Was können wir also aus dem Reichtum der patristischen Tradition schöpfen? Vor allem ihre Pluralität, nämlich die Tatsache, dass die Einheitlichkeit, also die eine Ansicht, die alle anderen ausschließt, nicht notwendig oder konstruktiv ist. Im Gegenteil, je sicherer sich die christliche Kirche fühlte, desto mehr erlaubte sie eine Fülle von verschiedenen Meinungen und theologischen Richtungen gleichzeitig zu existieren. Obwohl diese Freiheit nicht immer ohne Probleme und Konflikte blieb und ihretwegen die Grenzen zwischen Orthodoxie und Häresie manchmal unklar

---

36 Über diese Problematik s. den Band von V.N. Makrides/G.E. Woloschak, Orthodox Christianity and Modern Science: Tensions, Ambiguities, Potential, Turnhout 2019, und hier besonders den Aufsatz von P. Kalaitzidis, The Ambiguous Relationship between Orthodoxy and Science as Part of the Pending Discussion between Orthodoxy and Modernity, 47–66.

wurden, blühte andererseits das Werk der Kirchenväter genau unter solchen Umständen. Auch heutzutage also, in einer Zeit des theologischen Pluralismus, des ausführlichen Dialogs und des freien Ausdrucks, hat die orthodoxe Theologie die Möglichkeit *mutatis mutandis* wieder zu gedeihen.

Auf der anderen Seite war die Bibel für die Kirchenväter immer ihre Konstante. Die Kirchenväter entwickelten nämlich ihre Theologie stets in Bezug auf die Bibel, als Bibelexegeten, indem sie die Bibel in allen ihren Texten verwendeten. Außerdem hat die Bibel wesentlich auch das Ethos geprägt, das sie durch ihr eigenes Leben ausstrahlten. Die orthodoxe Theologie kann also von der Bibel nicht absehen, wenn sie eine dem Geist der Kirchenväter treue Theologie sein soll.

Die Kirchenväter interpretierten die Bibel auf der Grundlage der wissenschaftlichen Gegebenheiten und der gängigen exegetischen Methoden ihrer eigenen Zeit. Sie griffen rabbinische exegetische Prinzipien wie auch die altgriechische und die römisch-hellenistische Philosophie auf, um biblische Wahrheiten in einer Sprache zu äußern, die den Menschen ihrer Zeit zugänglich war. Gleichzeitig entwickelten sie auf der Grundlage dieser Methoden ihre eigenen exegetischen Zugänge zur Bibel.[37] Wir sollten also von den Kirchenvätern nicht nur ihre Liebe zur Bibel oder ihr Engagement als Exegeten, sondern auch ihre Anwendung der aktuellen Methoden für die Weitergabe der biblischen Botschaft an die Menschen der jeweiligen Zeit übernehmen. Wenn die moderne Sprache, die der heutige Mensch verstehen kann, größtenteils die Sprache der Wissenschaft ist, ist die Kirche verpflichtet, auch anhand dieser wissenschaftlichen Sprache Exegese und Theologie zu treiben.[38]

37 S. C. KARAKOLIS, Erwägungen zur Exegese des Alten Testaments bei den griechischen Kirchenvätern: Eine orthodoxe Sicht, in: I.Z. DIMITROV/J.D.G. DUNN/U. LUZ/K.-W. NIEBUHR (Hg.), Das Alte Testament in orthodoxer und westlicher Sicht: Zweite europäische orthodox-westliche Exegetenkonferenz im Rilakloster vom 8.–15. September 2001, WUNT 174, Tübingen 2004, 21–38.

38 S. mein Kapitel V.3.

Die Kirchenväter waren nicht einfach Gelehrte und gut ausgebildete Theologen, sondern auch treue Mitglieder der Kirche. Dementsprechend sollten die Theologen von heute nicht nur Wissenschaftler, sondern auch gläubige Mitglieder der Kirche sein. Geistliche Erfahrung ist eine besonders wichtige Größe für die orthodoxe Theologie und Spiritualität. Diese Erfahrung schließt jedoch Wissenschaft und Vernunft nicht aus, sondern begleitet sie.

Die Kirchenväter, insbesondere diejenigen der alten Zeit, gehören ebenso wie die biblischen Menschen zur antiken Mittelmeerwelt. In dieser Hinsicht sind die Kirchenväter mit der Sprache und der Kultur der Bibel, insbesondere des Neuen Testaments, gut vertraut und können manche biblischen Aspekte teilweise besser als die heutigen Wissenschaftler und Theologen verstehen. Daher können oft die patristischen exegetischen Texte tatsächlich die Lektüre der Bibel erleichtern und ihr Verstehen befördern. Dieser Tatbestand ist nicht auf die Orthodoxie beschränkt, in der die Kirchenväter eine privilegierte Stellung einnehmen, sondern gilt für das gesamte Christentum und natürlich für die Bibelwissenschaft als Ganzes.[39]

Gleichzeitig aber neigen die Kirchenväter dazu, die für die Antike typische exegetische Methode der *petitio principii* anzuwenden.[40] Das bedeutet, dass sie in ihrer Exegese oft von einem konkreten Blickwinkel, einem spezifischen Interpretationsrahmen bzw. einem im voraus bestimmten exegetischen Ziel ausgehen, was dazu führt, dass ihre Auslegung in einigen Fällen restriktiv ist und also der Pluralität der biblischen Inhalte nicht völlig gerecht werden kann. Ferner ist das antike Weltbild der Kirchenväter offensichtlich nicht in der Lage, die Inhalte der Bibel adäquat in die moderne Welt zu transponieren.[41]

---

39 S. etwa V. MIHOC, The Actuality of Church Fathers' Biblical Exegesis, in: DUNN u.a. (Hg.), Auslegung, 3–28; U. LUZ, Die Bedeutung der Kirchenväter für die Auslegung der Bibel: Eine westlich-protestantische Sicht, a. a. O., 29–52.

40 Über die Methode der *petitio principii* s. J. WOODS/D. WALTON, Petitio principii, in: Synthese 31 (1975), 107–127.

41 S. P. DRAGUTINOVIĆ, Interpretation of Scripture in the Orthodox Church: Engaging Contextual Hermeneutics in Orthodox Biblical Studies, Belgrad 2018, 23–32.

Schließlich hatten die Kirchenväter weder die Fülle der Informationen noch das Wissen um antike Texte oder den Zugang zu modernen Bibliotheken und elektronischen Medien, die für uns heutzutage selbstverständlich sind. Natürlich war die wissenschaftliche Methodologie in ihrer Zeit noch nicht entwickelt. Wir sind also heute in der Lage, ein insgesamt kompletteres Bild der Bibel und ihrer Welt als die Kirchenväter zu haben, obwohl sie, wie schon erwähnt, näher an der biblischen Kultur waren.

All dies bedeutet, dass die patristischen Texte nicht aufgehört haben, aktuell und zeitlos zu sein. Andererseits ist es jedoch klar, dass die Kirchenväter den direkten Zugang zur Bibel durch ihre Texte nicht ersetzen können, sollten bzw. wollen. Ihr Hauptziel war die biblische Lektüre zu begleiten, zu erleuchten, zu bereichern und adäquat zu übertragen. In dieser Rolle besteht vorwiegend ihre Zeitlosigkeit.

IV.

Methodologische Entfaltungen

1. Wie sich die Schrift selbst auslegt: Die intertextuelle Schreibweise der neutestamentlichen Literatur als Sachgrund für den Kanon aus Altem und Neuem Testament und der Kanon als Lektüreanweisung

Stefan Alkier

Die Aussage, die Schrift lege sich selber aus („scriptura […] sui ipsius interpres“[1]), klingt rätselhaft, vielleicht sogar absurd, wenn sie aus ihrem methodologischen Zusammenhang gerissen wird. Gemeint ist damit aber in der Konzeption von *sola scriptura*, dass nach der gründlichen philologischen Interpretation eines Textes als nächster Schritt das Zusammenspiel biblischer Bücher ins Auge gefasst werden soll. Der Kanon als Ganzer wird dadurch als ein dialogisches Gespräch vieler Stimmen wahrgenommen, die sich gegenseitig kommentieren, miteinander streiten, ergänzen, hinterfragen, vertiefen. Richard B. Hays hat den Kanon daher metaphorisch als Symphonie charakterisiert:

> To shift to a musical metaphor: the dramatic unity of the biblical canon may include not only variations, but also *inversions* of themes. It may help to think of the unity of the canon as a *symphonic* unity: the Bible is like a symphony that includes different movements, featuring many different instruments.[2]

1 Martin LUTHER, Assertio omnium articulorum, WA 7; 97,21–23.

2 R.B. HAYS, Intertextuality, Narrative and the Problem of Unity of the Biblical Canon, in: S. ALKIER/R.B. HAYS, Kanon und Intertextualität, m. e. Beigabe von Jens Herzer zur Einf. i. d. Werk v. R.B. Hays, Kleine Schriften des Fachbereichs Evangelische Theologie der Goethe-Universität Frankfurt a. M. 1, Frankfurt a. M. 2010, 53–70.

 | DOI:10.30965/9783657760381_006

Um die Klänge dieser Symphonie zu hören, wird man nicht nur den Einzelstimmen Aufmerksamkeit schenken können, sondern ihrem Miteinander lauschen, Zwischentöne und Resonanzen, Reibungen und Echos hören und immer wieder erstaunt sein, wie viel Neues oder auch Anderes beim wiederholten Hören wahrgenommen werden kann. Mit dem Hören einer Symphonie kommt man niemals an ein Ende. Der Zusammenklang eröffnet dem aufmerksamen Hören so viele Wege, dass kein menschliches Ohr in der Lage ist, sie alle zu gehen. Wer aber eine Symphonie nur ein einziges Mal hört, wird durch die gehörte Version einen oberflächlichen Eindruck erhalten, aber niemals in den Genuss des überfließenden Reichtums eintauchen können, den das Zusammenklingen der einzelnen Stimmen generiert.[3]

Das Zusammenspiel von Texten kann ebenso wie das von Klängen nicht durch Einflussforschung wahrgenommen werden. Sicher ist es interessant und unterhaltsam nachzuspüren, ob ein Autor oder ein Komponist oder auch ein Maler andere Autoren, Komponisten oder Maler aufgegriffen und in ihr eigenes Werk eingebaut haben. Aber bei dem Zusammenspiel der Zeichen eines Textes, eines Musikstückes oder auch eines Bildes nutzt es nicht viel zu wissen, woher die einzelnen Komponenten stammen, weil diese durchaus interessante analytische Frage gerade die synthetische Kraft des *Zusammen* aus dem Blick verliert. Einflussforschung ist hilfreich für das Auffinden bzw. Überprüfen produktionsorientierter intertextueller Dispositionen, aber sie trägt wenig für die Erschließung des Zusammenspiels als solches bei. Die Schrift legt sich nicht selbst aus, indem sie Besitzverhältnisse klärt, wie es die literarkritische Forschung mit ihrem Programm der Quellenscheidung zu den synoptischen Evangelien so gerne erreichen möchte: wer hat von wem abgeschrieben? Ich gebe zu, auch mich interessiert diese Frage und ich würde gern meine Neugierde darüber stillen, ob Markus zuerst geschrieben hat oder Matthäus. Beides ist denkbar, beide Positionen wurden und werden vertreten; auch wenn sich (erst) seit

3 Es wäre zudem eine aberwitzige Idee, nur eine Version etwa von Beethovens 9. Symphonie als die eine gültige Version gelten zu lassen, sei es auch eine so herausragende wie die von Herbert von Karajan mit den Berliner Philharmonikern.

gut 150 Jahren eine Mehrheit für die Markuspriorität gebildet hat, ist Sicherheit in dieser Frage nicht zu erreichen.[4] Viel bedeutsamer, ertragreicher und intersubjektiv überprüfbarer ist aber die seltener gestellte Frage, was sich ergibt, wenn man wirklich synoptisch liest und dann nicht nur die drei „Synoptiker“, sondern auch Johannes hinzuzieht als verschiedene Varianten einer Erzählung, die gerade in ihrem Zusammenklang Sinneffekte und Denkanstöße generieren, die ein Evangelium allein nicht zu erzeugen vermag. Louis Marin[5] hat ansatzweise für die Passionsgeschichte gezeigt, wie erhellend das synchrone Zusammenlesen von Texten nicht nur für das bessere Verständnis der einzelnen Varianten, sondern für die Erzählung sein kann, die sich in keiner der Varianten abschließend und die anderen überflüssig machend zeigt.

Die reformatorische Leseanweisung, die Schrift lege sich selber aus, wenn man ihre Bücher zusammenliest, lässt sich mit Hilfe von Literaturwissenschaft und Semiotik als Intertextualität methodisch und hermeneutisch differenzierter fassen. Damit wird auch eine Gefahr des reformatorischen Konzepts, nämlich die vorschnelle Harmonisierung[6] der Differenzen der vielen biblischen Stimmen, vermeidbar.

Das hermeneutische Konzept der Intertextualität nimmt Text-Text-Relationen unter der Fragestellung in den Blick, welche Sinneffekte durch intertextuelle Beziehungen ermöglicht werden. Sachgemäß wird von Intertextualität erst dann gesprochen, wenn sich durch Text-Text-Relationen Sinnerweiterungen, Sinnverschiebungen oder Sinnverdichtungen ergeben, die ohne Text-Text-Relationen nicht

4 Vgl. S. ALKIER, Sad Sources: Observations from the History of Theology on the Origins and Contours of the Synoptic Problem, in: M. MÜLLER/H. OMERZU (Hg.), Gospel Interpretation and the Q-Hypothesis, LNTS 573, London/New York 2018, 43–77.

5 L. MARIN, Semiotik der Passionsgeschichte. Die Zeichensprache der Ortsangaben und Personennamen, aus dem Franz. v. Siegfrid Virgils, wissenschaftl. bearb. u. m. e. Nachw. v. Erhardt Güttgemanns, BeTh 70, München 1976.

6 Vgl. dazu V. LEPPIN, Wie legt sich nach Luther die Schrift selbst aus? Luthers pneumatische Hermeneutik, in: S. ALKIER (Hg.), Sola Scriptura 1517–2017, 83–102; U.H. J. KÖRTNER, Harmonisierung oder Diversifizierung in Luthers Evangelienauslegung? In: S. ALKIER (Hg.), Sola Scriptura 1517–2017, 119–137.

generiert werden können. Bei intertextuellen Schreib- und Lektüreverfahren handelt es sich daher um Dezentralisierungen von Sinn.

Ich unterscheide drei Perspektiven intertextueller Interpretationen,[7] die nicht gegeneinander ausgespielt werden dürfen, sondern sich komplementär zueinander verhalten und dadurch ihre jeweilige begrenzte Reichweite offen legen: *Produktionsorientierte Intertextualität* fragt nach solchen referentiellen Text-Text-Beziehungen, die von intertextuellen Dispositionen[8] wie Zitaten, Anspielungen oder narrativen Abbreviaturen motiviert werden. In produktionsorientierter Perspektive dürfen nur solche Texte mit einem anderen Text korreliert werden, die dem Verfasser des zu untersuchenden Textes nachweislich bekannt waren oder mit hoher Wahrscheinlichkeit bekannt gewesen sein konnten. *Rezeptionsorientierte Intertextualität* untersucht Text-Text-Beziehungen, die von konkreten Leserinnen und Lesern tatsächlich hergestellt wurden oder von hypothetischen Lesern zu bestimmten Zeiten und an bestimmten Orten hätten hergestellt werden können. *Generative Intertextualität* fragt hingegen unabhängig von intertextuellen Dispositionen danach, welche Sinneffekte sich durch solche Text-Text-Relationen ergeben, die weder durch Kriterien produktions- noch durch solche rezeptionsorientierter Intertextualität begründet werden. Das Kriterium generativer Intertextualität ist die Frage, ob sich durch den intertextuell erzeugten Zwischenraum interessante Sinneffekte ereignen. Während produktionsorientierte und

---

7 Vgl. S. ALKIER, Intertextualität. Annäherungen an ein texttheoretisches Paradigma, in: D. SÄNGER, Heiligkeit und Herrschaft. Intertextuelle Studien zu Heiligkeitsvorstellungen und zu Psalm 110, BThSt 55, Neukirchen-Vluyn 2003, 1–26; S. ALKIER, Intertextuality Based on Categorical Semiotics, in: B.J. OROPEZA/S. MOYISE (Hg.), Exploring Intertextuality. Diverse Strategies for New Testament Interpretation of Texts, Eugene, Or. 2016, 128–150. Vgl. zur intertextuellen Hermeneutik und Methodik auch G. ALLEN, Intertextuality, London 2000; S. ALKIER/R. HAYS (Hg.), unter Mitarbeit v. K. DRONSCH, L.A. HUIZENGA, K. KRÜGER, M. SCHNEIDER, Die Bibel im Dialog der Schriften. Konzepte intertextueller Bibellektüre, NET 10, Tübingen/Basel 2005; F. BERNDT/L. TONGER-ERK, Intertextualität. Eine Einführung, Grundlagen der Germanistik 53, Berlin 2013; S. HOLTHUIS, Intertextualität. Aspekte einer rezeptionsorientierten Konzeption, Stauffenburg Colloquium 28, Tübingen 1993.

8 Vgl. HOLTHUIS, Intertextualität, 33.

rezeptionsorientierte Intertextualitätsphänomene analytisch und rekonstruktiv ermittelt werden, und auf Grund ihrer Fragestellungen und Methoden zwischen legitimen und illegitimen Text-Text- Beziehungen unterscheiden, ist generative Intertextualität ein prinzipiell unbegrenztes performatives Verfahren.

Besonderes Gewicht in rezeptionsorientierter Perspektive kommt dem Kanon als Leseanweisung zu. Der biblische Kanon stellt die Einzelschriften in einen neuen intertextuellen Zusammenhang, der die Sinnpotentiale der Einzelschriften verändert. Durch den Zusammenhang des Kanons ist es hermeneutisch begründet und theologisch notwendig, jede biblische Schrift mit jeder anderen biblischen Schrift zusammen zu lesen und diese sich gegenseitig interpretieren zu lassen, auch wenn diese Schriften in produktionsorientierter Hinsicht keine diesbezüglichen intertextuellen Dispositionen aufweisen. Martin Luthers Schriftverständnis führt in intertextueller Reformulierung nicht zu einer Verengung biblischer Schriften, wie sie mit geistreichen Argumenten und Beobachtungen George Aichele in seiner Monographie *The Control of Biblical Meaning* dem Konzept des Kanons als solchem unterstellt hat.[9] Vielmehr werden durch die wechselseitige intertextuelle Leseweise auch höchst überraschende und nicht kalkulierbare Sinneffekte generiert, die gerade nicht zu dogmatisierenden Festschreibungen von Sinn führen, sondern dynamisch in jedem neuen Leseakt und jeder neuen Zusammenstellung von Texten changieren. Der Kanon erweist sich in intertextueller Reformulierung als ein Spielfeld, auf dem mit einem begrenzten Zeichenbestand eine unbegrenzte Zahl von Kombinationsmöglichkeiten und daraus resultierende Sinneffekte im Akt des Lesens entstehen.

Die kanonische Leseanweisung ist eine theologische normative Entscheidung, die gänzlich missverstanden wäre, wenn man sie auf deskriptive Fragestellungen anwenden würde. Es machte gar keinen Sinn, wenn *sola scriptura* bedeuten würde, man dürfe *nur* die Schrift lesen und müsse daher in der Konsequenz alle nicht-kanonischen intertextuellen Verknüpfungen ausblenden. Das käme einem

---

9 G. AICHELE, The Control of Biblical Meaning. Canon as Semiotic Mechanism, Harrisburg PA, 2001.

Denkverbot gleich und würde kritischer historischer Forschung und dem weiten semiotischen Konzept der Intertextualität gleichermaßen entgegenstehen. Es geht bei dem *sola* aber ausschließlich um die theologische Wertschätzung kanonischer Schriften als primäre und sicherste Quellen, dem Wort Gottes zu begegnen. Nur kanonische Stimmen können sich auf Augenhöhe gegenseitig kritisieren. So kommt den vier kanonischen Evangelien als kanonischen Evangelien eine normative Autorität zu, die etwa dem Thomasevangelium nicht zugesprochen wird, selbst wenn es älter sein sollte. Die Kanonizität aber ist keine ontologische Eigenschaft der Texte, sondern eine konfessionelle Selbstverpflichtung der Rezipienten, sich theologisch an den Schriften zu orientieren, die ihre Glaubensgemeinschaft zur gemeinsamen Grundlage auswählt. Dass das prinzipiell veränderlich ist und lokal und temporal zu verschiedenen Kanonumfängen führt, zeigt die Kanongeschichte. Dieser Sachverhalt macht es überdeutlich, dass der Kanon eine normative Leseanweisung ist und gerade deshalb nicht mit dem Wort Gottes, das authentisch nur Gott selbst sprechen kann, verwechselt werden darf. Der jeweilige Kanon ist der Ort, wo dem Wort Gottes nach der Überzeugung der Glaubensgemeinschaft noch am sichersten begegnet wird.

Die intertextuelle Reformulierung Biblischer Theologie löst damit auch das Problem der Verhältnisbestimmung zwischen den Heiligen Schriften Israels und dem Alten Testament christlicher Bibeln. Intertextuelle Biblische Theologie sucht nämlich nicht länger nach einer Sinn zentrierenden und damit festschreibenden „Mitte" der Schrift, die in exkludierender Überheblichkeit die Anderen immer ausgrenzen muss, sondern begreift den Kanon als potentielle Symphonie polyphoner Stimmen, die sich im jeweiligen Leseakt einer konkreten Kanonversion neu und anders gegenseitig interpretieren und damit zu je eigenen polyphonen Sinnerfahrungen kommen lassen.

Auf diese intertextuelle Weise wird auch kanonbezogene Biblische Theologie nicht zum dogmatischen Prokrustesbett, sondern zu einer methodisch und theologisch ausweisbaren Lesestrategie, die innerhalb der Konfession, in der der jeweilige Kanon gilt, ihre Sinndynamik entfalten kann, ohne dass diese Sinnerfahrung dieselbe

Geltung in anderen Konfessionen beanspruchen müsste. Für den innerchristlichen ökumenischen Dialog ergibt sich die Chance, die je eigenen Schrifttraditionen zu bewahren, ohne die anderen zu diffamieren.

In christlichen Textwelten können unter theologischer Anerkenntnis der jeweiligen konfessionellen Kanonentscheidung die alttestamentlichen Texte vom Neuen Testament her gelesen werden, wie auch die neutestamentlichen von den alttestamentlichen her, ohne die Exklusivität dieser Textwelten behaupten zu müssen. Aufgrund der unterschiedlichen Textwelten ergeben sich zwanglos unterschiedliche Sinnpotentiale der kanonisierten Schriften. Das Buch Jesaja z.B. im intertextuellen Netz einer jüdischen Textwelt gelesen motiviert andere Sinndynamiken als dasselbe Buch in seinen intertextuellen Bezügen in christlichen Textwelten.[10] Damit ist auch die wohlgemeinte Rede vom doppelten Ausgang der Hebräischen Bibel in Judentum und Christentum zugunsten eines pluralen, intertextuell dezentrierten Sinnkonzepts überholt, das auch die Brüche und Kontroversen innerhalb jüdischer und christlicher Text- und Glaubenswelten einzubeziehen vermag. Dabei können auch islamische Textwelten in den Dialog der Texte einbezogen werden. Intertextualität zielt in rezeptionsorientierter Perspektive auf ein plurales Miteinander, das Traditionen und gewachsenen Identitäten jenseits von gleichgültiger Beliebigkeit Raum gibt und sich zugleich gegen jeden exkludierenden Fundamentalismus theologisch wohlbegründet ideologiekritisch zur Wehr setzt.

Unsere kanon*geschichtliche* These hingegen lautet: Die Ausbildung des Kanons ist die sachgemäße Fortführung der intertextuellen Schreibweise der Bücher, die in das Neue Testament Eingang gefunden haben. Die Autoren der neutestamentlichen Schriften zitieren ihre Heiligen Schriften Israels nicht nur sporadisch. Ihre eigene Plausibilität steht und fällt vielmehr mit der Geltung der theologischen, kosmologischen, geschichtlichen und

---

10 Hierzu z.B. die konkreten Überlegungen bei T. Nicklas, Isaiah's Story about Christ? Trying to Understand Early Christian Perspectives on Isa 7:14, in: P. Dragutinovic/T. Nicklas/K.G. Rodenbiker/V. Tatalovic (Hg.), Christ of the Sacred Stories, WUNT II.453, Tübingen 2017, 283–296.

anthropologischen Positionierungen der von ihnen gebrauchten Schriften Israels. Dadurch wurden diese zu Schriften des Alten Bundes, die den Verfassern der Schriften des Neuen Bundes zu denken und zu formulieren ermöglichten, was sie zu sagen hatten und zwar unter der Prädisposition, dass der Alte Bund unverbrüchlich gilt. Nicht eine „Kirche" erzeugte den Kanon, sondern er ist sachlich angelegt in der intertextuellen Schreibweise der neutestamentlichen Schriften, die für ihre eigene Argumentation und ihre eigenen Plausibilisierungsverfahren die Vernetzung mit den von ihnen rezipierten Schriften Israels unverzichtbar benötigen und sie dadurch als Schriften des Alten Testaments konstituieren. Die intertextuelle Schreibweise neutestamentlicher Schriften verbindet Phänomene produktionsorientierter, rezeptionsorientierter und generativer Intertextualität.[11]

Die Stärke des Kanons besteht darin, dass er in einer zweiteiligen Büchersammlung das Konstruktionsprinzip der Schriften des Neuen Bundes ausführt. Die Logik und Geltung des zweiteiligen Kanons ist die Logik der intertextuellen Schreibweise der neutestamentlichen Schriften und ihrer Anerkenntnis der Gültigkeit der Schriften Israels. Sie lösen die Geltung der Schriften des Alten Bundes nicht ab, sondern bauen vielmehr ihre theologischen, christologischen, kosmologischen und anthropologischen Interpretationen des Neuen Bundes durch die Jesus-Christus-Geschichte (Eckart Reinmuth) und deren Folgen aus. Die alttestamentlichen Schriften sind der Ast, auf dem die neutestamentlichen Schriften sitzen. Das Konzept des christlichen Kanons konnte nur auf der Basis der intertextuellen Schreibweise von Schriften entstehen, die wir nun im Neuen Testament versammelt finden. Wer aber die normative Geltung der alttestamentlichen Schriften beschneidet, sägt am Ast des Neuen Bundes.

Ich möchte das zumindest an einem Beispiel konkretisieren: Wie bedeutend intertextuelle Schreibverfahren für die Abfassung frühchristlicher Schriften waren, sieht man bereits auf der ersten Seite

11 Eine methodische Erforschung der intertextuellen Schreibweisen biblischer Bücher, die mehr und anderes als Quellenscheidung und Einflussforschung sein will, ist ein weitreichendes Desiderat der Forschung.

des Neuen Testaments. Die Genealogie des Matthäusevangeliums erzeugt ein intertextuelles Verweissystem, in dem die gelisteten Namen als narrative Abbreviaturen dienen, die durch ihre Auswahl und ihre Unterbrechungen die Rezeption der Heiligen Schriften Israels steuern und von da aus den Sinnhorizont des Matthäusevangeliums als Ganzes entwerfen. Die sich durch dieses Evangelium ziehenden Zitate und Anspielungen Heiliger Schriften Israels verlangen danach, nicht nur die jeweiligen Zitate isoliert zu betrachten, sondern sie als Ganzes mit den Schriften, die durch die Zitate, Anspielungen und narrativen Abbreviaturen eingespielt werden, intertextuell zu korrelieren und nach den damit erzeugten Sinneffekten zu fragen. Das gilt gleichermaßen für die griechischen wie für die hebräischen bzw. aramäischen Versionen der Schriften Israels.

Das ganze erste Kapitel des Matthäusevangeliums kann als intertextuelle Ouvertüre gelesen werden. Die zahlreichen Namen fungieren als narrative Abbreviaturen. Ihre planvolle Anordnung deutet auf eine Sinn ergebende Abfolge der diversen Geschichten, deren Grammatik Gott als ihre Wirkmacht zu denken aufgibt. Die Auswahl der Namen und die gezielte Durchbrechung der Gleichförmigkeit der Genealogie bei einzelnen Namen mit schlaglichtartigen Details – z.B. „David aber zeugte den Solomon *aus der Frau des Uria*",[12] (Mt 1,6b) – lenkt die Rezeption der mit den Namen intertextuell verbundenen Erzählungen aus den Heiligen Schriften Israels.[13] Die Einschreibung des Namens „Jesus, der Christus genannte" (Mt 1,16b) in die Genealogie verwebt dessen Geschichte, die das Matthäusevangelium als Ganzes erzählt, mit den Heiligen Schriften Israels und dessen durch die Genealogie gesteuerte Rezeption. Diese intertextuelle Schreibweise des ersten Kapitels erzwingt eine Theologie des Evangeliums Jesu Christi, die unauflösbar mit den Heiligen Schriften Israels und ihrer autoritativen Geltung

12 Die deutschen Zitate aus dem Matthäusevangelium entstammen dem Manuskript der Matthäusübersetzung von Stefan ALKIER und Thomas PAULSEN, das sie gegenwärtig für Band 2 des Frankfurter Neuen Testaments erstellen.

13 Vgl. S. ALKIER, Zeichen der Erinnerung – Die Genealogie in Mt 1 als intertextuelle Disposition, in: K.-M. BULL/E. REINMUTH (Hg.), Bekenntnis und Erinnerung. FS zum 75. Geb. v. Hans-Friedrich-Weiß, Münster 2004, 108–128.

verwoben ist und daher sachlogisch zum späteren Konzept eines Kanons aus Altem und Neuem Testament führt.[14]

Der Rekurs auf den Namen Emmanuel in der Geburtsgeschichte etabliert eine intertextuelle Theologie des Namens, denn er greift Jesaja 7 auf, bezieht diese Prophezeiung interpretierend und umgestaltend auf Jesus, den letzten Namen der Genealogie, auf den also die ganze Geschichte Israels zuläuft. Das Matthäusevangelium erzählt dann durch die Transformationsgeschichte vom Emmanuel „mit uns Gott", zum „ICH BIN bei Euch bis an das Ende der Welt" (Mt 28,20b) die unbegrenzte Öffnung für alle Rezipienten des Mt und ihre Hineinnahme in die Geschichte Gottes mit seinem Volk.

Bereits diese intertextuelle Ouvertüre zeigt, dass die intertextuelle Schreibweise des Mt einem ästhetischen und theologischen Gestaltungswillen entspringt. Die geschichtstheologische Ordnung der Genealogie sowie die narrative Nutzung der Namensbedeutungen erzeugen ein intertextuelles Bedeutungsnetz mit eigenen theologischen Pointen.

Die so genannten Erfüllungszitate bauen dieses intertextuelle Netz dahingehend aus, dass es als von Protagonisten wie Antagonisten gleichermaßen akzeptiertes Diskursuniversum gestaltet wird. Die Feinde Jesu beziehen sich nämlich in Mt 2,6 ebenso auf Prophezeiungen aus den Heiligen Schriften Israels wie die Erzählstimme des Matthäusevangeliums in 2,15; 2,17f.; vgl. auch 2,23. Dass Herodes, der Todfeind des neu geborenen Kindes, die Schrift vermittelt durch die befragten Hohepriester und Schriftgelehrten als Waffe gegen Jesus einsetzen möchte (vgl. 2,16), unterstreicht ihre Wirklichkeitsgeltung. Zugleich wird aber auch ein dialogisches

14 Die implizite oder explizite Bestreitung der autoritativen Geltung des Alten Testaments für die christliche Theologie von Friedrich Schleiermacher über Rudolf Bultmann bis zur Kontroverse, die Notger Slenczka ausgelöst hat, ignoriert bei aller Verschiedenheit ihrer Begründungen im Einzelnen die intertextuelle Verwobenheit nicht nur des Mt, sondern der meisten neutestamentlichen Schriften mit den Heiligen Schriften Israels, die genau deswegen theologisch sachbezogen zum alttestamentlichen Kanon werden. Die anti-alttestamentliche Position dieser Theologen erwächst auch aus einer exegetischen Verkennung der theologischen Konsequenzen intertextueller Schreibweisen.

Schriftverständnis angedeutet, da mit der Schrift nicht zugleich ihre Anwendung als gegeben erscheint. In der Hand des Feindes wird sie zur Waffe, in der Hand des Erzählers zum theologischen Garanten der sinnhaften Einbindung des Geschehens in die durch die Heiligen Schriften Israels zur Sprache gebrachte Geschichtsmächtigkeit Gottes. Wie schon die durch die Genealogie gestaltete Geschichte Gottes mit seinem Volk, so bleibt auch das in Mt 2 Erzählte mittels der intertextuellen Etablierung eines gemeinsamen Diskursuniversums nicht dem Zufall überlassen, sondern es wird vom Gestaltungswirken Gottes her verstanden.

Wie schon Jesus selbst wird nun auch Johannes als Bote des Herrn in die Geschichte Gottes mit seinem Volk intertextuell mittels eines Jesajazitates in Mt 3,3 eingetragen und seine Handlungen und Worte werden damit autorisiert. Seine intertextuelle Kennzeichnung als Elia geschieht durch die Schilderung seiner Kleidung (vgl 2 Kön 1,8). Der eifernde Aspekt der Eliagestalt aus den Königsbüchern wird wiederum durch die intertextuelle Aufrufung des Abrahamnamens erreicht. Die Abrahamgeschichten aus Genesis und insbesondere der Aspekt der wunderbaren Entstehung Isaaks werden von Johannes nämlich nicht als Hoffnung gebende Bundesgeschichten zwischen Gott und seinem Volk erinnert. Vielmehr nutzt Johannes diese intertextuelle Abbreviatur, um den Machtaspekt Gottes hervorzuheben und die Abrahamkindschaft nicht als Immunität vor dem Zorn Gottes zu begreifen. Wenn Gott sogar aus Steinen Kinder Abrahams erwecken kann (vgl. 2,9), dann rettet die Abrahamkindschaft nicht vor seinem berechtigten Zorn.

Mit diesem intertextuellen Gewebe benennt das Matthäusevangelium das eigentliche Problem, das die Jesus-Christus-Geschichte in der matthäischen Fassung bearbeitet und löst: Der wegen der Verfehlungen seines Volkes berechtigte Zorn Gottes macht auch vor den Kindern Abrahams nicht halt. Der Zorn Gottes (vgl. 3,7b) ist nicht „mit uns“ sondern „gegen uns“. Die Lösung aus der Furcht vor der Vernichtung durch den Zorn Gottes besteht in der Zugehörigkeit zu dem „Ich bin bei euch“, von dem das Matthäusevangelium erzählt.

Dass der Bezug auf die Heiligen Schriften Israels nicht schon als solcher ein frommer Akt ist, unterstreicht die Auseinandersetzung zwischen dem Zerwerfer (gr. *diabolos*) und Jesus in der so genannten Versuchungsgeschichte in 4,1–11. Der Zerwerfer, der mit seinem Agieren das Zerwürfnis von Gott und seinem Sohn beabsichtigt, zitiert Passagen aus den Heiligen Schriften Israels, um damit Jesus zu verleiten, nicht Gott, sondern ihm zu huldigen. Durch diesen Gebrauch der Schrift wird aus der Heiligen Schrift Gottes ein diabolisches Werk. Jesus wehrt dieses Ansinnen des Zerwerfers mit seinem eigenen Gebrauch der Schrift ab. Damit wird diese Erzählung zu einem Lehrstück dialogischen Schriftverständnisses.[15] Der Bezug auf die Schrift macht noch keinen frommen Gerechten. Dient das jeweilige Schriftverständnis bzw. der jeweilige Schriftgebrauch den Werten des Reiches Gottes oder ist es dem teuflischen Ansinnen alles durcheinanderbringender Mächte verpflichtet, eine andere Macht als den Gott Israels, den barmherzigen und gerechten Schöpfer und Neuschöpfer, zu ehren?

Erst nachdem die intertextuell gestaltete Versuchungsgeschichte geklärt hat, wie die Schrift zu gebrauchen ist, beginnt Jesu öffentliche Wirksamkeit in 4,12. Auch diese wird mit Bezug auf Jesaja intertextuell interpretiert (vgl. 4,14ff.), bevor Jesus seine erste große Rede hält.

Die intertextuelle Schreibweise des Mt gebraucht die intertextuellen Bezüge zu den Heiligen Schriften Israels nicht lediglich, um sie als die eigene Stimme auszugeben. Wie sehr sie überwiegend dialogisch und weniger monologisch[16] angelegt ist,

---

15 Vgl. auch die entsprechenden Gedanken von Tobias NICKLAS in IV.2.

16 Die Unterscheidung „monologisch / dialogisch“ bezieht sich auf das Konzept der Dialogiziät von Michail Bachtin, das im Unterschied zum harmonistischen Gebrauch des Wortes „Dialog“ nicht auf die Überwindung von konfligierenden Positionen setzt, sondern auf die produktive Kraft von Konflikten. Vgl. dazu M. SCHNEIDER, Dialog der Gegner: Ein Blick auf das Matthäusevangelium mit Michail Bachtin, in: ZNT 36 (2015), Themenheft Matthäusevangelium, 33–43; S. ALKIER, Hoffnung Hören und Sehen! Beobachtungen zur Dialogizität des Hebräerbriefes und der Johannesapokalypse, in: ZNT 29 (2012), 14–24; DERS., Unerhörte Stimmen – Bachtins Konzept der Dialogizität als Interpretationsmodell biblischer Polyphonie, in: M. KÖHLMOOS/M. WRIEDT (Hg.), Wahrheit und Positionalität, Kleine Schriften des Fachbereichs Evangelische Theologie der Goethe-Universität Frankfurt a. M. 3, Leipzig 2012, 45–69.

wird insbesondere bei den so genannten Antithesen der Bergpredigt (Mt 5,21–48) offensichtlich. Ihre Einleitung durch „Ihr habt gehört, dass den Alten gesagt wurde“ (5,21), bzw. „ihr habt gehört, dass gesagt wurde“ (5,27), zeigt das daraufhin Zitierte als eine andere Stimme als die des Sprechers der Bergpredigt auf, der seine eigene Stimme dialogisch mit „Und Ich sage euch“ (Mt 5,22a) markiert. Die Stimme, die zu den Alten gesprochen wurde, wird durch die passivische Form und ihren Inhalt als Gottes Stimme identifizierbar (vgl. Ex 20,1) bzw. als die durch Mose dem Volk Israel vermittelte Stimme Gottes (vgl. Dtn 5,5). Das „und Ich sage euch“ setzt die Gültigkeit des zu den Alten Gesagten nicht außer Kraft. Treffen zwei Stimmen dialogisch aufeinander, können sie sich entweder verstärken, ergänzen oder widerstreiten. Da den so genannten Antithesen mit Mt 5,17–20 eine Leseanweisung vorangestellt ist, die den Widerspruch zu den Heiligen Schriften Israels ausschließt, bleiben nur die ergänzende und die verstärkende dialogische intertextuelle Beziehung übrig. Das pragmatische Ziel dieser ergänzenden und verstärkenden Dialogizität wird in Mt 5,20 explizit benannt: „Ich sage euch nämlich, dass, wenn nicht eure Gerechtigkeit mehr Überfluss hat als die der Schriftgelehrten und Pharisäer, ihr gewiss nicht hineinkommt in das Königreich der Himmel.“

Den Pharisäern und Schriftgelehrten wird damit nicht jegliche Gerechtigkeit abgesprochen. Es wird ja keine andere Gerechtigkeit eingefordert, sondern die der Pharisäer und Schriftgelehrten als nicht ausreichend qualifiziert. Worin dieser Mangel bestehen könnte, zeigt der Schlusssatz der Bergpredigt auf: „denn er lehrte sie mit Vollmacht und nicht wie ihre Schriftgelehrten“ (Mt 7,29). Die Übereinstimmung von Jesus, Pharisäern und Schriftgelehrten besteht darin, dass die Gerechtigkeit durch die Heiligen Schriften Israels gelehrt werden soll. Sie teilen also das Diskursuniversum, das maßgeblich durch die intertextuellen Bezüge zu den Heiligen Schriften Israels gebildet wird. Die Stimme des Erzählers in Mt 7,29 bringt aber das Kriterium der Wirksamkeit ein, die dann in den darauffolgenden Wundererzählungen anschaulich konkretisiert wird.

Somit lässt sich schließen, dass sich die in Mt 5,17–19 herausgestellte Gültigkeit der Heiligen Schriften Israels zum Matthäusevangelium verhält wie die Thesen der Bergpredigt zu den so genannten

Antithesen. Es ersetzt sie nicht. Vielmehr wird seine Geschichte als die Heiligen Schriften Israels dialogisch ergänzende und verstärkende gute Nachricht zu lesen sein, die den Grund, auf dem sie steht, voll und ganz gelten lässt und nur so eine neue Perspektive darauf eröffnet, die sich als vollmächtig wirksam durch das Wunder des Glaubens erweist.

Dass die Wundererzählungen in Mt 8 und 9 die Bestätigung für Mt 7,29 liefern und durch diese narrative Grammatik bereits in das von Mt 1–7 installierte intertextuelle Netz verwoben sind, habe ich bereits vermerkt. Hier gilt es nun, mit wenigen Pinselstrichen zu zeigen, dass diese Wunder ohne ihre Bezüge zu den Heiligen Schriften Israels als zu entmythologisierende Mirakel missverstanden werden müssen.

Neben der narrativ-intertextuellen Verknüpfung der Wundergeschichten in Mt 8 und 9 durch Mt 7,29 ist zunächst auf ihre summarisch-intertextuelle Interpretation in Mt 8,16f. zu verweisen:

> Als es aber Abend geworden war, brachten sie zu ihm viele, die von Dämonen besessen waren, und er warf die Geister mit einem Wort hinaus und heilte alle, die in übler Verfassung waren, damit erfüllt wurde das Gesagte durch Jesaja, den Propheten, sprechend: „Er hat unsere Schwachheiten genommen und unsere Krankheiten getragen."

Diese intertextuelle Interpretation wird dann noch in Mt 11,2–6 durch die Täuferanfrage und Jesu Antwort plausibilisiert. Jesu Wunder werden als messianische Zeichen dargestellt, die nur durch den intertextuellen Bezug auf die Heiligen Schriften Israels verstanden werden können. Sie sind keine Zaubertricks eines göttlichen Menschen, sondern Ausdruck der Schöpfungskraft Gottes, die sogar den Tod überwindet. Deshalb preist das Volk sachgemäß nicht Jesus, sondern Gott, nachdem Jesus den Gelähmten durch sein Wort geheilt hat (vgl. Mt 9,8).

Dass das Weitertragen des Evangeliums in vielfältige soziale und mitunter lebensbedrohliche Konflikte führt, thematisieren die Kapitel 10–12. Diese Problematik wird mittels intertextueller Bezugnahmen vornehmlich diskursiv bearbeitet. Die Gewalt, die Johannes der Täufer erfährt (vgl. Mt 11,9–14; 17,12f.), wird wie die Gewalt, die den ausgesandten Schülern Jesu droht, mit den Leidenserfahrungen der Propheten verwoben (vgl. Mt 10,40–42). Jesu eigenes Geschick wird schon hier mit intertextuellem Bezug auf Jesajas Gottesknechtslieder in Mt 12,15–21 mit direktem Bezug auf Jes 42,1–4 interpretiert. Gewaltlos soll der Knecht Gottes die Rechts- und Lebensordnungen Gottes neu aufrichten und kommt deshalb durch die ungerechte Gewaltanwendung zu Tode. Aber nicht nur Jesu Kreuzestod wird schon in diesem Zusammenhang in das intertextuelle Netz der Schreibweise des Mt eingewoben, sondern auch seine Auferweckung, indem sie als Zeichen des Propheten Jona ins Spiel gebracht wird (vgl. Mt 12,38–42).

Auch Jesu Vergleiche werden in das intertextuelle Netz des Matthäusevangeliums eingewoben. Sie werden zunächst nicht als didaktische Verstehenshilfen wertgeschätzt, sondern durch den Bezug auf Jes 6,9 in Mt 13,14 f. als Gerichtsrede für diejenigen klassifiziert, die Jesu Botschaft vom Himmelreich bzw. das Evangelium des Mt nicht zustimmend hören wollen. Diejenigen aber, die sich von dieser Botschaft des Evangeliums treffen lassen, werden seliggepriesen und zwar wiederum mit intertextuellem Bezug auf die Propheten (vgl. 13,16f.).

Wie dialogisch die intertextuelle Schreibweise des Mt verfährt, zeigt sich auch darin, dass eine zweite Deutung der Vergleiche Jesu mittels intertextueller Bezugnahme in Mt 13,34 auf Psalm 78 eingebracht wird:

> Das alles redete Jesus in Vergleichen zur Masse, und ohne Vergleich redete er nicht zu ihnen, damit erfüllt würde, das durch den Propheten Gesagte, sprechend: Ich will meinen Mund auftun in Vergleichen und will aussprechen Verborgenes seit Grundlegung der Welt. (Übersetzung Alkier, Paulsen, FNT2)

Die beiden Deutungen des Sinns der Vergleiche in Mt 13 sollten nicht gegeneinander ausgespielt werden. Sie erzeugen auf dialogische Weise ein intertextuelles Netz der Interpretation der Vergleiche Jesu, und eröffnen damit multiperspektivische Lektüren des Matthäusevangeliums als Ganzes.

Die intertextuelle Schreibweise des Matthäusevangeliums bezieht sich nicht nur auf einzelne Aspekte wie etwa die Anklänge der wunderbaren Speisung Israels in der Wüste (Ex 16) in der Geschichte von der Speisung der 5000 (Mt 14,15–21) oder die Diskussion von Reinheit und Unreinheit in Mt 15 mit Bezug auf Ex 20. Der stetige Ausbau der Vernetzung der matthäischen Erzählung mit den Heiligen Schriften Israels ist vielmehr ein neue Perspektiven etablierendes Gesamtkonzept des ersten Evangeliums. Dieser Sachverhalt wird in der so genannten Verklärungsgeschichte inszeniert, in der Jesus vor den Augen seiner engsten Schüler verwandelt wird und daraufhin Mose und Elia erscheinen und mit Jesus reden. Mose und Elia können dabei metonymisch als Repräsentanten von Gesetz und Propheten verstanden werden, die mit Jesus kommunizieren. Damit wird aber nicht nur die Jesusgeschichte in das strahlende Licht der Heiligen Schriften Israels eingetaucht und legitimiert. Vielmehr entstehen dadurch auch neue Perspektiven auf das Gesetz und die Propheten, wie etwa in der Diskussion um Reinheit und Unreinheit (vgl. Mt 15,11).

Gesetz und Propheten werden durch die intertextuellen Bezüge der matthäischen Schreibweise weder blind zitiert noch enthusiastisch außer Kraft gesetzt. Vielmehr erscheinen auch überraschende Interpretationen, die als Verneinung der Überlieferung missverstanden wären, dialogisch der Gültigkeit von Mose und Elia, von Gesetz und Propheten verbunden. Die intertextuelle Schreibweise des Matthäusevangeliums öffnet die Augen für einen Dialog zwischen den alten und neuen Texten, der dann fruchtbar wird, wenn man sich auf die Komplexität und den nicht zu beherrschenden Perspektivenreichtum des intertextuellen Netzwerkes des Matthäusevangeliums mit dem Wunsch der zwei Blinden von Jericho einlässt: „Herr, dass unsere Augen geöffnet werden" (Mt 20,33). Wer könnte den Rückverweis dieser Bitte auf die intertextuelle Metaphorizität in Mt 13,13–17 übersehen?

Das durch die Schreibweise des Matthäusevangeliums installierte und autorisierte intertextuelle Netzwerk öffnet die Augen für das Verständnis der matthäischen Darstellung von Leiden, Tod und Auferweckung Jesu Christi. Ohne die Einschreibung der Jesus-Christus-Geschichte in die in den Heiligen Schriften Israels erzählte, reflektierte und besungene Geschichte Gottes mit seinem Volk Israel gerät die Geschichte Jesu entweder zur historischen Erzählung eines Lebens Jesu als letztlich gescheiterter Held oder zum Mythos eines göttlichen Christuswesens. Die intertextuelle Interaktion beider Textwelten vermeidet diese folgenreichen Missverständnisse, indem sie nicht auf Eindeutigkeiten setzt, sondern auf das Sinngeschehen, das sich im Zwischen der verwobenen Texte je neu ereignet.

Dass Jesus auf einem Esel in Jerusalem einreitet, ist der wirklichkeitsgestaltenden Gültigkeit dessen geschuldet, was den Alten bei Jesaja (62,11) und Sacharja (9,9) gesagt wurde. Die matthäische Darstellung der Jesus-Christus-Geschichte ist Wirklichkeit gewordene Schrift als schöpferisches Wort Gottes:

> Dies aber ist geschehen, damit erfüllt wird das durch den Propheten Gesagte, sprechend: „Sagt der Tochter Zion: ‚Sieh, dein König kommt zu dir, sanftmütig und aufgestiegen auf einen Esel und auf ein Fohlen, Sohn eines Lasttieres.'" (Übersetzung Alkier, Paulsen, FNT2)

Die zahlreichen und komplexen intertextuellen Verwebungen der matthäischen Passionsgeschichte, wie sie z.B. in der Zeichenhandlung im Tempel explizit werden (vgl. Mt 21,12–17; Jer 7), können hier nicht im Einzelnen aufgeführt werden. Zumindest aber eine Konkretisierung sei noch benannt: Die Frage nach der Auferstehung der Toten wird nicht als eine Glaubensfrage diskutiert. Vielmehr geht es um theologische Erkenntnis, die den Bestreitern der Auferweckung der Toten schlichtweg abgesprochen wird. Die Auferweckung der Toten, also auch und vor allem die Auferweckung des Gekreuzigten lässt sich nur denken in der intertextuellen Verwebung der Jesus-Christus-Geschichte mit den Heiligen Schriften Israels. Ihren Bestreitern schleudert die intertextuelle Schreibweise des Matthäusevangeliums entgegen: „Ihr irrt, weil ihr weder die Schrift kennt noch die Kraft Gottes" (Mt 22,29b).[17]

Die Schrift zu kennen meint nun aber nicht, einzelne Verse aus dem Zusammenhang zu reißen und sie als Belegstellen für die eigenen Ziele zu missbrauchen, wie es der Teufel praktiziert (vgl.

---

17 Vgl. S. Alkier, Die Realität der Auferweckung in, nach und mit den Schriften des Neuen Testaments, NET 12, Tübingen/Basel 2009, insbes. 109–121.

Mt 4,1–11). Es geht vielmehr darum, sie immer wieder zu lesen und Bezüge herzustellen, wie es die intertextuelle Schreibweise des Matthäusevangeliums vorführt. Intertextuelle Lektüren der Schrift sind vom Reichtum ihrer Perspektiven fasziniert, die sich gerade aus dem nicht auszuschöpfenden Zusammenlesen in diesem Zwischen ergeben. Für viele Menschen gerade in unserer Zeit scheint diese unüberschaubare und unbeherrschbare Pluralität erschreckend zu sein und gegen die Wahrheit der Heiligen Schrift zu sprechen, weil von vielen Wahrheit monologisch und *ein*deutig verstanden wird. Die intertextuelle Pluralität der Schrift führt aber nicht zwangsläufig zur Beliebigkeit, sondern eher zur Demut der eigenen begrenzten Perspektive, die sich aber nicht davor scheut, Position zu beziehen und diese auch zu benennen. So antwortet Jesus auf die Frage nach dem höchsten Gebot:

> „‚Du wirst lieben den Herrn, deinen Gott, in deinem ganzen Herzen und in deiner ganzen Lebenskraft und in deinem ganzen Denkvermögen.' Dies ist das große und erste Gebot. Ein zweites aber ist ihm gleich. ‚Lieben wirst du den dir Nahen wie dich selbst.' In diesen zwei Geboten hängen das ganze Gesetz und die Propheten." (Übersetzung Alkier, Paulsen, FNT2)

Das Matthäusevangelium ist kein Spezialfall. Der Großteil der neutestamentlichen Schriften weist eine vergleichbare intertextuelle Schreibweise auf, was nun zumindest noch in der notwendigen Kürze angedeutet werden soll: Das Markusevangelium eröffnet sein Diskursuniversum mit der Herstellung eines intertextuellen Verweissystems. Indem es den „Anfang des Evangeliums" (Mk 1,1) bei Jesaja verortet, verlangt es danach, als Fortsetzung und legitimer Abschluss der Prophetie Jesajas gelesen zu werden.[18]

Die Heiligen Schriften Israels werden im Lukasevangelium als Verstehensvoraussetzungen nicht nur des lukanischen Doppelwerks,

---

18 Ausführlich hierzu D.P. Moessner, Mark's Mysterious Beginning (1:1–3) as the Hermeneutical Code to Mark's 'Messianic Secret', in: ders./ M. Calhoun/ T. Nicklas (Hg.), The Gospel and Ancient Narrative Literary Criticism. Continuing the Debate on Gospel Genre(s), WUNT, Tübingen 2020, 243–272.

sondern der Jesus-Christus-Geschichte als solcher eingeführt. Die Schrift als „Schlüssel der Erkenntnis“ (vgl. Lk 11,52) verlangt eine durchgehende intertextuelle Lektüre der lukanischen Schriften und der Heiligen Schriften Israels mit dialogischen Effekten. Erst dieser intertextuelle Lektüreakt führt laut Lk 24,27 zum Verstehen des Ereigniszusammenhangs von Kreuz und Auferweckung sowie der in der Apostelgeschichte dargestellten Ausgießung des Heiligen Geistes (vgl. Act 2,16–21) und der Ausbreitung des Evangeliums über die Grenzen Judäas hinaus (Act 15,14–17).

Das Johannesevangelium setzt mit seiner intertextuellen Verschränkung mit der Schöpfungstheologie ein, wie sie insbesondere in Gen 1,1–2,4a als Schöpfung durch das göttliche Wort dargestellt wird (vgl. Joh 1,1–4). Diese kosmologische Perspektive prägt das johanneische Schrifttum. Obwohl auf den ersten Blick weniger referentielle Bezugnahmen auf die Heiligen Schriften Israels zu beobachten sind, als es bei den Synoptikern oder in den paulinischen Briefen der Fall ist, ist die intertextuelle Verortung der johanneischen Schriften hermeneutisch wie theologisch keinesfalls geringer einzuschätzen. Das Johannesevangelium erzählt seine Geschichte als Erfüllung der Heiligen Schriften Israels und gleichermaßen als Erfüllung der Worte Jesu, weil beide die Autorität des Leben schaffenden Geistes des Wortes Gottes präsentieren (Joh 2,22; vgl. 17,12; 18,9). Diese intertextuelle Schreibweise und ihre kosmologische Perspektive gestalten auch die Johannesbriefe und mehr noch die Johannesapokalypse aus. Die Apk teilt mit dem Johannesevangelium aber nicht nur die kosmologische Perspektive, sondern auch die Zurückhaltung hinsichtlich direkter Zitate aus den Heiligen Schriften Israels. Dennoch kann die Apk als die neutestamentliche Schrift mit den meisten intertextuellen Allusionen zu den Schriften Israels, aber auch zu neutestamentlichen Schriften gelten. Nicht zuletzt zum Johannesevangelium weist sie bedeutsame intertextuelle Relationen auf,[19] die darauf verweisen, dass sie teils als Erfüllung des

---

19 Vgl. dazu J. Frey, Erwägungen zum Verhältnis der Johannesapokalypse zu den übrigen Schriften im Corpus Johanneum, in: M. Hengel (Hg.), Die johanneische Frage. Ein Lösungsversuch, mit einem Beitrag von Jörg Frey, Tübingen 1993, 326–429; ders., Das Corpus Johanneum und die Apokalypse

Johannesevangeliums, teils als dessen Fortsetzung konzipiert wurde (vgl. Joh 1,51; Apk 19,11).

Richard B. Hays hat in seiner Monographie *Echoes of Scripture in the Letters of Paul*[20] nicht nur maßgebliche intertextuelle Referenzen der Paulusbriefe zu den Heiligen Schriften Israels nachgewiesen – knapp 90 Zitate und weit mehr Allusionen –, sondern diese auch einem neuen hermeneutischen Verständnis zugeführt. Hays konnte aufzeigen, dass Paulus nicht lediglich einzelne Verse der von ihm in Anspruch genommenen Heiligen Schriften Israels willkürlich aus ihrem Zusammenhang herausreißt, sondern deren Kontext eine wichtige Rolle für die paulinischen Argumentationen spielt.

Dass auch der Hebräerbrief nicht nur mit dem Aufruf der „Wolke der Zeugen" in Hebr 11, sondern durchgehend intertextuelle Bezüge zu den Heiligen Schriften Israels, wie zu den Paulusbriefen und auch zu den Synoptikern und zu den johanneischen Schriften aufweist, wurde schon häufiger festgestellt, bisher aber nur im Ansatz systematisch erforscht.[21]

Die Einbindung einer Auswahl der Schriften Israels und einer Auswahl frühchristlicher Schriften in den Zusammenhang eines christlichen Kanons bestehend aus Schriften Alten und Schriften Neuen Testaments hebt sie aus ihren singulären historischen Produktionssituationen heraus und weist ihnen eine neue Kommunikationssituation zu, die nicht mehr chronotopisch[22]

---

des Johannes. Die Johanneslegende, die Probleme der johanneischen Verfasserschaft und die Frage der Pseudonymität der Apokalypse, in: S. ALKIER/TH. HIEKE/T. NICKLAS (Hg.) in Zusammenarbeit mit M. SOMMER, Poetik und Intertextualität der Johannesapokalypse, Tübingen 2015, 71–133.

20 R.B. HAYS, Echoes of Scripture in the Letters of Paul, New Haven/London 1989; DERS., Echoes in the Scripture in the Gospels, Waco 2017. Vgl. S. ALKIER, Positionierung – Transpositionierung – Dialogizität. Zur aktuellen hermeneutischen Relevanz der paulinischen Schriftrezeption, in: F. WILK/M. ÖHLER (Hg.), Paulinische Schriftrezeption. Grundlagen – Ausprägungen – Wirkungen – Wertungen, Forschungen zur Religion und Literatur des Alten und Neuen Testaments, Band 268, Göttingen 2017, 275–296.

21 Vgl. D.M. MOFFITT, Atonement and the Logic of Resurrection in the Epistle to the Hebrews, SNT 141, Leiden 2011.

22 Vgl. M.M. BACHTIN, Chronotopos, aus dem Russischen v. Michael Dewey, m. e. Nachw. v. Michael C. Frank u. Kirsten Mahlke, stw 1879, Frankfurt

entstehungsgeschichtlich einzugrenzen ist, sondern die die engen Grenzen von historischem Raum und historischer Zeit ihrer Genese überschreitet und damit über ihre Produktionssituation hinaus Geltung beansprucht. Dieser Vorgang, kann als Neuverortung, als „Transposition"[23] bezeichnet werden, um deutlich zu machen, dass sich dadurch neue Sinneffekte der transpositionierten Texte ergeben und andere verblassen oder gar vergessen werden. Der Kanon ist eine normative Leseanweisung, die der Rezeption der im Kanon verorteten Schriften vorgibt, nicht primär die Entstehungssituation der Einzelschriften als Verstehenshorizont zu beachten, sondern den intertextuellen Zusammenhang des Kanons. Darüber, dass der Kanon verschiedene Stimmen versammelt und diese *als solche* stehen lässt, ist er dialogisch angelegt. Er ist der Effekt einer dialogischen intertextuellen Transposition.

Die Schrift legt sich dadurch selbst aus, dass jede Schrift durch die Transposition in das Gewebe des Kanons zu einem autoritativen Kommentar zu jedem anderen Buch desselben Kanons wird. Der Kanon narkotisiert nicht nur die unterschiedlichen Entstehungssituationen der einzelnen Schriften soweit, wie sie nicht selbst expliziter Bestandteil des jeweiligen Textes sind, sondern er verbietet es, die Autorität eines seiner Bücher niedriger zu bewerten als jedes anderen. Er erhebt sie allesamt in die normative Position, in ihrem Zusammenwirken gemeinsam Zeugen des Wortes Gottes zu sein.

---

a. M. 2008. Vgl. auch S. ALKIER/T. NICKLAS, Wenn sich Welten berühren. Beobachtungen zu zeitlichen und räumlichen Strukturen in der Apokalypse des Johannes, in: S. ALKIER/T. HIEKE/T. NICKLAS (Hg.) in Zusammenarbeit mit Michael SOMMER, Poetik und Intertextualität der Johannesapokalypse, (WUNT 346), Tübingen 2015, 205–226.

23 J. KRISTEVA, Die Revolution der poetischen Sprache, übers. v. R. Werner, Frankfurt a. M. 1990, 69: „Der Terminus *Intertextualität* bezeichnet eine solche Transposition eines Zeichensystems (oder mehrerer) in ein anderes; doch wurde der Terminus häufig in dem banalen Sinne von ‚Quellenkritik' verstanden, weswegen wir ihm den der *Transposition* vorziehen; er hat den Vorteil, daß er die Dringlichkeit einer Neuartikulation des Thetischen beim Übergang von einem Zeichensystem zu einem anderen unterstreicht." Vgl. S. ALKIER, Positionierung – Transpositionierung – Dialogizität. Zur aktuellen hermeneutischen Relevanz der paulinischen Schriftrezeption, 275–296.

Mit dieser kanonischen Lektüreanweisung hat das synchrone Zusammenlesen verschiedener Schriften theologischen Vorrang vor diachronischen Lektüreverfahren. Intertextualitätstheorien, die anderes als Einflussforschung sind, bilden die These von der sich selbst interpretierenden Schrift deshalb bestens ab, weil das intertextuelle Interpretationsverfahren in beide Richtungen zu verfolgen ist. So lässt sich das Markusevangelium mit Hilfe des Buches Jesaja interpretieren, aber auch Jesaja mit Hilfe des Markusevangeliums.[24]

Faktisch übersteigen die Möglichkeiten der intertextuellen Bezugnahmen die Lesekapazität jedes Lesers. Praktikabel sind nur intertextuelle Lektüreweisen, die klug und begründet auswählen und daher darum wissen, dass die gewählte intertextuelle Lektüreweise nur einem kleinen Ausschnitt aus den intertextuellen Möglichkeiten des Kanons nachgehen kann.

Die von Martin Luther eingeforderte fortwährende Lektüre der biblischen Schriften nimmt aber nicht nur deren Übereinstimmungen wahr, sondern auch ihre Differenzen und unvermittelbaren Widersprüche. Sie verschafft dem beharrlich Studierenden die intertextuelle Kompetenz, Schriften miteinander in Beziehung zu setzen und sich gegenseitig erläutern oder auch kritisieren zu lassen.

Wer etwa Jesu letztes Wort am Kreuz, wie er es im Markus- und im Matthäusevangelium liest, auf die Gottesferne eines Verzweifelten reduziert, dem verhilft der intertextuelle Verweis darauf, dass Jesus hier einen Psalm betet, zu einem anderen Verständnis dieses ergreifenden Verses im Rahmen der markinischen und matthäischen Darstellung der Kreuzigung Jesu: „Mein Gott, mein Gott, warum hast Du mich verlassen?" eröffnet Ps 22 (LXX Ps 21), der mit der Zuversicht des Kommens des Reiches Gottes endet:

> Denn des HERRN ist das Reich, und er herrscht unter den Völkern. Ihn allein werden anbeten alle Großen auf Erden; vor ihm werden die Knie beugen alle, die zum Staube hinabfuhren und ihr Leben nicht

24 Vgl. S. ALKIER, Die Bibel im Dialog der Schriften und das Problem der Verstockung in Mk 4. Intertextualität im Rahmen einer kategorialen Semiotik biblischer Texte, in: DERS./R.B. HAYS (Hg.), Die Bibel im Dialog der Schriften. Konzepte intertextueller Bibellektüre, NET 10, Tübingen/Basel 2005, 1–22.

> konnten erhalten. Er wird Nachkommen haben, die ihm dienen; vom Herrn wird man verkündigen Kind und Kindeskind. Sie werden kommen und seine Gerechtigkeit predigen dem Volk, das geboren wird. Denn er hat's getan.[25]

Liest man die Schrift „*integram*", so legt sie sich auf diese intertextuelle Weise selbst aus und führt nicht nur zu einem besseren Verständnis dunkler Stellen, sondern zu einer Gesamtperspektive, die durchaus auch Passagen der Schrift in Frage stellen kann. Luthers *sola scriptura*-Konzept geht es nämlich um den Zusammenhang der Schrift, wie er es trefflich in einer Predigt formuliert: „Du musst scripturam sacram nicht stückweise ansehen, sed integram."[26] Diese hermeneutische Überzeugung von der Übersummativität der Teile drückt sich in der viel zitierten, aber oft aus dem Zusammenhang gerissenen Formulierung der Selbstauslegung der Schrift aus („scriptura [...] sui ipsius interpres"[27]). Das führt aber nicht zu einer Harmonisierung der Polyphonie der Schrift, sondern zur Wahrnehmung der Dialogizität ihrer diversen Stimmen.[28]

---

25 Ps 22,29–33; Lutherübersetzung 2017. Zur Diskussion der verschiedenen Funktionen von Psalm 22 in unterschiedlichen frühchristlichen Passionserzählungen (auch über den Kanon hinaus) vgl. T. Nicklas, Die Gottverlassenheit des Gottessohns. Funktionen von Psalm 22/21 LXX in frühchristlichen Auseinandersetzungen mit der Passion Jesu, in: W. Eisele/C. Schäfer/H.-U. Weidemann (Hg.), Aneignung durch Transformation. Festschrift für Michael Theobald (HBS 74), Freiburg 2013, 395–415.

26 Luther, Predigten des Jahres 1539, WA 47; 681,1–2.

27 Luther, Assertio omnium articulorum, WA 7; 97,21–23.

28 Der Philosoph Michail Bachtin hatte sich mit der Schreibweise Dostojewskijs befasst und meinte, in seinen Romanen einen ganz neuen Typus von Literatur zu finden. Kam der Stimme des Erzählers bis dahin die Funktion zu, die Vielzahl der Charaktere und Stimmen monologisch zu bündeln, so stünden in den Romanen Dostojewskijs die Stimmen der Charaktere und die des Erzählers gleichberechtigt nebeneinander, ohne dass es eine Lösung gebe in diesem Dialog der Weltanschauungen. Diesen Dialog, der nicht auf Übereinstimmung, Vereinnahmung oder Ausgrenzung ziele, indem es dennoch um die Erschließung der Wirklichkeit und nicht um eine konstruktivistische Auflösung der Wirklichkeit gehe, bezeichnet Bachtin mit dem Kunstwort Dialogizität, vgl. M. Bachtin, Probleme der Poetik Dostojewskijs. Vgl. auch S. Alkier, Hoffnung hören und sehen! Beobachtungen zur Dialogizität des Hebräerbriefs und der Johannesapokalypse, a.a.O.

Die intertextuelle Transposition z.B. der paulinischen Briefe[29] macht offensichtlich, was ein einzelner Brief in seiner Entstehungssituation vielleicht vergessen ließe: Es gibt nicht nur eine mögliche Auslegung eines Textes. Paulus und Jakobus arbeiten beide mit dem intertextuellen Bezug auf die Abrahamerzählung des Buches Genesis, nutzen diese aber konträr (vgl. Röm 4 und Jak 2,14–26.). Dank der normativen Ausstattung beider Texte durch ihre Transposition in den Kanon interpretieren sie sich nicht nur gegenseitig, sondern drängen zu einer eigenen Lektüre von Genesis, die nun als weitere eigene Stimme gegenüber Paulus und Jakobus hörbar wird. Der Kanon erzielt damit einen dialogischen Effekt, der als Korrektiv jeder monologischen Verstellung der Stimmen der anderen von größter theologischer und hermeneutischer Relevanz ist.

Paulus konstruiert in Röm 4 mit seiner Modifikation der Abrahamfigur ein Glaubensverständnis, das ganz aus dem Vertrauen in die schöpferische Wundermacht Gottes lebt.[30] Mit diesem Vertrauen wird dann auch das Evangelium, die gute Nachricht von der Auferweckung des Gekreuzigten, plausibel: „Was Gott verheißen hat, das kann er auch tun" (Röm 4,21). Liest man mit dieser theologischen Einsicht die Abrahamdarstellung aus Gen 12–25, so ruft Röm 4 dem Abraham in Gen 17 entgegen: Hör auf zu lachen! Vertrau auf Gott! Was er dir verspricht, wird er halten![31] Andere Passagen der Abrahamerzählungen in Genesis werden dadurch als Erzählungen der Folgen von mangelndem Gottvertrauen verstehbar. In Gen 12,5 etwa kommt Abraham schon im Land Kanaan an. Aber er bleibt

29 Vgl. S. ALKIER, Positionierung – Transpositionierung – Dialogizität. Zur aktuellen hermeneutischen Relevanz der paulinischen Schriftrezeption, 290–294.

30 Vgl. S. ALKIER, Wunder und Wirklichkeit in den Briefen des Apostels Paulus. Ein Beitrag zu einem Wunderverständnis jenseits von Entmythologisierung und Rehistorisierung, WUNT 134, Tübingen 2001, insbes. 270–281.

31 Aus dem zweifelnden Lachen Abrahams wird in Gen 17 das in Isaak Fleisch gewordene schöpferische Lachen Gottes: „Abraham fiel auf sein Antlitz und lachte, er sprach in seinem Herzen: Einem Hundertjährigen soll geboren warden? Und Sfara soll als Neunzigjährige gebären? Abraham sprach zu Gott: Wenn nur Jischmael lebt vor dir! Gott sprach: Dennoch, Sfara dein Weib gebiert dir einen Sohn, seinen Namen sollst du rufen: Jizchak, Er lacht." Übers. MARTIN BUBER, FRANZ ROSENZWEIG.

dort nicht. Keine neue Verheißung Gottes, sondern die menschliche Furcht vor der Hungersnot lässt ihn von dem verheißenen Land weg nach Ägypten ziehen. Auch dort wird er nicht vom Gottvertrauen geleitet, sondern die Furcht um das eigene Leben lässt ihn seine Frau Sara in den Harem des Pharao geben.

Die Abrahamdarstellungen aus Gen 12–25 kritisieren wiederum das Bild vom nie zweifelnden Glaubenshelden in Röm 4. Genesis ruft Paulus entgegen: Niemand glaubt ohne Zweifel. Selbst der Vater aller Glaubenden lachte, weil er an der Möglichkeit der Verheißung eines eigenen Sohnes zweifelte (vgl. Gen 17,17). Gott aber schloss nicht mit einem Glaubenshelden, sondern mit diesem unsteten und ängstlichen Abraham seinen Bund, der gültig bleibt. Glaube ist keine Willensleistung idealisierter Helden, sondern das prekäre, auf Bitten angewiesene Vertrauen auf die Güte und die Schöpfungskraft Gottes auch angesichts von Tod und Schrecken, auch angesichts des je eigenen Versagens und Scheiterns.

Liest man die Bibel als Dialog verschiedener Stimmen, ohne sie zu harmonisieren, wird nicht nur der Blick für die Perspektivität der jeweiligen Schriften geschärft, sondern überhaupt erst das Sinnpotential des *zwischen* diesen Schriften entstehenden Dialogs wirksam. Erst mit diesem dialogischen Schriftverständnis wird die Tragfähigkeit und sinnerzeugende wie kritische Kraft der reformatorischen Behauptung, „*scriptura sui interpres*“, voll ausgeschöpft. Nicht ein monologischer Paulus, sondern die Paulusbriefe in ihrer kanonischen Vernetzung haben die hinreichende theologische Tiefe, Komplexität und Kraft, als *norma normans* zu wirken. Der Kanon ist als dialogisches Korrektiv des monologischen[32] Schriftgebrauchs wegweisend.

---

32 Die stets gewaltsame Nivellierung oder Amalgamierung der Differenzen der Stimmen zu einer Stimme, die stets dasselbe sagt oder besser zu sagen vorgibt, bezeichnet Bachtin als monologisch. Das Begriffspaar „monologisch/dialogisch“ ist nicht nur deskriptiv, sondern auch wertend gemeint, weil der Differenzästhetik Bachtins zufolge, die Verschiedenheit der Stimmen die komplexe Erschließung der Welt eher ermögliche, als die Behauptung, eine einzelne Stimme könne wahr sprechen; vgl. Bachtin, Probleme der Poetik. Vgl. dazu W. EILENBERGER, Das Werden des Menschen im Wort. Eine Studie zur Kulturphilosophie M. Bachtins, Legierungen 5, o. O. 2009.

Die Dialogizität des Kanons eröffnet den Weg einer streitbaren Ökumene diverser christlicher Konfessionen, die nicht auf konfliktvermeidende Floskeln und Harmonisierungstrategien und schon gar nicht auf Abschottung und Hochmut setzen. Die Pluralität des Kanons zeigt, wie produktiv Widersprüche sein können. Nicht Röm 4,19 *oder* Gen 17,17, nicht Mk 4,34 *oder* Joh 19,30, nicht Röm 3,28 *oder* Jak 2,20 dienen als Richtschnur des Glaubens, sondern sie zusammengelesen zwingen in ein Umdenken, das nicht in einem verhärtenden schwarz/weiß Denken rechthaberisch verharrt, sondern Glaubensräume eröffnet, die den Fluch binärer Simplifizierung, die so häufig in Überheblichkeit, Ausgrenzung und Gewalt umschlägt, brechen können. Der Kanon ist reicher als nur eine seiner Auslegungstraditionen, der Kanon bietet mehr Perspektiven, als es christliche Konfessionen gibt. Wer sich am Kanon orientieren will, wird demütig auf die Vielfalt seiner Texte, Sprachformen, Gottesbilder und Glaubensweisen schauen und sich davor hüten, sein eigenes Verständnis des Wortes Gottes mit dem Wort Gottes zu identifizieren:

> Gilt es doch so deutlich wie möglich der theologischen Versuchung zu widerstehen, die eigene Deutung als ‚von Gott ermächtigt' auszugeben. Denn das hieße, theologisches Kapital zu schlagen aus dem, der der Theologie strikt entzogen ist und bleibt. Aus Gott lässt sich nicht die Geltung der *eigenen* Worte ableiten.[33]

Die Versuchungsgeschichte in Mt 4,1–11 und Lk 4,1–13 zeigt eindrücklich, dass auch die Worte der Schrift, sobald sie zitiert werden, zu eigenen Worten werden und nicht mit dem Wort Gottes verwechselt werden dürfen. Die Worte der Schrift verkehren sich im Munde des Diabolos zu teuflischen Waffen. Wenn der stets partikulare und unhintergehbar positionelle Gebrauch biblischer Texte nicht als je eigener Gebrauch biblischer Texte, sondern als unvermitteltes „Wort Gottes" selbst ausgegeben wird, droht eine diabolische Machtergreifung des Wortes Gottes von dem sich auch noch so fromm

---

33 P. Stölger, Das Wort vom Kreuz im Deutungsmachtkonflikt. Zur Genealogie der Theologie aus dem Geist der paulinischen Rhetorik, Rhetorik, 01/27/2015, Vol.34(1), 195–226, hier: 203.

und bibeltreu wähnenden Interpreten. Jede auch noch so gründliche und sorgsame Interpretation verkürzt, vereinseitigt, bricht ab und so sollten sich alle Konfessionen im Klaren darüber sein, dass ihre eigene Positionierung, ihr Bibelgebrauch, ihre Dogmen und Glaubensauffassungen bestenfalls *eine* der durch die Intertextualität und Dialogizität des Kanons eröffnete Weise christlicher Nachfolge darstellt. Sie als einzig mögliche zu behaupten bedeutet aber Hybris und Blasphemie. Das Wort Gottes *als* Wort Gottes lässt sich nicht ergreifen, handhaben, benutzen. Es scheint auf, wo es will, und lässt sich nicht auf eine Tradition, auf eine menschliche Ausdrucksweise beschränken.

Die in der intertextuellen Schreibweise der neutestamentlichen Schriften verankerte Dialogizität des Kanons könnte dagegen zur Einsicht führen, dass sich die diversen christlichen Konfessionen gerade in ihren Differenzen als ideale Partner erweisen, weil sie den Reichtum verschiedener Versionen der Schrift und möglicher Verstehensweisen unübersehbar verkörpern. Durch den gemeinsamen Bezug auf die in diversen Versionen gelesene Heilige Schrift als Maß-gebende Instanz könnten sie sich gegenseitig als Berater wertschätzen, denn der Blick des Anderen sieht vielleicht mehr, zumindest aber anderes als der je eigene Blick es jemals vermag. Auf diese Weise würde die Heilige Schrift zum Modell einer kritischen Ökumene der Demütigen und ihre eigene Begrenztheit gewärtigenden christlichen Konfessionen. Das Konzept *Sola Scriptura* verpflichtet darauf, allein Gott und der Unausschöpflichkeit seines Wortes die Ehre zu geben und nicht die eigene Tradition des Sagens und Verstehens an Gottes Stelle zu setzen.

2. Rezeptionsästhetische und -geschichtliche Einsichten: Erinnerungskultur und die Zuordnung von Demut und Verantwortung in der Schriftauslegung

Tobias Nicklas

Die Bibel will ein Buch sein, das im Leben und durch das Leben begleitet. Dies mag banal klingen, ist es aber nicht. Zunächst einmal gilt es radikal ernst zu nehmen, dass menschliches Leben nicht anhand einer überschaubaren Zahl von immer wiederkehrenden Situationen, Problemen und Fragen, für die es klare, eineindeutige Antworten gibt, definiert und erklärt werden kann und darf. Stattdessen geht es um die größte, unüberschaubarste und komplexeste Aufgabe, die sich jedem Menschen Tag für Tag stellt, die Aufgabe, „die zu werden, die ich bin" bzw. „der zu werden, der ich bin".[1] Dieser Aufgabe kann man, wie auch die neueste Identitätsforschung zeigt, im Verlauf des eigenen Lebens selbst nie vollständig oder gar endgültig gerecht werden.[2] Antworten auf die Frage „Wer bin ich?" oder gar „Wer sind wir?" können stattdessen immer nur vorläufig sein und bestenfalls Fragmenten eines Lebens gerecht werden. Jede neue Entscheidung, jede Konfrontation mit einem neuen Problem, einem neuen Kontext, einer neuen Herausforderung kann – bis zum letzten Moment eines Lebens – das Zueinander dieser Fragmente verändern. Und dabei ist radikal ernst zu nehmen, dass es in jedem

1 Diese Rede lehnt sich an S. Ben-Chorin, Die Tafeln des Bundes – Das Zehnwort am Sinai, Tübingen ²1987, 19–20 an, der von der Israel im Sinaibund gegebenen Aufgabe „Werde, was du bist!" spricht.

2 Hierzu auch knapp die Gedanken bei J. Straub, Identität, in: F. Jaeger/B. Liebsch (Hg.), Handbuch der Kulturwissenschaften, Stuttgart/Weimar 2011, 277–303 (mit ausführlichen Literaturangaben). Vgl. S. Alkier, Identitätsbildung im Medium der Schrift, in: M. Grohmann (Hg.), Identität und Schrift. Fortschreibungsprozesse als Mittel religiöser Identitätsbildung, BThS 169, Göttingen 2017, 105–162.

 | DOI:10.30965/9783657760381_007

Leben Entscheidungen gibt, die mit rein logischen Argumenten oder selbst anhand ethischer Normen und Richtlinien unentscheidbar sind und bleiben müssen. Milan Kundera hat dies in seinem Roman „Die unerträgliche Leichtigkeit des Seins“ in unübertroffener Weise formuliert:

> Jeder Schüler kann in der Physikstunde durch Versuche nachprüfen, ob eine wissenschaftliche Hypothese stimmt. Der Mensch aber lebt nur ein Leben, er hat keine Möglichkeit, die Richtigkeit der Hypothese in einem Versuch zu beweisen. Deshalb wird er nie erfahren, ob es richtig oder falsch war, seinem Gefühl gehorcht zu haben.[3]

Konkret: Die Frage, was wäre gewesen, wenn ich mich in einer bestimmten Situation meines Lebens anders entschieden hätte, werde ich nie beantworten können. Aber auch die Frage: Was wird sein, wenn ich mich für ein Leben lang an einen bestimmten Menschen binde (oder mich nicht „traue“), wenn ich einen bestimmten Beruf (und nicht einen anderen) als den für mich und meine Begabungen geeigneten wähle, ist letztlich genauso unbeantwortbar wie die Frage, ob ich jetzt, in 15 Minuten oder einer Stunde das Haus verlassen soll und dabei vielleicht überfahren werde oder den Menschen meines Lebens kennenlerne. Diese Überlegungen sollen nicht zu Lebensangst verleiten, sondern darauf aufmerksam machen, dass „Leben“ bei allem Anschein der Planbarkeit bis ins Detail und bei aller (scheinbaren) Wiederholbarkeit von Einzelsituationen letztlich immer ein Abenteuer – im positiven wie im negativen Sinne – bleibt und als solches wahrgenommen werden darf und muss. Bereits daraus ergibt sich eine erste wichtige Folgerung für die Frage nach unserem Umgang mit der Bibel:

Zu den größten Missverständnissen im Umgang mit der Bibel, das häufig mit dramatischen Folgen einhergeht, gehört die Vorstellung, die Bibel sei in erster Linie dazu da, aus ihr wie aus einem Kochbuch allgemein gültige Rezepte für das richtige und falsche Verhalten in jeder Lebenslage zu holen. Noch schlimmer und gefährlicher wird ein solcher Umgang, wenn anhand isolierter biblischer Einzelsätze

---

3 M. KUNDERA, Die unerträgliche Leichtigkeit des Seins, Frankfurt a. M. [45]2015, 42.

beurteilt wird, ob das Leben bzw. die Lebensform *anderer Menschen* Gott gefällig und angemessen ist oder nicht. Natürlich besteht die Bibel nicht nur aus Erzählungen, sondern bietet auch Gebote und Verbote, die (mehr oder minder explizit) den Anspruch stellen, Gottes Willen zu repräsentieren. Wir sollten uns aber dessen bewusst sein, dass auch sie, bewusst in konkrete Situationen hinein formuliert, immer der Auslegung bedürfen.[4] Wo die Reflexion – und damit der Brückenschlag zwischen der Situation in der biblischen Erzählwelt und der Situation in der empirischen Welt, in der sie zur Anwendung gebracht werden, entfällt, können die Folgen verheerend sein. Wer dieses Prinzip ablehnt, muss sich einerseits dessen bewusst sein, dass er oder sie wahrscheinlich täglich dagegen verstößt. So machen sich Christen normalerweise keine Gedanken, wenn sie Kaninchenbraten oder Schweinefleisch verzehren (vgl. aber die Forderungen in Lev 11,6–7), und falls sie aus ethischen Gründen Vegetarier sind, dann kaum aufgrund der Forderungen des Buches Levitikus. Katholikinnen und Katholiken haben trotz Mt 23,9 normalerweise kein Problem damit, den Papst als „Heiligen *Vater*" anzusprechen und sich selbst als „Lehrerinnen und Lehrer" zu bezeichnen (vgl. aber Mt 23,10). Und obwohl 1 Tim 3,2.12 und Titus 1,6 von Bischöfen fordern, der „Mann einer Frau" zu sein, halten Katholiken am Zölibat für Bischöfe und Priester fest.[5] Mit anderen Worten: Ganz selbstverständlich, manchmal bewusst, manchmal vielleicht auch unbewusst hat sich kirchliche Praxis – aus in jedem Falle sehr unterschiedlichen Gründen – von klaren Forderungen in der Bibel entfernt. Gleichzeitig wird das eben formulierte Prinzip, dass selbst grundlegende Gebote und Verbote, die wir in der Bibel finden, immer wieder der hermeneutischen Rückfrage und Reflexion bedürfen, bereits innerbiblisch angewandt. Wenn der Jesus des Matthäusevangeliums sich in der Bergpredigt um eine Auslegung der Tora bemüht, die den Menschen zur Vollkommenheit führen soll (vgl. Mt 5,48), dann geht es ihm keinesfalls darum, dass nun Gebote

---

4 Hierzu die Gedanken in Kapitel III.2.

5 Zur Auslegungsgeschichte dieser Passage vgl. D.G. HUNTER, ‚A Man of One Wife': Patristic Interpretations of 1 Timothy 3:2, 3:12, and Titus 1:6 and the Making of Christian Priesthood, in: ASE 32/2 (2015), 333–352.

der Tora *an sich* ungültig und überholt seien.[6] Sonst würden Sätze wie die, die wir in Mt 5,17–18 lesen, keinen Sinn machen:

> Denkt nicht, ich sei gekommen, um das Gesetz und die Propheten aufzuheben. Ich bin nicht gekommen, um aufzuheben, sondern um zu erfüllen. Amen, das sage ich euch: Bis Himmel und Erde vergehen, wird auch nicht der kleinste Buchstabe des Gesetzes vergehen, bevor nicht alles geschehen ist.

Stattdessen geht es darum, Beispiele für Lebenshaltungen im Angesicht Gottes zu entwickeln, die dessen Willen im lebendigen Umgang mit dem in der Tora Ausgedrückten zu entdecken suchen. Dann bedarf selbst eine so zentrale Forderung wie das Gebot der Nächstenliebe (Lev 19,18b) immer wieder der Auslegung: Das Lukasevangelium erzählt, dass Jesus einem Tora-Gelehrten begegnet, welcher wie er selbst (vgl. Mk 12,29–30 und Mt 22,37–39) Gottes- und Nächstenliebe (Dtn 6,5 und Lev 19,18) für die zentralen Gebote der Tora hält. Doch selbst hier entwickelt sich daraus die, wollen wir nicht ein euphorisches „Seid umschlungen, Millionen" mit Liebe verwechseln, alles andere als naive Frage: *Wer ist mein Nächster?* (Lk 10,29). Der Jesus des Lukasevangeliums gibt darauf keine Antwort, sondern erzählt das Gleichnis vom barmherzigen Samariter (Lk 10,30–36), das den Gedanken der Barmherzigkeit auch gegenüber demjenigen, von dem mich ansonsten Gruppengrenzen und Denkkategorien trennen, in den Vordergrund stellt.[7] Diese Erzählung lässt sich geradezu als Illustration des in der Feldrede (Lk 6,27–36; vgl. auch die bekanntere Parallele in der Bergpredigt Mt 5,38–42) zu findenden Gebots der Feindesliebe deuten, das, aus dem Gebot der Nächstenliebe entwickelt, Parallelen bereits im Alten Testament findet. Dort lesen wir etwa: „Wenn du dem verirrten Rind oder Esel deines Feindes begegnest, sollst du das Tier

---

6 Vgl. auch die Gedanken von Stefan ALKIER zur intertextuellen Disposition des Matthäusevangeliums in IV.1.

7 Auch der Jakobusbrief erkennt, dass das Gebot der Nächstenliebe mit Hilfe des Gedankens einer Partei ergreifenden Barmherzigkeit erweitert werden muss. Vgl. hierzu P. WICK, Zwischen Parteilichkeit und Barmherzigkeit! Jak 2,1–13 und die elaborierte Ethik des Jakobusbriefes, in: ASE 34/2 (2017), 443–456.

zurückbringen. Wenn du siehst, wie der Esel deines Gegners unter der Last zusammenbricht, dann lass ihn nicht im Stich, sondern leiste ihm Hilfe“ (Ex 23,4–5) oder: „Hat dein Feind Hunger, gib ihm zu essen, hat er Durst, gib ihm zu trinken, so sammelst du glühende Kohlen auf sein Haupt, und der Herr wird es dir vergelten“ (Spr 25,21–22; vgl. aber auch Spr 24,17; Sir 28,6–7). Und doch: So großartig diese Gedanken klingen, so sehr müssen wir selbst bei ihrer Lektüre, wenn wir nicht einfach naiv mit ihnen umgehen wollen, nachdenken, ob die Situation(en), in die hinein sie formuliert sind, einfach unserer Situation entsprechen. Stammen die hier verwendeten Bilder nicht aus einer sehr übersichtlichen Welt, in der man den Esel eines sehr konkreten Feindes kennt – und in der dieser Feind *direkt als Mensch* begegnet? Doch was bedeuten sie in unserer globalisierten Welt, in der ganze Völker und Systeme einander zu Feinden stilisieren? Was heißt Feindesliebe in diesem Kontext? Und selbst wenn es um Einzelpersonen geht: Müssen wir auch Rechtsradikale lieben, die nicht nur mit Worten Gewalt gegen anders Denkende ausüben?

Um nicht falsch verstanden zu werden: Mir geht es hier nicht um die Antworten auf diese Fragen, sondern nur darum, zu zeigen, wie sehr selbst grundlegendste biblische Gebote der Reflexion und Auslegung bedürfen!

Um wieviel mehr gilt dies dann für ethische Aussagen, die deutlich weniger grundlegend, aus Situationen heraus und in Kontexte hinein formuliert sind, die sich nicht nur dramatisch von unserer Welt unterscheiden, sondern weit hinter unseren heutigen Kenntnisstand zurückfallen: Aus Sätzen wie Lev 18,22, formuliert in eine Welt hinein, in der Sexualität und Nachkommenschaft aufs Engste miteinander verbunden werden mussten, um das Überleben der Gemeinschaft zu sichern, oder 1 Kor 6,9–10 und Röm 1,26–27 ohne weitere Reflexion zu folgern, dass *die Bibel* jede Form gleichgeschlechtlicher Sexualität *an sich* als widernatürlich ablehne und daraus Entsprechendes für unser Verhalten gegenüber schwulen und lesbischen Menschen abzuleiten sei, ist nicht nur Menschen verachtend, sondern entspricht nicht dem Gesamtbild, in dem uns etwa das 1. Buch Samuel in liebevoller Weise von der Freundschaft zwischen David und Jonathan berichtet, die ganz offensichtlich Züge homoerotischer Liebe zeigt (vgl. 1 Sam 17,55–18,4; 20,27–42).[8] Natürlich erzählt der Text nicht davon, dass die beiden Geschlechtsverkehr miteinander haben. Doch wollen wir menschliche Sexualität nicht auf den Koitus beschränken, so wird doch überaus deutlich, mit welcher körperlichen Zärtlichkeit diese beiden Männer – ansonsten erfolgreiche und keineswegs zimperliche Krieger – miteinander umgehen.

Doch selbst wenn wir mit Geboten und Verboten der Bibel in reflektierter Weise umgehen, bleibt die Konzentration auf Ethik und Ethos eine traurige Verkürzung dessen, was Bibel mit uns als Leserinnen und Lesern „tun" will. Mit anderen Worten: Die Bibel ist kaum ein allzu moralisches oder gar ein moralinsaures Buch. Sie ist auch kein Buch, das systematisch eine Glaubenslehre entwickelt. Stattdessen kann sie ihre Kraft vielleicht am besten dann entfalten, wenn sie, (wenigstens zunächst) von jeder Systematisierung befreit,[9] als Buch gelesen wird, dessen Erzählungen „bewohnt" werden wollen.[10] Mit anderen Worten: Die im Kanon enthaltenen Texte erzeugen in ihrer Vielfalt, die jedoch gleichzeitig durch die eben beschriebene intertextuelle Disposition zusammengehalten wird[11], eine erzählte Welt, die „bewohnt" werden und so zu einer Veränderung der Weltwahrnehmung führen will.

Dieser grundlegende Gedanke ist keineswegs selbstverständlich und bedarf auf mehreren Ebenen der Erläuterung: Obwohl die Texte der Bibel an verschiedenen (z.T. mit realen Orten identifizierbaren,

8 Hilfreich zu dieser Frage T. HIEKE, Kennt und verurteilt das Alte Testament Homosexualität?, in: S. GOERTZ (Hg.), „Wer bin ich, ihn zu verurteilen?" Homosexualität und katholische Kirche, Freiburg u.a. 2015, 19–52, und DERS., Die Männer von Sodom. Keine Homosexualität in Genesis 19 und anderswo, in: DERS./K. HUBER (Hg.), Bibel falsch verstanden, Hartnäckige Fehldeutungen biblischer Texte erklärt, Stuttgart 2020, 64–71. Vgl. auch S. ALKIER, Kann denn Liebe Sünde sein?, in: DERS./K. DRONSCH (Hg.), Aids. Ethische Perspektiven, Berlin/New York 2009, 341–358.

9 Dies ist kein Widerspruch zu der von Stefan ALKIER formulierten Idee der Makropropositionen innerhalb der Bibel.

10 Ich habe diesen Gedanken im Gespräch mit meinem Freund Cosmin PRICOP formuliert.

11 Siehe vorher Kapitel IV.1.

z.T. imaginierten bzw. imaginierbaren) Orten wie dem Garten Eden, dem irdischen wie dem himmlischen Jerusalem, dem Thronsaal Gottes, aber auch Ägypten, Rom oder der Insel Patmos spielen, obwohl sie solch unterschiedliche Zeiten wie den Beginn und das Ende der Welt, aber auch die (sicherlich imaginierte) Lebenszeit des Abraham wie die des Paulus umfasst, kreiert die Bibel insgesamt aufgrund der engen intertextuellen Verknüpfung ihrer Texte[12] eine in sich weitgehend kohärente erzählte Welt. In dieser erzählten Welt begegnen bestimmte Handlungsträger wie z.B. Gott, aber auch Abraham, David, Eva, die Erzmütter, Jesus und andere immer wieder. In dieser erzählten Welt erscheinen dem Menschen Engel, spricht Gott zu ihnen und geschehen Wunder. Und gleichzeitig stellt diese erzählte Welt den Anspruch, zu beschreiben, wie die „reale Welt“ und das Leben in ihr *wirklich* sind. Mit anderen Worten: Die in der Bibel begegnenden Akteure gehen nicht einfach in historischen Fragen „Wer war König David wirklich?“ oder „Wann und unter welchen Umständen lebten Abraham, Isaak und Jakob?“, aber auch der Rückfrage nach dem historischen Jesus auf. Selbst da, wo von Ereignissen die Rede ist, deren historische Faktizität sich nicht nachweisen (oder gar widerlegen) lässt, ist das so Erzählte nicht einfach unwahr, sondern erhält seine Plausibilität dadurch, dass es – vielleicht in gebrochener, sicherlich in unterschiedlichen Lebenssituationen unterschiedlich ansprechender – Weise von der Buntheit und Vielfalt menschlichen Lebens in einer Welt spricht, die *trotz allem* als die *grundsätzlich* gute Schöpfung eines *zutiefst* liebenden Gottes verstanden ist. Die Bibel möchte – nicht mehr, aber auch nicht weniger – als diese grundsätzliche Wahrnehmung – ihr „Vor“-Urteil[13] – der Welt auf unterschiedlichen Wegen vermitteln. Dabei drücken die Worte „trotz allem“ aus, dass dabei keineswegs eine naiv-romantische Zauberwelt, in der alles gut ausgeht, kreiert wird, sondern eine Welt mit all ihren Abgründen, Fragen und

---

12 Siehe vorher Kapitel IV.1.

13 Dieser Begriff ist hier keineswegs in einem negativen Sinne verwendet. Wir alle haben Vorurteile und müssen sie haben, weil wir ohne sie nicht denken können. Problematisch werden Vorurteile nur da, wo sie unreflektiert bleiben.

ungelösten Rätseln gezeichnet ist. Und auch die Rede vom „zutiefst liebenden Gott" klammert nicht Erfahrungen des dunklen und schweigenden Gottes aus; sie lässt stattdessen selbst den als Sohn Gottes verstandenen Jesus von Nazaret in seiner Passion Momente furchtbarster Gottesfinsternis durchleben und durchsterben.[14] In der Getsemane-Szene des Markusevangeliums (Mk 14,32–42) etwa betet dieser mehrfach zu seinem Abba-Vater, aber dieser scheint zu schweigen – und seine engsten Vertrauten schlafen. Wenn man dann noch den Satz „Meine Seele ist zu Tode betrübt" (Mk 14,34) als Anspielung auf Ps 42,6.12; 43,5 erkennt, dann stellt sich mit den Spöttern des Psalms die Frage ein: „Wo ist denn nun dein Gott?" (Ps 42,4). Eine Antwort auf die Frage ergibt sich erst in der eigentlichen Kreuzigungsszene: Jesus stirbt mit den Worten aus Psalm 22 – „Mein Gott, mein Gott, warum hast du mich verlassen!" – auf den Lippen (Mk 15,34). Wo der Psalm als Klage- und Hoffnungspsalm ernst genommen und sich der Blick auf die Epiphanieelemente in der Szene richtet (vgl. Mk 15,38), zeigt sich: Gott ist weiter da. Daraus ergibt sich das Paradox: Obwohl Gott da ist, stirbt Jesus. Weil Gott da ist, ist seine Geschichte auf unbegreifliche Weise damit nicht beendet.[15]

Trotz all ihrer z.T. tiefen Dunkelheit bleibt die Welt so als „gute", nicht verzweckte oder verzweckbare Schöpfung dieses Gottes verstanden.[16] Das Bild vom Bewohnen biblischer Texte meint schließlich, dass die Leserinnen und Leser, Hörerinnen und Hörer dieser Texte sich auf die Plausibilität dieser erzählten Welt einlassen und damit beginnen, auch die Welt, in der sie leben, in dieser Weise wahrzunehmen. Damit ist, anders als das Bild vom „Bewohnen" zu suggerieren scheint, nicht einfach ein Zustand, in dem man es

14 Besonders die Markuspassion lässt sich in dieser Weise lesen.

15 Vgl. auch ähnliche Überlegungen bei Stefan ALKIER in IV.2, dort aber zum Matthäusevangelium.

16 Man könnte, anders formuliert, auch davon sprechen, dass die Bibel den Blick auf die Sakramentalität der (Schöpfungs-)Wirklichkeit eröffnen will. Diese Formulierung greift Gedanken von G. GRESHAKE, Gott in allen Dingen finden. Schöpfung und Gotteserfahrung, Freiburg 1986 und K. KOCH, Gottlosigkeit oder Vergötterung der Welt? Sakramentale Gotteserfahrungen in Kirche und Gesellschaft, Zürich 1992 auf.

sich bequem machen kann, sondern eine Vielfalt von kreativen Prozessen beschrieben. Mit anderen Worten: Biblische Texte wollen „Wahrnehmungsprozesse" ermöglichen, „Weltaneignung" begleiten.[17] Sie stellen dabei den Anspruch, dass ihre Vorstellung von „Welt" eine bestimmte Art zu denken anstoßen will: „Metanoia" wird häufig als Umkehr oder gar Buße übersetzt, meint jedoch in Wirklichkeit zunächst ein „neues Denken",[18] das allerdings nicht im rein Kognitiven verbleibt, sondern die gesamte menschliche Existenz umgreift (und damit durchaus zur Umkehr führen soll). Die sich dabei entwickelnde Lebenshaltung kann dann z.B. durch die Begriffe „Pistis" („Glauben" im Sinne von „Trauen, Vertrauen") und „Nachfolge" (bis hinein in ein ganz leibliches Nach-Folgen) zum Ausdruck gebracht werden.

Nur zwei bewusst sehr unterschiedlich gewählte Beispiele, die diesen Gedanken konkret illustrieren mögen, seien genannt: (1) Das 25. Kapitel des Buches Leviticus spricht davon, dass Israel in Zukunft einmal in fünfzig Jahren ein Jobeljahr einhalten soll. Das Jobeljahr ist ein Jahr der Freilassung, der Rückkehr, der allgemeinen Wiederherstellung gerechter Zustände, ein Jahr der Heiligung. Doch schon beim ersten *ehrlichen* Lesen der Passage stellen sich Fragen ein: Was kann ein Text, der davon spricht, dass man alle fünfzig Jahre weder säen noch ernten soll, Menschen einer Welt, in der vielen der Bezug selbst zu einfachsten Vorgängen der Natur verloren gegangen ist, heute noch sagen? Inwiefern sind seine komplizierten Bestimmungen über Rückerstattung von verlorenem Besitz und Freilassung von Sklaven heute irgendwie relevant? Wenn man zudem bedenkt, dass die Anordnungen des Buches Leviticus zum Jobeljahr wahrscheinlich nie befolgt wurden, klingt der Text vielleicht noch absurder. Hier scheint in einiger Naivität Unmögliches gefordert

17 Damit sind sie eigentlich „Erziehungstexte", die Bildungsangebote machen bzw. aufgrund derer sich Prozesse der Bildung entwickeln können. Hierzu weiterführend die Gedanken in dem geplanten Band „Bildung" im Jahrbuch für Biblische Theologie 2020.

18 Ich verdanke diesen Gedanken Stefan ALKIER. Vgl. auch die Überlegungen in dem Beitrag T. NICKLAS, Buße tun heißt „Um-Denken"! Neutestamentliche Perspektiven, in: S. DEMEL/M. PFLEGER (Hg.), Sakrament der Barmherzigkeit. Welche Chance hat die Beichte?, Freiburg 2017, 383–400. Vgl. auch S. ALKIER, Lasst ab von euren Verfehlungen, oder: Umdenken mit dem Markusevangelium, in: J. KELHOFFER/T. NICKLAS/M. SELEZNEV (Hg.), The Gospel of Mark. Narrative, History and Theology, Tübingen 2021 [im Druck].

zu sein: Ein ganzes Jahr lang durchzusetzen, dass niemand sät und erntet, ist kaum denkbar. Ein Wirtschaftssystem, in dem Zinsen verboten sind (wie in Lev 25,36), wird genauso wenig funktionieren wie eines, das zulässt, dass Besitz an Boden und Kapital alle fünfzig Jahre auf null gestellt werden. Ganz sicher bietet Leviticus also zunächst kein Programm für wirtschaftliches Handeln – weder heute noch in der Antike. Der Text leistet jedoch etwas ganz Anderes: Er lenkt unseren Blick auf Dinge, die eigentlich selbstverständlich sein müssten, die wir aber nicht immer wahrnehmen. Er spricht davon, dass Handel und Wirtschaft niemals einen anderen Menschen in eine bedrängte Lage bringen sollen. Er spricht davon, dass das Land *seine* (und nicht *unsere*) Produkte geben wird, und lenkt den Blick darauf, wie sehr die Natur auch heute noch geheimnisvolles Gegenüber bleibt. Der Text spricht davon, dass jeder, der in Not geraten ist, die Aussicht auf einen Neuanfang bekommen soll. Lev 25 scheint konkrete *Forderungen* zu stellen, doch eigentlich ist der Text vor allem eine *Einladung*: Er sperrt sich, solange man überlegt, wie und wann er konkret umgesetzt wurde. Er lädt jedoch ein, bestimmte Dinge in der eigenen Wahrnehmung zu „ver-rücken". Ist die oder derjenige in Not ein Mensch zweiter Kategorie, vielleicht sogar eine Gefahr für mich, für meinen eigenen Reichtum und meine Sicherheit? Oder ist er oder sie ein Mensch, der oder die eine Hoffnungsperspektive braucht, um leben zu können? Sehe ich ihn/sie mit den Augen dessen, der finanziellen Gewinn machen will, als ein Objekt meiner Begierde oder als „meinen Nächsten" und damit einen Menschen, der mich „angeht"? Wem gehört wirklich diese Welt, ihre Bodenschätze und Reichtümer? Leviticus sagt: „Es ist ja mein – *Gottes* – Land; denn Hinzugekommene und zeitweilige Bewohner seid ihr vor mir" (Lev 25,23). Wo der Text Leserinnen und Leser auf solche Fragen stößt, wird er nun doch gesellschaftlich relevant: Einem auf der Ausbeutung anderer beruhenden kapitalistischen System ist damit jeder Boden entzogen.

(2) Nur im Markusevangelium finden wir das „Gleichnis von der selbstwachsenden Saat" (Mk 4,26–29):[19]

19 Zur folgenden Kurzinterpretation dieser Erzählung vgl. auch T. NICKLAS, Transparent für Gottes Wirken. Natur in den synoptischen Evangelien, in: JBTh 34 (2019) [im Druck: erscheint 2021].

> Mit der Königsherrschaft Gottes ist es so, wie wenn ein Mann Samen auf seinen Acker sät; dann schläft er und steht wieder auf, es wird Tag und es wird Nacht, der Samen keimt und wächst, und der Mann weiß nicht, wie. Die Erde bringt von selbst ihre Frucht, zuerst den Halm, dann die Ähre, dann das volle Korn in der Ähre. Sobald aber die Frucht reif ist, legt er die Sichel an; denn die Zeit der Ernte ist da.

Diese Erzählung ist nur auf den ersten Blick unscheinbar. Verkürzt sie nicht auf geradezu anstößige Weise die harte Arbeit jedes Bauern, der natürlich kein Faulenzer ist, sondern sich sein tägliches Brot unter größten Mühen und Sorgen verdienen muss. Reicht es wirklich zu schlafen und zu wachen, oder müsste nicht noch viel mehr von den vielen Dingen erzählt werden, die zu tun sind, um eine gute Ernte zu garantieren? Vielleicht. Gerade deswegen aber „verrückt" die Erzählung den Blick von Leserinnen und Lesern: Bleibt nicht trotz aller Vorstellungen von „Machbarkeit" und „Planbarkeit" *bis heute* in jeder Form der Begegnung mit dem Lebendigen, dem „Wachstum" und „Reifen", ein letztes, entscheidendes Element des Unbegreiflichen erhalten, an dem wir achtlos vorüberzugehen drohen? Der Text konfrontiert uns mit dem Element der „Natur"[20], das selbst in den „kulturell" kontrollierbar erscheinenden Prozessen unseres Lebens erhalten bleibt. Er lässt wahrnehmen, dass auch in Prozessen, die uns vertraut und selbstverständlich erscheinen, Elemente des Unerklärlichen, Geschenkten bleiben – und stellt dies in den Horizont des königlichen Herrschens Gottes. Wo es dem Text gelingt, auf diese Weise tatsächlich, die Blickweise von Leserinnen und Lesern zu „ver-rücken", wo er damit Metanoia, d.h. „Umdenken" in Gang setzt, ist so etwas wie die Suche nach einem *Tertium Comparationis* genauso wenig nötig wie die „Übersetzung" von Elementen der Bildhälfte des Gleichnisses in eine Sachhälfte. Aus dem Gleichnis ist, wenn wir so wollen, eine Wundererzählung

---

20 Ich verstehe hier mit G. SCHIEMANN, Natur – Kultur und ihr Anderes, in: F. JAEGER/B. LIEBSCH (Hg.), Handbuch der Kulturwissenschaften 1: Grundlagen und Schlüsselbegriffe, Stuttgart/Weimar 2011, 60–75, hier: 60, Natur als das gegenüber der „Kultur" andere, den „vom Menschen nicht geschaffene[n], d.h. weder hergestellt noch handelnd hervorgebrachte[n] Teil der Wirklichkeit".

geworden – oder präziser: eine Erzählung, die im alltäglich Erscheinenden Wunderbares wahrnehmen lässt.[21]

Dies sind nur zwei Beispiele aus einer Unzahl von Möglichkeiten: Biblische Texte sind, so gesehen, nicht einfach Geschichtchen über die Vergangenheit, sie laden ein, die Sicht auf die Dinge zu „verrücken" und damit verrückt Scheinendes zu denken, Perspektiven zu ändern, und dann Dinge zu „sehen", die Andere nicht sehen können, wahr zu nehmen (und damit als wahr anzunehmen), was Anderen verschlossen bleibt. Das Wort „alternativlos" gilt für die Bibel nicht, weil sie mit Gottes unendlicher Kreativität rechnet. Der Jesus des Johannesevangeliums drückt dies gegenüber Nikodemus mit den Worten aus: „das Reich Gottes sehen" (Joh 3,3)!

Biblische Texte wollen somit zu einer neuen Sicht der Dinge, zu einer kritischen Re-Evaluation der eigenen Lebenshaltung gegenüber der Welt und dem eigenen Selbst „erziehen". Gerade die Tatsache aber, dass sie in die verschiedensten Richtungen hin „offen" sind (ohne deswegen grenzenlos alles zuzulassen!), macht sie zu wunderbaren Ausgangspunkten für – dann nicht mehr von außen lenkbare oder gelenkte – Prozesse der „Bildung", in denen sich Menschen existenziell auf den Weg zu sich selbst machen. Damit aber ist ein weiterer Aspekt dessen angedeutet, was mit der Idee gemeint sein kann, dass Texte der Bibel „bewohnt" werden wollen. Amos Oz und seine Tochter Fania Oz-Salzberger beginnen ihr wunderbares Buch „Juden und Worte" mit dem faszinierenden Satz: „Was uns verbindet, sind nicht Blutsverwandtschaften, sondern Texte."[22] Gemeint ist: Die Frage, was es heißt, Jude zu sein, hat

21 Die Beobachtung, dass die klassische Formgeschichte das „Wunderbare" in den Schriften der Bibel zu sehr auf einige wenige Texte isoliert sieht, geht auf S. ALKIER zurück. Vgl. DERS., Das Kreuz mit den Wundern oder Wunder ohne Kreuz? Semiotische, exegetische und theologische Argumente wider die formgeschichtliche Verkürzung der Wunderforschung, in: B. KOLLMANN/R. ZIMMERMANN (Hg.), Hermeneutik der frühchristlichen Wundererzählungen, WUNT 339, Tübingen 2014, 515–544.

22 A. OZ/F. OZ-SALZBERGER, Juden und Worte, Berlin [3]2015, 13. Vgl. auch A.a.O., 15: „Es geht uns nicht um Steine, Stämme und Chromosomen. Man muß weder Archäologe, noch Anthropologe oder Genetiker sein, um jüdische Kontinuität auszumachen und zu untermauern. Man muss kein orthodoxer

nicht in erster Linie mit Blutsverwandtschaft, Nationalität oder gar Religiosität zu tun, sondern bestimmt sich über das Erzählen, Weiterentwickeln und Neu-Erzählen eines gemeinsamen Bestands von Texten. Könnte dies nicht auch einen Impuls für christliche Leserinnen und Leser der Schrift bieten? Ließe sich nicht ein sehr ähnlicher Gedanke auch für die Lese-Gemeinschaften, die sich um die Texte nicht nur der Hebräischen Bibel, sondern auch des Neuen Testaments scharen, entwickeln? Ich halte dies auf verschiedenen Ebenen für attraktiv: Wenn wir diesen Gedanken ganz ernst nehmen, dann bedeutet er, die biblischen Erzählungen als Begleiter in der bereits eingangs angesprochenen Aufgabe unseres Lebens zu verstehen: Begleiter auf dem Weg, „der zu werden, der ich bin" bzw. „die zu werden, die ich bin". Wenn wir bedenken, dass zu den entscheidenden Eigenschaften des Menschen eine Selbstdistanz gehört, die *erzählend* überbrückt werden muss (*Homo narrans*), dann wird klar: Wir können Antworten auf die Fragen „Wer bin ich?" und „Wer sind wir?" nur in narrativen, d.h. erzählenden Konstruktionen nahekommen.[23] Die biblischen Erzählungen zu „bewohnen" bedeutet dann, sie für diese Konstruktionen heranzuziehen, sie in kreativer Weise zu unseren (sich im Lauf eines Lebens nicht immer bruchlos entwickelnden) Erzählungen zu machen und uns in ihnen immer wieder neu und anders zu entdecken. Die Bibel erzählt dann nicht nur zu uns, sie erzählt *von uns* und wir erzählen uns mit Hilfe der Bibel. Dies zu erkennen, kann schon deswegen befreiend wirken, weil sie Rollen- und Figurenmodelle anbietet, die *nicht* perfekt und überhöht sind, sondern voller Brüche und Umwege, die sich auch nicht einfach in Kategorien wie gut und böse einordnen lassen, sondern bunt, vielfältig und unterschiedlich sind, vor allem aber die Größe des Menschen auch in vordergründiger Schwachheit erkennen lassen. Jakob erhält das Erstgeburtsrecht durch Betrug, Joseph ist ein Träumer, die Israeliten erobern das befestigte Jericho mit Hilfe von Blasmusik, Simson ist bärenstark und fällt doch auf den einfachen

---

Jude sein. Man muss überhaupt nicht jüdisch sein. Übrigens auch kein Antisemit. Nur ein Leser."

23 Knappe Gedanken hierzu bei A. KOSCHORKE, Wahrheit und Erfindung. Grundzüge einer Allgemeinen Erzähltheorie, Frankfurt a. M. ^{4}2017, 9–12.

Trick Dalilas herein, der Gründer der bedeutendsten Königsdynastie Israels, David, hat wohl ein Liebesverhältnis zu einem Mann, nimmt den Tod des Urija in Kauf, um Batseba skandalfrei zu gewinnen, und leidet unendlich unter dem Tode seines Sohnes Abschalom. Batseba wiederum wird wie so viele Frauen nicht gefragt, wenn ein Mann sie mit Gewalt „besitzen" will – und die Stimme der geschmähten Prophetin Isebel aus Thyatira dringt nicht mehr zu uns durch.[24] Die Königin von Saba scheint Salomo mindestens gewachsen und die Frauen um Maria von Magdala sind mutiger als offenbar alle Männer im Gefolge Jesu. Petrus, den die katholische Tradition zum ersten Papst gemacht hat, versagt bei der Passion Jesu komplett, Jesus wirkt seine Wunder vor allem auf unscheinbaren Dörfern und wird (wenigstens in der Fassung des Mk) in Getsemane von Angst ergriffen, die ihn offenbar bis zu seinem schmählichen Tod nicht mehr loslässt. Und jemanden wie Paulus würde man heute vielleicht als Fanatiker, als Spinner und Knastbruder ansehen. Dass ihn auch manche seiner Gegner in den Gemeinden als eher lächerliche Figur bezeichneten, schimmert im 2. Korintherbrief durch. Tiefer als die meisten von ihnen kann man – in den üblichen Maßstäben unseres Denkens – kaum sinken: Und gleichzeitig erheben die Erzählungen der Bibel den Anspruch, dass sich genau in ihnen die wahre Größe des Menschlichen erweist.

Wie bewegend und zugleich verstörend diese Erzählungen sein können, zeigt sich vielleicht anhand eines der dunkelsten Momente ihrer Auslegung: Vertreter der unmenschlichsten Ideologien des 20. Jahrhunderts hatten gerade mit diesen Erzählungen ihre Probleme. So schrieb Alfred Rosenberg (1893–1946), ab 1933 Reichsleiter im außenpolitischen Amt der NSDAP, ab 1941 Minister für die besetzten Ostgebiete und 1946 wegen Verbrechen gegen die Menschlichkeit zum Tode verurteilt und hingerichtet, gleichzeitig einer der wichtigsten Wegbereiter nationalsozialistischen Denkens, in seinem „Mythus des 20. Jahrhunderts", dass das Alte Testament abgeschafft

24 Spannende weitere Beispiele – gerade von Frauenfiguren – bei I. FISCHER, Für das Leben lernen wir – und das Leben lehrt uns. Zu Kontexte, Inhalten und Bildungsverläufen im Alten Testament, in: JBTh 34 (2019) [im Druck: erscheint 2021].

werden solle, damit endlich „der mißlungene Versuch der letzten anderthalb Jahrtausende, uns geistig zu Juden zu machen," beendet werde. An die Stelle „der alttestamentlichen Zuhälter- und Viehhändlergeschichten" sollten „die nordischen Sagen und Märchen treten, anfangs schlicht erzählt, später als Symbole begriffen."[25] So abfällig dieses Urteil ausfällt, eines hatte Rosenberg offenbar begriffen: Mit den Erzählungen des Alten Testaments – und sicherlich denen der gesamten Bibel – ist es nicht möglich, das Bild eines im NS-System funktionierenden Übermenschen zu kreieren und, damit verbunden, Formen eines menschenverachtenden Rassismus zu begründen.

Gewendet bedeutet dies: Die biblischen Erzählungen sind frei von Übermenschen und Superhelden, aber auch Topmodels aus dem Katalog pubertärer Männerwünsche. Dafür ist ihnen keine Form menschlicher Schwäche, aber auch keine Form wahrer menschlicher Größe fremd, die sie gerade an Punkten des Lebens zu entdecken vermag, die besonders dunkel zu sein scheinen. Und sie lässt diese Größe denen, die sich, umdenkend und deswegen neu denkend, auf sie einlassen, „sehen": Wo andere an dem Bettler am Straßenrand vorbeigehen, erkennt das vierte Evangelium „Mensch, von Geburt an blind," (Joh 9,1) und entwickelt an ihm den Weg zu befreitem Mensch-Sein.[26] Wo übliche Augen nur den geschundenen Körper eines Gescheiterten, des Gekreuzigten, entdecken, richtet das Johannesevangelium den Blick auf den Erhöhten, an dem Herrlichkeit Gottes erkennbar ist.

Wo die Bibel so verstanden wird, entwickeln ihre Texte Impulse für die Wahrnehmung der Welt, für die Deutung des eigenen Lebens und die Konstruktion von Erzählungen im Ringen um das eigene „Ich bin": *Gerade dadurch entstehen Frei- und Zwischenräume, die*

---

25 Übernommen aus T. NICKLAS, Vom Umgang mit biblischen Texten in antisemitischen Kontexten, in: HTS 64/4 (2008), 1895–1921, hier: 1900.

26 Zu „Erzählungen vom Mensch-Sein" im Johannesevangelium vgl. T. NICKLAS, Mensch sein und Mensch werden im Johannesevangelium, in: J. FREY/ U. POPLUTZ (Hg.), Taufe und Heil im Johannesevangelium (BThSt), Göttingen 2021 [im Druck].

gefüllt werden müssen, um die Brücke zwischen der erzählten und der erlebten Welt zu schlagen.

Mit anderen Worten: Gerade aufgrund ihres Anspruchs, Menschen unterschiedlicher Welten, Kontexte und Situationen „anzusprechen" und sie einzuladen, sie zu bewohnen, wohnt den Texten des Kanons eine letzte Unabgeschlossenheit inne. Umgekehrt ist es genau diese Unabgeschlossenheit, die den Transfer in Welten hinein ermöglicht, die in den biblischen Texten selbst nicht konkret genannt sind, die aber von ihnen berührt werden wollen. In diese Freiräume hinein können nicht nur die ungezählten persönlichen Erzählungen von Menschen und ihren Erfahrungen mit der Bibel sowie ihre Neuinszenierungen biblischer Texte wachsen, von denen die allermeisten nie aufgeschrieben werden, sondern auch die Erzählungen ganzer Gemeinschaften und Gruppen, die sich in die biblische Welt hineinerzählten und hineinerzählen. Wenig beachtet in diesem Zusammenhang sind z.B. Texte von der Gründung großer Kirchen, die nicht in der Bibel erwähnt sind. Viele von ihnen finden sich in apokryphen Apostelerzählungen und hagiographischen Schriften (z.T. voller Wundergeschichten, die uns heute fremd wirken). Schriften wie die *Akten des Titus* (aus Kreta), die *Akten des Barnabas* (aus Zypern), die *Doktrin des Addai* (aus Edessa, einst Syrien, heutiges Urfa in der Türkei), das *Leben und die Wunder des Heiligen Martin von Tours* (verfasst durch Gregor von Tours), das *Leben der Brigida von Kildare* (für das County Kildare, Irland) und viele mehr versuchen zu zeigen, wie das in den biblischen Texten erzählte Wirken Gottes, die Macht Christi oder das Wirken der Apostel und mit ihnen des Heiligen Geistes auch Welten – hier konkrete geographische Orte – erfasst, von denen in der Bibel selbst nicht berichtet wird.[27] Im Grunde ist das, was wir in diesen Texten erkennen können, Teil des eben beschriebenen Prozesses: Erzählungen wie den genannten

27 Hierzu ausführlicher, T. NICKLAS, Neutestamentlicher Kanon, christliche Apokryphen und antik-christliche „Erinnerungskulturen", in: NTS 62 (2016), 588–609 sowie DERS., Das Bierwunder von Kildare und andere spätantike Transformationen biblischer Wundererzählungen, in: U. EISEN/H. MADER (Hg.), Rede von Gott in Gesellschaft. Multidisziplinäres (Re)Konstruieren antiker Kontexte (NTOA), Göttingen 2021 [im Druck].

geht es nicht darum, nur aus Lust am Fabulieren phantastische Wundererzählungen zu erfinden.[28] Stattdessen wollen sie Brücken bauen für Menschen und Gruppen, die sich und ihre Geschichte(n) nicht direkt in der Bibel finden, die sich also selbst *in die biblische Welt hineinschreiben.* Dies ist nur ein ganz kleines Beispiel von vielen, mit denen dieser Prozess beschrieben werden könnte.

So sehr diese Entwicklungen bisher übersehen und unterschätzt wurden, so sehr darf die Freude an solchen Texten, die Andersorte „jenseits des Kanons" einnehmen,[29] nicht dazu verleiten, die historische wie theologische Kritik nicht auch an diesen Texten, die Teil der Rezeptions- wie Wirkungsgeschichte der biblischen Schriften sind, zur Anwendung zu bringen.

Dies führt mich zu meinem weiteren Grundgedanken: *Die Rede vom „Bewohnen" biblischer Texte darf nicht dahingehend missverstanden werden, dass jegliche kritische Distanz in der Auslegung der Texte verloren geht. Die Rezeptions- wie Wirkungsgeschichte der Bibel zeigt, dass die Auslegung der Bibel keine „harmlose Angelegenheit" darstellt.*

Dabei verstehe ich mit Ulrich Luz

> unter *Wirkungsgeschichte* und – in der Begriffsextension fast synonym – unter *Rezeptionsgeschichte* das Gesamte der Spuren, welche ein Text in seiner Nachgeschichte durch Lektüren hinterlassen hat, und zwar in allen Bereichen des Lebens, also z.B. in der Theologie, in der Kunst, in der Politik, im Recht, in der Frömmigkeit, in der Philosophie usw. Beide Begriffe unterscheiden sich hinsichtlich ihrer Intention: In der Relation Text – Leser akzentuiert der Ausdruck ‚Wirkungsgeschichte' die Seite der Leser, ihre Aktivität und ihre Freiheit zu unterschiedlichen, ihren jeweiligen neuen Kontexten entsprechenden Textlektüren. Am Begriff ‚Wirkungsgeschichte' liegt mir, weil er die Wirkkraft (δύναμις) der biblischen Texte heraushebt. Beide Begriffe betonen also unterschiedliche, aber komplementäre Aspekte des selben. Unter *Auslegungsgeschichte* verstehe ich demgegenüber einen bloßen Ausschnitt aus der umfassenderen Wirkungsgeschichte, allerdings den am leichtesten wissenschaftlich

28 Natürlich soll auch das Erzählen an sich Freude bereiten!

29 Ich spiele hier auf den Titel des von mir geleiteten Regensburger Projekts „Jenseits des Kanons. Heterotopien religiöser Autorität im spätantiken Christentum" an.

> erfassbaren, nämlich die Rezeption eines Textes in sprachlichen Meta-Texten zu diesem Text, wie Kommentaren, Predigten, Dogmatiken und anderen Büchern.[30]

Warum nun aber ist es wichtig, sich mit der Wirkungs- bzw. Rezeptionsgeschichte biblischer Erzählungen zu befassen? Sollten wir nicht direkt „Bibel" lesen? Tatsächlich soll die Beschäftigung mit der Wirkungs- bzw. Rezeptionsgeschichte der Bibel niemandem die direkte Bibellektüre verleiden[31] – gleichzeitig uns aber von einer Reihe naiver Vorstellungen befreien, die, falls wir sie nicht ablegen, gefährlich werden können. Ich zitiere erneut Ulrich Luz: „Das wichtigste hermeneutische Ziel der Aufarbeitung der Wirkungsgeschichte der biblischen Texte ist die Erhellung unserer Beziehung zu den Texten."[32] Mit dem hier verwendeten Begriff „Beziehung" sind im Grunde einige der Gedanken aufgenommen, die oben in anderer Weise formuliert wurden: einerseits, dass jeder biblische Text auch der Distanz (und damit der Auslegung und Interpretation) bedarf, und andererseits die Vorstellung, dass biblische Texte „bewohnt" werden wollen, also Leserinnen und Leser erwarten, die sich in kreative, durchaus auch kritische Beziehung zu ihnen setzen und sich von ihnen begleiten lassen. Nur wo wir uns unserer Beziehung zu den Texten – also einerseits unseres eigenen Standorts und andererseits unseres Gegenübers zum jeweiligen Text – bewusst sind, besteht eine Chance, Dimensionen des Rezeptionsprozesses, die nicht allein mit dem Text, sondern mit uns, unserer Geschichte, unseren Voraussetzungen, Hoffnungen und Wünschen zu tun haben, klarer in den Blick zu bekommen. Nur dann können wir auch den Gefahren allzu naiver Bibelauslegung aus dem Weg gehen.

Zunächst einmal verhilft uns Rezeptionsgeschichte zu der Erkenntnis, wie sehr die Bibel geworden ist. Oder – in anderen Worten: Wir sprechen zwar von „der" Bibel an sich. Diese jedoch gibt es gar nicht, sondern nur eine Vielzahl von Bibeln. Der übliche Standort der

30 U. LUZ, Theologische Hermeneutik des Neuen Testaments, Neukirchen-Vluyn 2014, 361.

31 Vgl. auch die Gedanken von Christos KARAKOLIS in Kapitel III.3.

32 LUZ, Theologische Hermeneutik, 400.

Fragestellung, wie es denn dazu kam, dass wir heute eine Sammlung von Büchern besitzen, die wir Bibel nennen, welche aus zwei Teilen, dem Alten und dem Neuen Testament, besteht, die uns heute üblicherweise als Übersetzung in unsere Landessprache vorliegt und welche in die Form eines (heute in großen Auflagen produzierten) Codex gebunden ist, liegt in der Biblischen Einleitungswissenschaft. Wir beschäftigen uns mit der Frage, wie die einzelnen Bücher des Kanons entstanden sein mögen und wie aus einer Vielzahl von Schriften schließlich ein Kanon des Alten sowie Neuen Testaments geworden ist. Bereits diese Beschäftigung macht sehr deutlich, dass die Bücher der Bibel nicht einfach „vom Himmel gefallen" sind. Und doch verhilft uns die rezeptionsgeschichtliche Fragestellung, hier noch einen entscheidenden Punkt weiterzugehen: Sie zeigt uns, dass auch der bereits bestehende Kanon und mit ihm die Bibel auch *nach* ihrer Entstehung eine „Geschichte" hat.[33] Dies wiederum lässt sich auf verschiedenen Ebenen konkretisieren. Vielleicht zuallererst mag rezeptionsgeschichtliche Forschung dafür sensibilisieren, wie wenig selbstverständlich es ist, dass wir heute mit einer mehr oder minder für jedermann zugänglichen und lesbaren Bibel arbeiten können. Dies zeigt bereits der Blick in die uns überlieferten konkreten Artefakte, in vielen Fällen Fragmente, die biblischen Text enthalten. Bereits diese sind nicht einfach Bibel, sondern gehören als Abschriften von uns heute nicht mehr zugänglichen Vorlagen zur Rezeptionsgeschichte der Bibel. Sie würden nicht existieren, wäre den auf ihnen überlieferten Texten nicht eine gewisse Wertschätzung entgegengebracht worden, welche ohne den Akt von Lektüre und Deutung nicht denkbar ist. Wo wir diese Handschriften der Antike wie des Mittelalters als Teil der biblischen Rezeptionsgeschichte ernst nehmen, verraten sie uns noch mehr: Sie machen uns nicht nur bewusst, wie sehr der Text, den wir als „Bibel" bezeichnen, bei aller Stabilität noch im Detail veränderbar blieb, und sie machen deutlich, welche Mühe es bedeutete, auch nur einen Teil dessen,

---

33 Zur weiteren Entfaltung dieses Gedankens vgl. T. NICKLAS, Kanon und Geschichte. Eine Thesenreihe, in: Sacra Scripta 15 (2017), 90–114, sowie DERS., The Interaction of Canon and History, in: I. SALOUL/J.W. VAN HENTEN (Hg.), Martyrdom. Canonisation, Contestation and Afterlives, Heritage and Memory Studies, Amsterdam 2020, 33–54.

was wir heute selbstverständlich als Bibel in die Hand nehmen, zu produzieren. Dies gilt bereits für viele der ältesten Papyri, umso mehr aber für die großen Vollbibeln, die uns ab dem 4. und 5. Jahrhundert zugänglich sind und von denen übrigens keine präzise den Umfang unseres heutigen Kanons hat. Und schließlich bieten viele dieser Handschriften als Artefakte bereits Informationen darüber, wie ihr Text von ihren Herstellern wie auch konkreten Lesern rezipiert wurde, d.h. Verbesserungen im Text, Marginalia, Einleitungen, aber auch Illustrationen, die zeigen: *Die „Bibel" an sich gab und gibt es nicht, sondern nur „Bibeln" – und all diese sind bereits Teil biblischer Rezeptionsgeschichte.* Der Gedanke, dass es „Bibel" ohne Rezeptionsgeschichte im Grunde gar nicht gibt, zeigt sich aber – und auf anderer Ebene – auch da, wo wir bedenken, dass ein Text ohne Leserinnen und Leser, d.h. ohne Rezeptionen, ein Text, der nicht „wirkt", toter Buchstabe bleibt. Wollen wir so weit gehen, mit Umberto Eco „Text" als eine „träge Maschine" zu verstehen, die erst im Lesevorgang bzw. in Lesevorgängen aktiviert wird,[34] dann wird die Bibel somit erst dadurch, dass sie gelesen (oder breiter: rezipiert) wird, vom toten Buchstaben zum Text, der spricht. Wenn man es so will: Die Bibel *an sich* mag zwar existieren; ohne Rezeptionen aber bleibt sie tot. Rezeptionsgeschichte der Bibel ist somit die Geschichte des „Lebendigwerdens" der Bibel in verschiedensten Kontexten, die Geschichte dessen, wie die Bibel in immer neuen Rezeptionsvorgängen geradezu immer neu als Sinn stiftender Text „erschaffen" wurde und wird. Umgekehrt wird damit aber auf ganz grundlegende Weise deutlich, dass es eine Rezeption der Bibel jenseits oder an der Geschichte ihrer Rezeptionen und ihrer Performanzen vorbei nicht geben kann. Dies mag in vielen, vielleicht den allermeisten Fällen vollkommen unbewusst geschehen. Diese Tatsache – wie auch die darüber hinaus gehende Frage, *wie* bisherige Rezeptionen meine eigene beeinflussen – zu reflektieren, jedoch „bringt", um es mit Hans Georg Gadamer zu formulieren, „etwas vor mich, was sonst

34 Vgl. U. ECO, Lector in Fabula: Die Mitarbeit der Interpretation in erzählenden Texten, München/Wien 1998, 63–64. Ähnlich auch J.S. PETÖFI, Explikative Interpretation. Explikatives Wissen, in: DERS./T. OLIVI (Hg.), Von der verbalen Konstitution zur symbolischen Bedeutung – From verbal constitution to symbolic meaning, Papiere zur Textlinguistik 62, Hamburg 1988, 184–195, hier: 184 (erwähnt auch in III.1).

hinter meinem Rücken geschieht."[35] Wo wir ernst nehmen, dass Bibelrezeption keine „harmlose Angelegenheit" darstellt, wird klar, wie wichtig dieser Prozess der Bewusstwerdung ist.

Diese Gedanken wiederum führen zu einem weiteren, ganz entscheidenden Punkt, an dem wir nicht vorbeigehen dürfen. Wenn die Bibel nicht jenseits ihrer Rezeptionsgeschichte zugänglich ist, so stellt sich auch die Frage neu, was dies für unser Verständnis des in der Bibel erkennbaren Gotteswortes bedeutet. Die häufig mit dem II. Vatikanischen Konzil verbundene Formel „Gottes Wort im Menschenwort"[36] kann dann nicht einfach dabei stehen bleiben, dass die Autoren der jeweiligen biblischen Texte „inspiriert" waren. Macht die Tatsache, dass der biblische Text in all seinen Rezeptionen erst als Text „lebendig" wird, es nicht geradezu notwendig, darüber nachzudenken, welchen Anteil die vielen, miteinander verbundenen, aufeinander aufbauenden, aber auch sich voneinander absetzenden Rezeptionen der Bibel an der Inspiration haben? Können wir dann weiterhin „Inspiration" als auf einen Punkt der Vergangenheit – nämlich der Produktion der jeweiligen Bücher – konzentriert verstehen oder müssen wir nicht so weit gehen, von einer „Inspiration des Lesers" und „der Leserin" (oder der Gemeinschaft der Lesenden) zu sprechen?[37] Dies wiederum ergibt weitere, höchst spannende Gedanken: Inspiration ist dann als ein

---

35 H.G. GADAMER, Rhetorik, Hermeneutik und Ideologiekritik, in: ders., Gesammelte Werke II, Tübingen 1987, 247.

36 Wichtige Gedanken u.a. bei K. LEHMANN/R. ROTHENBUSCH (Hg.), Gottes Wort in Menschenwort. Die eine Bibel als Fundament der Theologie (QD 266), Freiburg 2014.

37 Vgl. hierzu natürlich den wichtigen Band von U.H.J. KÖRTNER, Der inspirierte Leser. Zentrale Aspekte biblischer Hermeneutik, Göttingen 1994. Dass Körtner damit nicht alleinsteht, sondern es kirchliche Traditionen gibt, die Inspiration nicht nur auf der Ebene der Entstehung des Textes ansetzen, thematisiert auch LUZ, Theologische Hermeneutik, 110, der einen „auf den Leser bezogenen Inspirationsgedanken" an verschiedenen Orten der Kirchengeschichte ausmacht: „Dieser Gedanke ist z.B. für das geistliche Verstehen der Schrift bei Origenes und in der von ihm geprägten Ostkirche wichtig. Bei den Reformatoren ist er für Luthers Gedanken der ‚inneren Klarheit' und für Calvins Lehre vom *testimonium internum Spiritus Sancti* grundlegend."

(von Gott her geschenkter), keineswegs einliniger oder gleichmäßig verlaufender Prozess anzusehen, der bis heute andauert, ja andauern muss, will das Wort Gottes in der immer neu zu schaffenden Bibel sprechen.[38] Gleichzeitig liegt Gottes Sprechen in den Texten der Bibel damit nicht einfach nur in der Vergangenheit – und wurde ein für alle Mal in den Texten konkreter Autoren der Vergangenheit niedergelegt. Gott hat nicht einfach in den Worten der Bibel gesprochen. Gottes Wort *ereignet sich* vielmehr in Momenten der Rezeption und Performanzen der Bibel. Dabei gilt immer zu berücksichtigen: Wir verstehen Gottes Wort als Menschenwort in der Bibel, dürfen aber nie unser sich daraus ergebendes Menschenwort – sei es in Auslegungen, Predigt oder Lehre – als Gotteswort autorisieren.

Rezeptionsgeschichte kann uns, wo wir sie konkret betreiben, dafür sensibilisieren, wie wenig der Text der Schrift einfach identisch mit dem Wort Gottes ist. Dieser bereits auf Johann Salomo Semler zurückgehende Gedanke[39] wird in all seiner Tragweite erst dann bewusst, wenn wir uns vor Augen führen, welche Gräuel mit Hilfe biblischer Texte argumentativ begründet wurden und werden. Ich denke an die Verwendung biblischer Argumente zur Diskriminierung von Gegnern, Minderheiten, Frauen, anders Denkenden und anders ihr Leben Gestaltenden, zur Rechtfertigung der Sklaverei, im Nationalsozialismus, der Apartheid und vieler anderer Schrecken mehr.[40] Wenn selbst ein kaum für seine

---

38 Siehe auch ähnliche Gedanken in Kapitel III.2.

39 Vgl. hierzu z.B. die Überlegungen von LUZ, Theologische Hermeneutik, 125–127 sowie C. MARKSCHIES, Epochen der Erforschung des neutestamentlichen Kanons in Deutschland. Einige vorläufige Bemerkungen, in: E.-M. BECKER/S. SCHOLZ (Hg.), Kanon in Konstruktion und Dekonstruktion: Kanonisierungsprozesse religiöser Texte von der Antike bis zur Gegenwart, Berlin/Boston 2012, 578–604, hier: 582–587.

40 Spannende weiterführende Gedanken z.B. bei W.M. SWARTLEY, Slavery, Sabbath, War and Women. Case Issues in Biblical Interpretation, Scottdale, Penn. – Waterloo, Ont. 1983, sowie H. AVALOS, Slavery, Abolitionism and the Ethics of Biblical Scholarship, The Bible in the Modern World, Sheffield 2013; zum Problem Bibelauslegung und Antisemitismus vgl. z.B. T. NICKLAS, The Bible and Anti-Semitism, in: M. LIEB/E. MASON/J. ROBERTS (Hg.), The Oxford Handbook of the Reception History of the Bible, Oxford 2011, 267–280 [Lit.].

literarische Bildung bekannter Mensch wie Donald Trump Nordkorea „Fire and Fury“[41] – und damit letztlich einen Atomkrieg – androht, dann spielt er, vielleicht ohne dass das ihm oder all seinen Anhängern bewusst sein mag, auf Jes 66,15 aus der Vision vom Ende der Zeiten an: „Ja, seht, der Herr kommt wie das *Feuer* heran, wie der Sturm sind seine Wagen, um in glühendem *Zorn* Vergeltung zu üben, und er droht mit feurigen Flammen“ (vgl. auch Lev 10,2; 2 Kön 1,10–12; 2 Thess 1,8). Welch ungeheure Hybris dahinter steht, sich damit selbst an die Stelle Gottes zu setzen, um in biblischer Anspielung die mögliche Vernichtung eines ganzen Volkes anzukündigen, sollten wir besser nicht ausloten: Doch auch dies ist Teil der Rezeptionsgeschichte der Bibel – und gerade solche Formen der Rezeptionsgeschichte waren und sind vielleicht besonders einflussreich. Sie lehren uns, dass der Buchstabe der Bibel alleine niemals *an sich* schon Gottes Wort ist, sondern zum Tod bringenden – ich möchte sagen diabolischen – Wort werden kann. Bibelauslegung ist wahrlich keine „harmlose Angelegenheit“! *Gerade deswegen aber zwingt Rezeptionsgeschichte die Bibelauslegung zur Verantwortung und lädt gleichzeitig zur Demut ein*: Der Blick in den Reichtum biblischer Rezeptionsgeschichte hat neben dem auch von Ulrich Luz angedeuteten Effekt, eine notwendige Distanz zur Bibel als Objekt der Untersuchung zu schaffen,[42] im besten Falle auch die Folge, Interpretinnen und Interpreten zur Demut einzuladen, ja sie dazu anzuhalten. Diese Demut kann sich aus verschiedenen Aspekten rezeptionsgeschichtlichen Arbeitens speisen: Ich bin selbst zwar zutiefst davon überzeugt, dass wir nicht mehr auf kritische historische Forschung verzichten dürfen, ja halte es für entscheidend, auch rezeptionsgeschichtliche Forschungen mit Hilfe der Mittel historischer Kritik durchzuführen.[43] Doch gleichzeitig

---

41 Die Aussage wurde bekanntlich zum Titel des Bandes von M. WOOLFF, Fire and Fury in the Trump White House, London 2018.

42 Vgl. LUZ, Theologische Hermeneutik, 402: „Das Studium der Wirkungsgeschichte biblischer Texte verhindert eine vorschnelle und naive Gleichzeitigkeit mit den biblischen Texten.“

43 Dies ist ein Grundanliegen des Projekts „Novum Testamentum Patristicum“. Hierzu weiterführend A. MERKT in Zusammenarbeit mit T. NICKLAS und J. VERHEYDEN, Das Novum Testamentum Patristicum (NTP): Ein Projekt zu

halte ich es aber für falsch zu glauben, dass ein angemessenes Verständnis der Bibel erst und nur mit Hilfe historischer Kritik möglich war und ist. Der Blick etwa in antike Auslegungen des Neuen Testaments zeigt einerseits, dass manches, was wir bis heute als (angebliche) Erkenntnis moderner historischer Kritik verteidigen müssen, bereits in der Antike bekannt war, vor allem aber andererseits, dass und wie sehr Exegese des 20. und 21. Jahrhunderts trotz unbestreitbaren Erkenntnisgewinns in bestimmten Bereichen hinter Aspekte antiker Bibelauslegungen zurückfallen kann. Dies lässt sich an einer ganzen Bandbreite von Beispielen belegen: Während sich bis heute (z.T. durchaus renommierte) Autoren finden, die – dann meist aber ohne detaillierte Sprachanalyse – dafür plädieren, dass die Johannesapokalypse durch den gleichen Autor wie das vierte Evangelium verfasst wurde (und dann meistens Johannes, den Sohn des Zebedäus, für den Verfasser halten), hat die entscheidenden Argumente, die viertes Evangelium und Apokalypse voneinander distanzieren, bereits im dritten Jahrhundert unserer Zeitrechnung Dionysios von Alexandrien (Bischof von 248–265 n.Chr.) erbracht.[44] Weil auch Eusebius von Caesarea der Johannesoffenbarung gegenüber reichlich skeptisch gewesen zu sein scheint, sind diese Argumente in seiner Kirchengeschichte (h.e. VII, 25) ausführlich zitiert: „Aus dem Charakter jenes und dieser Bücher," so Dionysios, „aus der Art der Sprache und dem, was man die Durchführung des Buches nennt, schließe ich auf eine Verschiedenheit der Verfasser" (h.e. VII 25,8).[45] Es folgen Beobachtungen zum literarischen Charakter der Sendschreiben aus Offb 2–3 im Vergleich zu den Johannesbriefen, zur Sprache sowie zu wichtigen Aspekten der Theologie, in denen sich zwar Johannesevangelium und Briefe als eng verbunden zeigen, jedoch eine deutliche Differenz zur Johannesapokalypse zutage tritt.

Erforschung und Auslegung des Neuen Testaments in frühchristlicher und spätantiker Zeit, in: Early Christianity 6 (2015), 573–595.

44 Weiterführend z.B. G. KRETSCHMAR, Die Offenbarung des Johannes: Die Geschichte ihrer Auslegung im 1. Jahrtausend, Stuttgart 1985, 77–79, sowie M. KARRER, Johannesoffenbarung (Offb. 1,1–5,14), EKK XXIV/1; Göttingen/Düsseldorf 2017, 120.

45 Übersetzungen des Eusebius nach H. KRAFT, Eusebius von Caesarea. Kirchengeschichte, Darmstadt ^{6}2012 [1981].

So sehr das Urteil des Dionysios dazu beigetragen haben mag, dass die Offenbarung des Johannes in den Kirchen des Ostens Schwierigkeiten hatte, sich als kanonisch durchzusetzen, so sehr bietet der gleiche Dionysios, häufig übersehen, im Grunde gleichzeitig *auch* einen theologischen Ansatzpunkt an, um mit dem von ihm aufgeworfenen Problem umzugehen:

> Ich … möchte nicht wagen, das Buch zu verwerfen; denn viele Brüder halten große Stücke auf dasselbe. Ich möchte vielmehr glauben, dass das Urteil über die Schrift sich meiner Vernunft entzieht. Ich vermute nämlich, dass die einzelnen Sätze einen verborgenen und ganz wunderbaren Sinn in sich schließen. Wenn ich die Worte auch nicht verstehe, so ahne ich doch, dass ein tieferer Sinn in denselben liege. Ich messe und beurteilte sie nicht nach meiner eigenen Klugheit, lege vielmehr dem Glauben ein höheres Gewicht bei und halte die Worte für zu erhaben, als dass sie von mir begriffen werden könnten. Und ich verwerfe nicht, was ich nicht erfasst, bewundere es im Gegenteil umso mehr, eben weil ich es nicht begriffen habe (Eusebius, h.e. VII 25,4–5).

Natürlich drückt Dionysios damit eine gewisse Distanz zur Apokalypse aus und natürlich mögen wir uns schwer damit tun, dass er – sei es nun ganz ernsthaft oder sei dies reine Rhetorik – sich weigert, ein auf seiner Vernunft basierendes „Urteil über die Schrift" abzugeben. Mit dem Gedanken, dass der Text, auch wenn er nicht auf den Apostel Johannes der Evangelien zurückgehen kann, trotzdem „einen verborgenen und ganz wunderbaren Sinn in sich schließen" mag, ist im Grunde auch heutiger Exegese ein Weg gewiesen: Warum besteht denn noch heute in manchen Kreisen solch große Sorge wegen der Ergebnisse moderner Pseudepigraphieforschung, wenn es zur Beurteilung der Qualität doch auf ihren Sinn – d.h. die theologische Qualität ihres Inhalts – und nicht auf die Frage, wer ihn wohl verfasst haben mag, ankommt?[46] Bereits die Gedanken des Dionysios könnten einen Ansatzpunkt liefern.

---

46 Zu einem möglichen Argumentationsweg aus heutiger Perspektive vgl. z.B. T. NICKLAS, Neutestamentliche Pseudepigraphie und Fiktionalität. Eine Diskussion mit Eckart Reinmuth, in: S. ALKIER/C. BÖTTRICH (Hg.), Neutestamentliche Wissenschaft in gesellschaftlicher Verantwortung. Studien im Anschluss an Eckart Reinmuth, Leipzig 2017, 185–204.

Während die Diskussion um den Verfasser der Apokalypse im Grunde nur eine Frage der biblischen Einleitungswissenschaft berührt, gehen andere Beobachtungen deutlich weiter. Wo antiken Exegesen mit Respekt begegnet wird, kann sich auch der Sinn für hermeneutische Zugänge wie Typologisierung und Allegorisierung, die uns heute – in manchen Punkten sicherlich nicht zu Unrecht – als problematisch erscheinen mögen,[47] erschließen. Vor allem aber kann uns der Blick in Spitzenleistungen antiker Exegese die Augen dafür öffnen, an welchen Stellen Auslegungen unserer Zeit unter z.T. erheblichen Mängeln leiden: Wenn wir heute nach den Nachbardisziplinen der biblischen Wissenschaften gefragt werden, so denken wir wahrscheinlich zunächst an Griechische Philologie, Alte Geschichte, Judaistik und vielleicht – je nach Schwerpunkt – dann noch an Papyrologie, Literaturwissenschaften oder Religionsgeschichte. Wenn wir nur das erste Buch aus Origenes' großem Kommentar zum Johannesevangelium ansehen, in dem sich Origenes alleine auf die Bedeutung des Begriffs Logos aus Joh 1,1 konzentriert, wird klar, was wir heute weitgehend verloren haben: den engen Bezug mit der aktuellen und aktuellsten Philosophie.[48] Dies mag natürlich historisch verschiedenste Gründe haben: Zu erkennen, wie selbstverständlich beide Disziplinen jedoch für einige der besten Denker der Alten Kirche zusammengehörten und sich gegenseitig beeinflussten, nötigt nicht nur höchsten Respekt ab und relativiert unsere Leistungen, sondern stellt uns gleichzeitig vor eine weitere große Aufgabe.

Damit wird wenigstens ansatzweise deutlich, was ich meine: Wo Rezeptionsgeschichte mit der notwendigen Ernsthaftigkeit betrieben wird, werden wir zwar immer wieder zunächst einmal mit

---

47 Zu Problemen typologischer und allegorischer Exegesen für das jüdisch-christliche Verhältnis vgl. z.B. die Überlegungen bei H.-G. Schöttler, Re-Visionen christlicher Theologie aus der Begegnung mit dem Judentum, Judentum – Christentum – Islam 13, Würzburg 2016, 50–73 (und später) mit einer Vielzahl von hilfreichen Beispielen.

48 Einführend z.B. A. Fürst, Origenes – der Schöpfer christlicher Wissenschaft und Kultur. Exegese und Philosophie im frühen Alexandria, in: Ders., Von Origenes und Hieronymus zu Augustinus, AKG 115, Berlin/Boston 2011, 81–114.

der Fremdartigkeit der Sicht des anderen auf die Bibel konfrontiert werden und in manchen Fällen werden wir uns gar schwertun, diese zu verstehen. Aus der Fremdheit der anderen Perspektive unmittelbar darauf zu schließen, dass jene dumm, begrenzt oder falsch sein müsse, zeugt jedoch nur von der eigenen Begrenztheit. Wir werden weiterhin manches, vielleicht auch vieles kritisch betrachten dürfen (und müssen), an anderen Stellen aber auch über unsere eigenen „blinden Flecken" und unsere Begrenztheit des Blicks staunen. Dabei kann und wird sich zeigen, dass es große Auslegungen der Bibel auch jenseits der Gruppe und Konfession gibt, die wir vertreten.[49] Dies ist in heutiger Exegese über die Grenzen der Konfessionen hinaus Gott sei Dank schon sehr selbstverständlich. Und immer wieder zeigt sich auch, dass große Auslegungen nicht nur von Menschen stammen, die sich selbst als Christinnen und Christen bezeichnen. Die Arbeit an der Rezeptionsgeschichte der Bibel zeigt uns somit, wie sehr die biblischen Texte größer sind als nur eine ihrer Interpretationen. Vielleicht auch dies kann uns sensibel machen für den faszinierenden und doch zugleich so verstörenden Gedanken, dass uns in der Auslegung der Bibel wahrhaftig das Wort des *einen* Gottes in Vielfalt geschenkt sein kann. So schön dieser letzte Gedanke klingen mag, so wenig dürfen wir ihn einfach allzu naiv an das Ende unserer Überlegungen stellen. Ich habe bereits angedeutet, wie sehr uns rezeptionsgeschichtliche Forschungen auch für die Abgründe und Gräuel sensibilisieren können, die sich mit der Auslegung der Bibel verbinden konnten und weiterhin verbinden. Wir sollten es uns dabei nicht zu leicht machen und die schlimmsten Formen des Missbrauchs nicht nur außerhalb unserer eigenen Zunft suchen. Natürlich ist die Reichweite einer exegetischen Schrift zunächst einmal gering und natürlich sind es zunächst einmal nicht Exegeten, die ein Gesetz unterschreiben, das Menschenleben zerstört, oder die den Knopf betätigen, mit dem eine Bombe gezündet wird. Und doch zeigt uns der Blick auch in die jüngere Geschichte der Auslegung der Bibel, wie sehr sich auch Wissenschaftler in den Dienst menschenverachtender Systeme stellten. Berühmt und berüchtigt ist natürlich das Eisenacher „Institut zur Erforschung und Beseitigung des

49 Siehe auch die Gedanken in Kapitel III.2.

jüdischen Einflusses auf das deutsche Christentum“[50]. Ich denke nicht, dass die sich wissenschaftlich gebenden Veröffentlichungen dieses Instituts wirklichen oder gar direkten Einfluss auf die Politik der Nationalsozialisten hatten. Die Tatsache aber, dass (nicht nur im Eisenacher Institut) in wissenschaftlichem Gewande Antisemitismus als ein Anliegen der Bibel dargestellt wurde, dürfte sicherlich dazu beigetragen haben, dass manch Gläubige/r sich leichter damit tat, sein „Christentum“ nicht als Widerspruch zu nationalsozialistischem Denken aufzufassen. Vor allem aber dürfen wir nicht vergessen (und ist m.E. kaum ausreichend erforscht), welchen Einfluss das Denken von antisemitischen Exegeten dieser Zeit auch nach 1945 auf Kirche(n) und Verkündigung hatte. Wie weit ist das berühmte Differenzkriterium zur Erforschung des historischen Jesus des (politisch eigentlich unverdächtigen, ja 1937 sogar einige Zeit in Gestapo-Haft genommenen) Ernst Käsemann nicht auch ein Produkt seiner Zeit?[51] Immerhin werden Jesus und Judentum hier doch (wenigstens unterschwellig) sehr deutlich voneinander getrennt. Wie sehr sind auch Aspekte heutiger Verkündigung noch immer z.T. ganz unbewusst davon betroffen?[52] Und wie viel unbewusste Erinnerung an Propaganda totalitärer Systeme steckt dahinter, wenn heutige kritische Christinnen und Christen nichts mit dem Gedanken des „Opfers“ anfangen können, weil sie die Vielfalt biblischer Vorstellungen von „Opfer“, ohne es zu wissen, (unbewusst) mit dem verwechseln, was ein menschenverachtender „Führer“ als „Opfer für das Vaterland“ forderte?[53]

---

50 Hierzu z.B. die Beiträge bei R. DEINES/V. LEPPIN/K.-W. NIEBUHR (Hg.), Walter Grundmann. Ein Neutestamentler im Dritten Reich (Arbeiten zur Kirchen- und Theologiegeschichte), Leipzig 2007.

51 Vgl. z.B. das Bild, das sich aus dem Band von J. ADAM/H.-J. ECKSTEIN/H. LICHTENBERGER (Hg.), Dienst in Freiheit: Ernst Käsemann zum 100. Geburtstag, Neukirchen-Vluyn 2008 ergibt.

52 Während ich diesen Text schreibe, liegt vor mir ein ganz aktuelles Arbeitsblatt für den Religionsunterricht an Grundschulen, welches Grundschülern vermitteln soll, dass Pharisäer und Schriftgelehrte „Feinde Jesu“ (und zwar ganz grundsätzlich) gewesen seien.

53 Zu dieser Verbindung vgl. jetzt die Beobachtungen bei E. LORENZ, Ein Jesusbild im Horizont des Nationalsozialismus. Studien zum Neuen Testament

Der kritische Blick in die Rezeptionsgeschichte lehrt uns: Die Auslegung der Bibel hat Kulturen geprägt, Menschen verändert, Denk- und Lebensmöglichkeiten erschaffen – und auch solche zerstört. Die Auslegung der Bibel hat ihre Rolle bei Kirchenspaltungen gespielt und ihnen folgend, zu schwerem Leid geführt.[54] Sie ist auch aus heutigen gesellschaftlichen Diskursen kaum wegzudenken – und das ist zunächst einmal gut so. Wenn und wo jedoch Bibel auf unterschiedlichste Weise und in verschiedensten Kontexten ausgelegt, interpretiert, herangezogen, gebraucht und missbraucht wird, sind auch die Vertreterinnen und Vertreter der wissenschaftlichen Exegese in die Verantwortung genommen, kritisch ihre Stimme zu erheben und *als evangelische, katholische und orthodoxe Christinnen und Christen* einzutreten für Interpretationen, die im wahrsten Sinne des Wortes evangelisch, katholisch und orthodox, d.h. der *guten Nachricht für alle in richtiger Weise* verpflichtet sind.[55]

---

des ‚Instituts zur Erforschung und Beseitigung des jüdischen Einflusses auf das deutsche kirchliche Leben‘ (WUNT II.440), Tübingen 2017, 342–347.

54 Ich denke an die Wirren im byzantinischen Reich um die Annahme des Konzils von Chalcedon, aber auch den sich zunächst einmal an die Spaltungen nach der Reformation anschließenden Dreißigjährigen Krieg. Natürlich sind diese Katastrophen nicht direkt und alleine religiös zu begründen, aber stehen doch mit den jeweiligen kirchlichen Entwicklungen in engem Zusammenhang. All dies darf aber nicht dazu führen, dass die Kirchen die Bibel als „gefährliches Buch“ einfach wegschließen. Ich verweise hierzu auf den Beitrag von Christos KARAKOLIS (III.3).

55 Zur Frage eines Ethos verantworteter Exegese vgl. auch T. NICKLAS, Verantwortete Exegese. Reflexionen (auch) anhand der Geschichte der Jesusforschung, in: T. FORNET-PONSE (Hg.), Jesus Christus. Von alttestamentlichen Messiasvorstellungen bis zur literarischen Figur. Ökumenische Beiträge aus dem Theologischen Studienjahr Jerusalem, Jerusalemer Theologisches Forum 25, Münster 2015, 73–90.

3. Die Gleichzeitigkeit von Lesern und Gelesenem: Wie das Lesebuch zum Lebensbuch wird – Wie die Bibel präsent werden kann

Christos Karakolis

Nach den Ausführungen im vorangegangenen Kapitel kann das theologische Prinzip *sola scriptura* im orthodoxen Kontext *mutatis mutandis* auch auf die Verschmelzung örtlicher und zeitlicher Horizonte nach Hans-Georg Gadamer angewandt werden,[1] die vorwiegend im liturgischen Leben orthodoxer Gottesdienste zu beobachten ist. „Verschmelzung von örtlichen und zeitlichen Horizonten" nennen wir hier den Sachverhalt, nach dem die Gläubigen in erster Linie durch das liturgische Leben zu der Glaubenserfahrung kommen, dass im jeweiligen Ort und in der jeweiligen Gegenwart alles im Verlauf der Heilsgeschichte vom ersten Moment der Schöpfung bis hin zur Endzeit Geschehene zusammengefasst und realisiert wird. Ferner sind alle diese Ereignisse nicht ausschließlich kollektiver Natur, sondern betreffen auch die persönliche Heilsgeschichte jedes und jeder einzelnen Gläubigen. Diese heilsgeschichtlichen Ereignisse, einschließlich derjenigen, die erst für die Zukunft erwartet werden, wurden primär in biblischen Texten verschriftlicht. Es ist kein Zufall, dass jede Form kirchlichen Ausdrucks wie etwa die Theologie, die Liturgie, die Hymnologie, die Ikonographie, die Spiritualität und die ethische Praxis einen wesentlichen biblischen Bezug und eine unzweifelhafte biblische Orientierung hat.

1 H.-G. Gadamer, Wahrheit und Methode: Grundzüge einer philosophischen Hermeneutik, Tübingen [6]1990, 307–312. P. Dragutinović, Interpretation of Scripture in the Orthodox Church: Engaging Contextual Hermeneutics in Orthodox Biblical Studies, Belgrad 2018, 35, hat als erster diese Theorie auf die Rezeption der Bibel im orthodoxen Gottesdienst angewandt.

 | DOI:10.30965/9783657760381_008

In diesem Kapitel werden wir also versuchen, die oben genannte Verschmelzung der örtlichen und zeitlichen Horizonte im kirchlichen Leben mit Nachdruck auf ihre biblischen Bezüge und Voraussetzungen exemplarisch zu präsentieren.

1. Die Bedeutung der Synchronie

In den letzten Jahrzehnten hat sich in der Bibelforschung ein bedeutender Paradigmenwechsel ereignet. Während früher bei der sogenannten historisch-kritischen Methode das entwicklungsgeschichtliche Forschungsmodell dominierte, hat sich inzwischen der Schwerpunkt des internationalen wissenschaftlichen Interesses zum großen Teil verschoben. Es geht heutzutage auch um philologisch, textwissenschaftlich und rezeptionsästhetisch begründete Zugänge, die die Zeichengewebe der Texte ganzheitlich analysieren und interpretieren möchten und nicht mehr vom Interesse angetrieben werden, Texte in einzelne Quellen und redaktionelle Schichten zu trennen oder sie sogar zu durchbohren, um über hypothetisch vermutete „ursprünglichere" mündliche Überlieferungen und die vermeintlich authentischen Stimmen der darin beschriebenen historischen Personen zu spekulieren. Im Gegensatz dazu betrachten textwissenschaftlich informierte Ansätze den Text nachdrücklich als inhaltliche, philologische, rhetorische bzw. narrative und ästhetische Einheit.[2]

Der textorientierte Zugang bringt auf diese Weise den Text seinen Lesern und Leserinnen sehr nahe und kann auch besser dazu verhelfen, sich nicht ausschließlich intellektuell, sondern auch emotional mit den Texten auseinanderzusetzen. Im Denkhorizont rezeptionsästhetischer Einsichten können Leserinnen und Leser

2 Vgl. die balancierten Methodenlehren von etwa W. EGGER, Methodenlehre zum Neuen Testament: Einführung in linguistische und historisch-kritische Methoden, Freiburg 1989; P. GOODER, Searching for Meaning: An Introduction to Interpreting the New Testament, London 2008; M. EBNER/B. HEININGER, Exegese des Neuen Testaments: Ein Arbeitsbuch für Lehre und Praxis, Paderborn [3]2015, die diachrone und synchrone methodische Annäherungen kombinieren.

mit dem Text synchron interagieren, so dass ihre eigene persönliche oder kollektive Geschichte, ihre psychologischen Befindlichkeiten, ihre Lebenserfahrungen, ihre Wahrnehmungsfähigkeiten, ihre Lebensinteressen usw. zusammen mit dem Text reflektiert werden können bzw. dass der Text auf sie selbst, ihre Gemeinde und ihre Welt ein neues Licht aus einer erhellenden Perspektive wirft.[3] Daher haben die Leserinnen und Leser durch diesen Zugang die Möglichkeit, sich selbst im Text zu finden, ihre innere Welt in die Erzählung oder Argumentation des Textes zu integrieren, den zu imitierenden Vorbildern des Textes zu folgen und seine zu vermeidenden negativen Vorbilder zu hinterfragen, im Beschriebenen emotional zu investieren und sich im eigenen Leben von dessen Sinngehalten leiten zu lassen.[4]

Das oben Genannte hilft uns besser zu verstehen, dass der Text der Bibel wie in der Vergangenheit so auch heute ein lebendiger und einflussreicher Text bleibt, insbesondere innerhalb der Gemeinschaft von Menschen, die grundlegend von seiner Wahrheit überzeugt sind. Es geht also um einen offenen, über seine Entstehungssituation hinausreichenden Text, dessen Intentionen sich mit den Bedürfnissen und den Erwartungen jedes einzelnen sich ihm mit echtem Interesse und Respekt annähernden Rezipienten

---

3 Vgl. ähnliche Gedanken im Beitrag IV.2 von Tobias NICKLAS. Über den rezeptions- bzw. wirkungsästhetischen Zugang s. etwa S. SCHULTE, Gleichnisse erleben: Entwurf einer wirkungsästhetischen Hermeneutik und Didaktik, Stuttgart 2008, 43–126.

4 S. meine exegetischen Vorgehensweisen und Schlussfolgerungen bei C. KARAKOLIS, A Mystery Hidden to Be Revealed? Philological and Theological Correlations between Eph 3 and 1, in: M. WOLTER (Hg.), Ethik als angewandte Ekklesiologie: Der Brief an die Epheser, SMBen.BE 17, Roma 2005, 107–108; DERS., The Logos-Concept and Dramatic Irony in the Johannine Prologue and Narrative, in: J.G. VAN DER WATT/R.A. CULPEPPER/U. SCHNELLE (Hg.), The Prologue of the Gospel of John: Its Literary, Theological, and Philosophical Contexts. Papers read at the Colloquium Ioanneum 2013, WUNT 359, Tübingen 2016, bes. 152–156; DERS., Recurring Characters in John 1:19–2:11: A Narrative-Critical and Reader-Oriented Approach, in: R.A. CULPEPPER/J. FREY (Hg.), The Opening of John's Narrative (John 1:19–2:22): Historical, Literary, and Theological Readings from the Colloquium Ioanneum 2015 in Ephesus, WUNT 385, Tübingen 2017, bes. 36–37.

verschmelzen können. Auf diese rezeptionsästhetisch beschreibbare Weise vermag die Lektüre biblischer Texte in der jeweiligen Gegenwart die im Text gesetzte oder vorausgesetzte heilsgeschichtliche Vergangenheit und Zukunft zu vermitteln sowie auch die verschiedenen heilsgeschichtlichen Orte – einschließlich des Himmelsreichs – zusammenzubringen.

2. Das Zeugnis der Bibel

Aber nicht nur in der Rezeption der Bibel, sondern auch in der Bibel selbst ist ein solcher Ansatz der Verschmelzung von örtlichen und zeitlichen Horizonten zu entdecken. Sowohl im Alten als auch im Neuen Testament werden z.B. ekstatische bzw. mystische Erfahrungen beschrieben, bei denen das Orts- und Zeitgefühl zum Teil oder gänzlich verloren geht. In diesen ekstatischen Phänomenen wird das menschliche Subjekt auf besondere und direkte Weise zum Empfänger der Offenbarung Gottes in irgendeiner Form von Epiphanie.[5] Der Fall des Apostels Paulus ist typisch, der seinen Empfängern und Empfängerinnen im 2. Korintherbrief mitteilt, dass er vor vierzehn Jahren bis in den dritten Himmel entrückt war (2 Kor 12,2) und Dinge hörte, die er nicht in einer menschlichen Sprache vermitteln kann (12,4). Er weiß nicht einmal, ob er das alles in seinem Leib oder außerhalb seines Leibs erlebt hat (12,3).[6] Auch der Apokalyptiker Johannes zeichnet in seinem Buch eine Reihe von Visionen auf, in denen er Dinge sieht, die an verschiedenen Orten geschehen sind, die gegenwärtig stattfinden und in der Zukunft realisiert werden.[7] Die oben genannten Beispiele sind jedoch

---

5 S. im Alten Testament etwa Jes 6; Ez 1; Dan 7.

6 S. J.B. WALLACE, Snatched into Paradise (2 Cor 12:1–10): Paul's Heavenly Journey in the Context of Early Christian Experience, BZNW 179, Berlin/New York 2011.

7 Johannes „präsentiert“ in seinem Aufschreiben das ihm Begegnende „ganz Andere“ und sucht es räumlich wie zeitlich wahrhaft zu machen, s. hierzu S. ALKIER/T. NICKLAS, Wenn sich Welten berühren: Beobachtungen zu zeitlichen und räumlichen Strukturen in der Apokalypse des Johannes, in: S. ALKIER/T. HIEKE/T. NICKLAS (Hg.), Poetik und Intertextualität der Johannesapokalypse, WUNT 346, Tübingen 2015, 205–226.

Sonderfälle und können sicherlich nicht verallgemeinert werden, obwohl es in der zweitausendjährigen Geschichte der Kirche eine große Anzahl von Zeugnissen entsprechender ekstatischer bzw. mystischer Erfahrungen gegeben hat.[8]

In unserem Zusammenhang ist allerdings das von besonderer Bedeutung, was ausnahmslos alle Gläubigen und nicht nur einzelne Ekstatiker bzw. Mystiker betrifft. Jesus Christus drückt dies im Johannesevangelium während seines Gesprächs mit der Samaritanerin aus, indem er zu ihr sagt, dass weder der Jerusalemer Tempel noch der Berg Garizim der ausschließliche Ort der Anbetung Gottes sein wird (Joh 4,21), was auch impliziert, dass es keine besondere Zeit für die Anbetung Gottes geben muss. Im Gegenteil werden die wahren Anbeter Gott an jedem Ort und zu jeder Zeit „in Geist und Wahrheit" anbeten (Joh 4,23). Demzufolge sind jeder Ort und jede Zeit für die wahre und geistliche Anbetung Gottes geeignet.

Außerdem kann Christus selbst nach der Darstellung zentraler biblischer Texte an jedem Ort und in jeder Zeit anwesend sein. So verspricht er am Ende der Erzählung des Matthäusevangeliums seinen Jüngern, dass er immer bei ihnen sein werde („siehe, ich bin bei euch alle Tage bis zum Ende der Welt", 28,20)[9]. Da dies das endgültige Treffen des Auferstandenen mit seinen Jüngern ist, stellt sich die Frage, wie das überhaupt möglich ist. Jesus selbst hatte am letzten Abendmahl seinen Jüngern die eucharistischen Gaben, nämlich seinen Leib und sein Blut in der Form von Brot und Wein, geschenkt (Mt 26,26–28). Wo und wann immer also die nachösterliche Gemeinde der Jünger Jesu die Eucharistie feiert, ist Jesus durch seinen Leib und Blut anwesend.[10] Eine entsprechende Bedeutung für die Gläubigen schreibt der Apostel Paulus im Römerbrief der Taufe zu. Er erklärt nämlich, dass die Taufe auf Jesus Christus die Teilhabe an seinem Tod bedeutet (Röm 6,3–4). Mit anderen Worten:

---

8 S. B.G. Bucur, From Jewish Apocalypticism to Orthodox Mysticism, in: A. Casiday (Hg.), The Orthodox Christian World, London 2012, 466–480.

9 Zum Schluss des Matthäusevangeliums s. auch die Überlegungen von Stefan Alkier in V.1.

10 S. mein Kapitel VI.1. S. auch H. Hoping, Mein Leib für Euch gegeben: Geschichte und Theologie der Eucharistie, Freiburg ²2015.

Die Gläubigen, an welchem Ort und zu welcher Zeit auch sie im Namen Jesu Christi getauft werden, nehmen am Tod Christi teil, an einem Ereignis also, das an einem konkreten Zeitpunkt der Vergangenheit in Judäa stattgefunden hat.[11]

Kann aber eine solche Erfahrung der Verschmelzung örtlicher und zeitlicher Horizonte auch durch einen Text vermittelt werden? Das Zeugnis des Johannesevangeliums kann in dieser Hinsicht aufschlussreich sein. Nachdem sich die gesamte johanneische Erzählung auf die Erfahrung der Jünger mit Jesus Christus, dem einziggeborenen Sohn und menschgewordenen Logos (Joh 1,14.18), bezieht, sagt der Evangelist in seinem Epilog, dass er das Evangelium geschrieben hat, damit seine Leser und Leserinnen bzw. Zuhörerinnen und Zuhörer glauben, dass Jesus der Christus und der Sohn Gottes ist und damit sie durch diesen Glauben das ewige Leben in seinem Namen bekommen (Joh 20,31). Das bedeutet, dass nach dem Zeugnis des vierten Evangelisten die Erfahrung der Präsenz Jesu Christi nun durch ihre Aufzeichnung von seinen Jüngern und anschließend von deren eigenen Jüngern ersetzt wird. Es ist also nicht länger notwendig, Jesus Christus zu sehen, wie es der Fall bei Thomas ist, um an ihn glauben zu können (Joh 20,28–29). Nun wird jeder glauben, der dem apostolischen Zeugnis des Neuen Testaments wie auch dem prophetischen Zeugnis des Alten Testaments Vertrauen schenkt. Auf diese Weise ersetzt also der Text im Wesentlichen die reale Gegenwart Jesu Christi und versetzt seine Leserinnen und Leser bzw. seine Hörerinnen und Hörer an die Stelle seiner Jünger, die seine Wirkung verfolgten, seine Verkündigung hörten, an ihn glaubten und ihm ihr gesamtes Leben widmeten. Der vierte Evangelist setzt also voraus, dass die Kluft zwischen der historischen Gegenwart Jesu Christi in Palästina ca. 30 n.Chr. und

11 Vgl. O. Hofius, Glaube und Taufe nach dem Zeugnis des Neuen Testaments, in: ZThK 91 (1994), 144–146; E. Dinkler, Die Taufaussagen des Neuen Testaments neu untersucht im Hinblick auf Karl Barths Tauflehre, in: F.C. Viering (Hg.), Zu Karl Barths Lehre von der Taufe, Gütersloh 1971, 73–74.

dem Ort und der Zeit jedes Lesers oder Zuhörers bzw. jeder Leserin oder Zuhörerin des Evangeliums überbrückt werden kann.[12]

3. Die liturgische Erfahrung

Wie schon oben angedeutet, können die Gläubigen während des Gottesdienstes am Heilsgeschehen liturgisch partizipieren.[13] Einige charakteristische Beispiele seien im Folgenden genannt.

Im „kleinen Einzug" kommt der Priester aus dem Altarraum hinaus und geht durch das Volk, bevor er in den Altarraum zurückkehrt. Währenddessen hält er das Evangelium hoch, das auf seiner Decke Jesus Christus darstellt und ihn symbolisiert (aus diesem Grund ist seine permanente Stelle auf dem Altar). Der kleine Einzug symbolisiert das öffentliche Werk Jesu Christi während seiner irdischen Präsenz. Die Lesung aus dem Evangelium überträgt die Verkündigung Christi an die Gemeinde. Auf diese Weise werden die Gläubigen an die Stelle der historischen Zuhörer und Zuhörerinnen Jesu gestellt. Während des darauffolgenden „großen Einzugs" trägt der Priester das Brot und den Wein, d.h. auf symbolischer Ebene Jesus Christus selbst, der so auf seinem Weg zur Passion und zum Kreuzestod präsentiert wird. Die Weihe der eucharistischen Gaben ist die Wiederholung des letzten Abendmahls, an dem die Gemeinde zur Teilnahme eingeladen wird. Gleichzeitig symbolisiert die getrennte Weihe von Brot und Wein den Kreuzestod Jesu Christi, da nach biblischer Auffassung die Trennung von Leib und Blut den Tod bedeutet. Wenn danach die Gläubigen die heiligen Gaben empfangen, werden in ihnen der Leib und das Blut Christi vereint, was seine Auferstehung in jeder und jedem einzelnen Gläubigen

---

12 Vgl. A. REINHARTZ, John 20:30–31 and the Purpose of the Fourth Gospel, Hamilton 1983; C. KARAKOLIS, Is Jesus a Prophet according to the Witness of the Fourth Gospel? A Narrative-Critical Perspective, in: P. DRAGUTINOVIĆ/ T. NICKLAS/K.G. RODENBIKER/V. TATALOVIĆ (Hg.), Christ of the Sacred Stories, WUNT II.453, Tübingen 2017, bes. 138–139.

13 S. über die historische Entwicklung der orthodoxen Liturgie in Byzanz, sowie auch über ihre performative Funktion und Auswirkung A.W. WHITE, Performing Orthodox Ritual in Byzantium, Cambridge 2015, 47–85.

bedeutet. Der Rest der eucharistischen Gaben wird vom Altar auf den Rüsttisch zurückgetragen, was den Aufstieg Jesu Christi von der Welt zu seinem himmlischen Vater symbolisiert, nachdem der Priester das „jetzt und immerdar und in die Ewigkeit der Ewigkeit“ ausgerufen hat, das auf die Verheißung Jesu Christi am Ende des Matthäusevangeliums hinweist, immer bis zum Ende der Welt bei seinen Jüngern zu bleiben (Mt 28,20).[14]

Aus den oben genannten Beispielen geht hervor, dass sowohl die Struktur als auch der Inhalt der Liturgie sich symbolisch auf das Christusgeschehen beziehen. Daher werden die teilnehmenden Gläubigen eingeladen, das zu erfahren, was auch die Jünger Christi während seiner irdischen Gegenwart vom Anbeginn seines öffentlichen Handelns bis hin zu seiner Himmelfahrt (Lk 24,51; Apg 1,9) und zur Ausgießung des Geistes (Joh 20,22; Apg 2,4) erlebt haben. Es geht aber in der Liturgie nicht einfach um buchstäbliche Nachahmungshandlungen, sondern um eine insgesamt doxologische Atmosphäre aus der nachösterlichen Perspektive der Kirche, die mit Christus zusammen zur Endzeit wandelt.[15]

---

14 Zu der Symbolik des orthodoxen Gottesdienstes s. u.a. A. KALLIS, Liturgie: Die Göttliche Liturgie der Orthodoxen Kirche, Mainz 1989, xviii–xxi.

15 Über die vielfältige Wirkung der Schrift auf den orthodoxen Gottesdienst und dadurch auf die Teilnehmerinnen und Teilnehmer s. u.a. T.G. STYLIANOPOULOS, The New Testament: An Orthodox Perspective. Band 1: Scripture, Tradition, Hermeneutics, Brookline, MA 1997, 62–64; K. NIKOLAKOPOULOS, Die Apokalypse des Johannes und die orthodoxe Liturgie: Anknüpfungspunkte zwischen Apokalypse und orthodoxem Kultus, in: Gesammelte orthodoxe theologische Studien, Göttingen 2015, 117–134; M. BASARAB, Die Schriftauslegung in der Liturgie, in: L'Ancien Testament dans l'église, ETC 8, Chambésy – Génève 1988, 187–197; A.E. LASH, Biblical Interpretation in Worship, in: E. HOWELLS/M.A. MCINTOSH (Hg.), The Oxford Handbook of Mystical Theology, Oxford 2020, 35–48; A. SCHMEMANN, For the Life of the World: Sacraments and Orthodoxy, Crestwood, NY 1998, 23–46; C.M. GSCHWANDTNER, Welcoming Finitude: Toward a Phenomenon of Orthodox Liturgy, New York, NY 2019; B.A. BUTCHER, Liturgical Theology after Schmemann: An Orthodox Reading of Paul Ricoeur, New York, NY 2018, 150–170; K.-C. FELMY, Die Deutung der göttlichen Liturgie in der russischen Theologie: Wege und Wandlungen russischer Liturgie-Auslegung, AKG 54, Berlin/New York 1984.

Vielleicht gibt es keinen angemesseneren Wortlaut für die Übersicht, die Konvergenz und letztlich die liturgische Verschmelzung der unterschiedlichen Zeitpunkte des Christusereignisses als das Gebet des Priesters unmittelbar vor der Weihe der eucharistischen Gaben, also genau am Höhepunkt des „unblutigen Opfers":

> Eingedenk also dieses heilbringenden Gebotes und all dessen, was für uns geschehen ist, des Kreuzes, des Grabes, der Auferstehung am dritten Tage, der Auffahrt in die Himmel, des Sitzens zur Rechten und der zweiten und herrlichen Wiederkunft ...[16]

Es ist eindrücklich, dass die „Erinnerung" („eingedenk") hier nicht nur die vergangenen Heilsereignisse, sondern auch die endzeitliche Parusie Christi umfasst. Diese Einzelheit zeigt deutlich, dass sowohl die vergangenen als auch die zukünftigen Heilsereignisse in der Gegenwart zusammenkommen. Das Konzept der Erinnerung bezieht sich nicht einfach auf die menschliche Gedächtnisfunktion, sondern vielmehr auf die empirische Teilnahme am erinnerten Ereignis. In der Liturgie erleben also die Gläubigen die vergangenen Ereignisse der Heilsgeschichte erneut, als ob sie bei ihnen gegenwärtig wären. Gleichzeitig aber erleben sie im Glauben auch die kommenden Ereignisse der eschatologischen Errettung und Erlösung.[17]

Die Bibel besitzt eine zentrale Stelle im Gottesdienst. Wie wir gesehen haben, basiert die Liturgie auf der narrativen Struktur der Evangelienerzählung. Indem man biblische Lesungen vorliest und vom biblischen Text inspirierte Gebete rezitiert, wird die gesamte Evangelienerzählung im Laufe des liturgischen Handelns lebendig gemacht.[18] Kurz gesagt ist die Liturgie in der Tat eine theologische und zugleich auch erfahrungsmäßige Interpretation des

16 Kallis, Liturgie, 130.

17 S. die tiefsinnige Analyse von J.D. Zizioulas, The Eucharistic Communion and the World, hg. von L.B. Tallon, London 2011, 58–67. S. auch J. Breck, The Power of the Word in the Worshipping Church, Crestwood, NY 1986, 129–130.

18 S. die Analyse der liturgischen Integration des Endes des Markusevangeliums in der orthodoxen Osternacht bei E. Tsalampouni, Intratextual Strategies in the Gospel of Mark: The Resurrection Narrative and the Healing of the Possessed Boy Narratives (Mark 9:14–29), in: E.J. Pentiuc/J. Fotopoulos/B.N. Beck

Christusgeschehens. Sie ist ein Medium, das das biblische Wort vermittelt und aktualisiert.[19]

4. Die Hymnologie

Das, was in der Liturgie zu beobachten ist, nämlich die Verschmelzung von örtlichen und zeitlichen Horizonten der Heilsgeschichte, ergibt sich auch aus der Hymnologie. Ziemlich oft wird in den Hymnen der Orthodoxen Kirche das Wort „heute“ verwendet, während zugleich die Gläubigen selbst an den von den Hymnen beschriebenen Ereignissen teilzunehmen scheinen. So wird etwa am Weihnachtstag der folgende Hymnus gesungen:

> Kommt, ihr Gläubigen, lasset uns sehen, wo Christus geboren ward. Lasset uns weiter mit den Magiern, den Königen des Ostens, dorthin folgen, wohin der Stern zieht. Engel lobpreisen dort unaufhörlich in Hymnen. Die Hirten weilen auf dem Felde und singen das würdige Lied: Ehre in den Höhen dem, der heute in der Höhle geboren wurde von der Jungfrau und Gottesgebärerin zu Bethlehem in Judäa.[20]

In diesem Hymnus sind alle Gläubigen in der 1. Person Plural eingeladen, den Ort zu besuchen, an dem Christus geboren wurde, und zugleich dem Stern zu folgen, der die Magier aus dem Osten führt. Am Geburtsort Christi angekommen, sehen die Gläubigen Engel und Hirten, die das göttliche Kind preisen, das „heute“ von der Jungfrau und Gottesgebärerin (*Theotokos*) in Bethlehem geboren wurde. Im Gottesdienst sehen also die Gläubigen das Geheimnis der Geburt

---

(Hg.), Studies in Orthodox Hermeneutics: A Festschrift in Honor of Theodore G. Stylianopoulos, Brookline, MA 2016, 285–287.

19 S. Leitthese Nr. 7. S. auch C. Pricop, Sola Scriptura? Eine rumänisch-orthodoxe Perspektive, in: S. Alkier (Hg.), Sola Scriptura 1517–2017: Rekonstruktionen – Kritiken – Transformationen – Performanzen, Colloquia historica et theologica 7, Tübingen 2019, 376.

20 Es geht um das 1. Kathisma des Orthros (des Morgengebets) am 25. Dezember. Die Übersetzung des Hymnus kommt von der Internet-Seite http://www.andreas-bote.de/download/Christi_Geburt_5__Orthros.pdf (letzter Aufruf am 26.06.2020).

Christi vor sich, sie werden eins mit den Magiern und vereinen ihre Stimme im gemeinsamen Lob mit den Engeln und den Hirten. Die örtlichen und zeitlichen Abstände werden aufgehoben, da die Gläubigen „heute" bei der Geburt Christi in Bethlehem anwesend sind. Der Hymnus ist hauptsächlich eine zusammenfassende Komposition aus den beiden Geburtserzählungen von Matthäus (2,1–11) und Lukas (2,4–18). Die erwähnten Ereignisse gehören selbstverständlich der historischen Vergangenheit an, sind aber zugleich aus liturgischer Sicht für die Gläubigen auch gegenwärtig. In diesem Licht sind solche orthodoxen Hymnen nicht einfach eine Nacherzählung, sondern auch eine Einweihung in den biblischen Text, da sie die Gläubigen in die biblischen Erzählungen transponieren.

Ein weiteres typisches Beispiel aus der orthodoxen Hymnologie ist der folgende Karfreitagshymnus:

> Heute hängt am Kreuz der auf Wassern schweben lässt die Erde. Mit einem Kranz aus Dornen wird er umwunden der König der Engel. Zum Spott wird mit einem Purpur umhüllt der den Himmel umhüllt mit Wolken. Schläge erhält der im Jordan den Adam befreit. Mit Nägeln ward angeheftet der Kirche Bräutigam. Mit einer Lanze ward durchbohrt der Sohn der Jungfrau. Wir verehren, o Christus, Deine Leiden. Zeige uns auch Deine herrliche Auferstehung.[21]

In diesem Hymnus werden sowohl die Schöpfungs- als auch die Heilsgeschichte in die Gegenwart übertragen. Auch dieser Hymnus wird mit dem Wort „heute" eingeführt und verwendet das Präsens, um die Passionsereignisse als eine gegenwärtige Realität zu präsentieren. Der Leidende ist derjenige, der die Welt erschaffen hat, der himmlische König der Engel, derjenige, der die Wolken regiert, der im Jordan getauft wurde und so seine öffentliche Tätigkeit eingeleitet hat, um Adam und seine Nachkommen zu erretten (ein indirekter Hinweis auf die Ursünde), der Sohn der Jungfrau. Am Ende des Hymnus preisen die Gläubigen die Leiden Christi in der ersten Person Plural und bitten ihn, ihnen seine Auferstehung zu zeigen.

---

21 15. Antiphon des Orthros (des Morgengebets) am Karfreitag. Die Übersetzung von E. CHR. SUTTNER, Die Feier von Tod und Auferstehung Christi im byzantinischen Ritus, in: OS 22 (1973), 16.

Sie sind also eindeutig am Ort und am Tag der Passion und des Todes Christi platziert. Obwohl sie von vornherein wissen, dass er auferstehen wird, erleben sie die Passion so intensiv, dass sie trotzdem um die Offenbarung der Auferstehung flehen. Offensichtlich bezieht dieser Hymnus sein Material aus dem Alten und dem Neuen Testament. Dieses Material führt er zusammen und aktualisiert auf eine solche Weise, dass es mit der Gegenwart der am Gottesdienst teilnehmenden Gläubigen verschmolzen wird.

5. Die Ikonographie

Zu der oben präsentierten Zusammenwirkung von Liturgie und Hymnologie kommt auch die kirchliche Ikonographie hinzu.[22] Die traditionelle byzantinisch-orthodoxe Ikonographie verbindet im orthodoxen Gotteshaus die irdische und die himmlische Kirche (*ecclesia militans et triumphans*) untrennbar miteinander.[23] Christus Pantokrator dominiert in der Kuppel, so wie er im Neuen Testament nach seinem Aufstieg zur Rechten des Vaters dargestellt wird (s. etwa Apg 2,33; 7,55). In der Nische des Altarraums, am höchsten und zentralsten Punkt des Tempels nach der Kuppel, befindet sich die Gottesgebärerin als die „Breitere der Himmel" (*Platytera*), da sie den Sohn Gottes selbst in sich getragen hat. Die Engel umgeben den Pantokrator. Darunter sind die Propheten zu finden, die Christus verheißen haben. Ein reicher ikonografischer Zyklus, der sich auf evangelische und apokryphe Berichte über das Leben Jesu Christi und seiner Mutter bezieht, gehört auch dazu. Ergänzt wird er durch Darstellungen aus alttestamentlichen Bildern und Erzählungen, die für die christliche Theologie von besonderer Bedeutung sind, so wie etwa die Gastfreundschaft Abrahams (Gen 18,1–19), der brennende Busch (Ex 3,1–4,17), die drei Männer im Ofen (Dan 3)

---

22 Über die theologische Bedeutung der Ikonen in der Orthodoxie s. P. EVDOKIMOV, The Art of the Icon: A Theology of Beauty, übers. von S. Bigham, Redondo Beach, CA 1990; L. OUSPENSKY/V. LOSSKY, The Meaning of Icons, übers. von. G.E.H. Palmer und E. Kadloubovsky, Crestwood, NY 1999.

23 S. etwa KALLIS, Liturgie, xiv–xviii.

oder die Geschichte Jonas (Jon).[24] Im Altarraum, unter der *Platytera*, empfangen die Apostel die Eucharistie von Jesus Christus und darunter zelebrieren wichtige Kirchenväter und Hierarchen mit. Im Narthex einiger orthodoxer Kirchen werden eschatologische Bilder aus der Johannesapokalypse dargestellt.[25] Auf der untersten Ebene, direkt unter oder sogar oft neben den abgebildeten Heiligen, befinden sich die Gläubigen selbst, die als Mitglieder der irdischen Kirche am Gottesdienst teilnehmen. Diese ikonographische Anordnung stellt die untrennbare Einheit zwischen Himmel und Erde sowie zwischen Vergangenheit und Zukunft dar. Alles konvergiert in der Gegenwart, einschließlich der Gläubigen, die am himmlischen und irdischen Kult sowie auch an den vergangenen, den gegenwärtigen und den zukünftigen Heilsereignissen mit den abgebildeten Heiligen und den Engeln zusammen teilnehmen.

Auf diese Weise fungiert die Ikonographie im orthodoxen Kirchenraum als ein Mittel zur Aktualisierung der Bibel. Die Ikonen und Wandmalereien gelten zwar als die Bibel der Analphabeten,[26] aber es geht um viel mehr als das. Sie schaffen nämlich innerhalb des Tempels eine biblische Raumzeit, in die die Gläubigen vollständig integriert werden. Auf diese Weise treten also die Gläubigen durch die ikonographischen Bilder in die Bibel selbst ein und werden zu Augenzeugen der in ihr beschriebenen Heilsereignisse.

6. Das Jesusgebet

Mutatis mutandis gilt das alles auch für jedes private Gebet. Der orthodoxe Gottesdienst im Tempelbereich bildet die Gläubigen aus, so dass sie mit viel weniger Mitteln die Erfahrung des Kirchenraums

24 S. über die ikonographische Rezeption des Alten Testaments in der Orthodoxie, E.J. PENTIUC, The Old Testament in Eastern Orthodox Tradition, Oxford 2014, 263–320.

25 Für weitere Beispiele, sowie auch für das Zusammenspiel von Ikonen und Hymnen s. BRECK, Power, 215–237; FELMY, Deutung, 37–77.

26 So JOHANNES VON DAMASKUS, Orationes de imaginibus tres, 1,17, in: P.B. KOTTER (Hg.), Die Schriften des Johannes von Damaskos, Band 3, PTS 17, Berlin 1975, 93. S. auch PENTIUC, Old Testament, 276.

teilweise auf ihren privaten Raum übertragen können. In diesem Zusammenhang kann die Praxis des für die orthodoxe Spiritualität als fundamental geltenden Jesusgebets („Herr Jesus Christus, erbarme dich unser!") besonders hervorgehoben werden.[27] Dieses ist eigentlich ein kurzer Kommentar zur Heilsgeschichte, der auf dem biblischen Zeugnis beruht. Indem die Gläubigen den Herrn Jesus Christus anrufen, erkennen sie seine göttliche Herrschaft (Herr), seine Inkarnation (Jesus) und das Heil (Christus-Messias), das seiner Person und seinem Werk entspringt. Im zweiten Teil des Gebets, in dem auch biblische Sprache verwendet wird, ersuchen die Gläubigen um die Barmherzigkeit Christi, nämlich seine Hilfe, seine Gnade und schließlich die endgültige Erlösung. Selbst also innerhalb dieses kurzen Gebets können wir die Verschmelzung von örtlichen und zeitlichen Horizonten der Heilsgeschichte auf der Grundlage biblischer Terminologie und Vorstellungswelt beobachten.

7. Fazit

Aus den oben genannten Beispielen aus einem orthodox-theologischen Blickwinkel sollte es klar sein, dass die in der Bibel erzählten heilsgeschichtlichen Ereignisse unabhängig davon, wo und wann sie geschehen sind bzw. werden, in der liturgischen Erfahrung der Kirche gegenwärtig und für die Gläubigen auf persönlicher und kollektiver Ebene absolut relevant sind. Die Grundprämissen einer solchen „Verschmelzung der örtlichen und zeitlichen heilsgeschichtlichen Horizonte" kann man schon in der Bibel selbst sowie auch in der liturgischen Praxis der Großkirche des ersten Jahrtausends finden. Sie gehören also zu der gemeinsamen christlichen Tradition und können daher die biblische Rezeption in allen christlichen Konfessionen bereichern und in gewisser Weise auch vereinheitlichen. Es bleibt natürlich eine Herausforderung,

---

27 S. über das Jesusgebet u.a. Bishop Kallistos of Diokleia, The Power of the Name: The Jesus Prayer in Orthodox Spirituality, Oxford 1986; A.L. Gillet, The Jesus Prayer: A Monk of the Eastern Church, Crestwood, NY 1987.

wie all die oben genannten kirchlichen Medien in der Tat von den heutigen Gläubigen zu eigen gemacht werden können. Das ist aber kein neues Problem. Es geht ja einfach um Hilfs- und Anleitungsmittel, die sowohl Gläubige als auch einfach Interessierte zu einem tieferen Verständnis und einer vollständigeren Erfahrung des biblischen Zeugnisses verhelfen sollen. Damit sie aber wirklich die biblische gute Nachricht in neuer Weise für die heutigen Menschen vergegenwärtigen können, müssen sie theologisch entschlüsselt und auch durch weitere, zeitgemäße Medien und Kommunikationsformen ergänzt werden.[28]

---

28 S. etwa C.A. Tsakiridou, Icons in Time, Persons in Eternity: Orthodox Theology and the Aesthetics of the Christian Image, Surrey 2013, die einen Vergleich der orthodoxen Ikonographie mit der Zen-Ästhetik versucht, um orthodoxe Bildlichkeit in der heutigen Welt erneut zu definieren.

V.

Ökumenische Entfaltungen

1. Gemeinsam auf dem Weg – oder: keine Christen erster und zweiter Klasse

Stefan Alkier

Der nachhaltige Eindruck einer kollektiven Identität derer, die sich im Namen Jesu Christi versammeln und sich in seinem Namen auf den Weg machen, wird in den Schriften des Neuen Testaments weniger durch eine markante exklusive Terminologie für ein institutionalisiertes Kollektiv erzeugt, als vielmehr mittels eines narrativ verwobenen Netzes diverser und komplementärer Kollektivbegriffe. Als „Christianer" bezeichnet sie ausschließlich 1 Petr 4,16. Die Bezeichnung *christianos* findet sich ansonsten im gesamten Neuen Testament nur noch zweimal und zwar als Fremdbezeichnung in der Apostelgeschichte (Apg 11,26; 26,28). Die durchaus zur Verfügung stehende Kollektivbezeichnung[1] „Christianer" wird aber als Fremdidentifizierung nicht übernommen. Vielmehr werden die von anderen erstmals in Antiochien als Christianer identifizierten Schüler und Schülerinnen des Weges im Namen Jesu Christi von den Protagonisten dieses Weges selbst und auch vom Erzähler der Apg kontextabhängig als Israeliten, als Volk Israel, als Haus Israel, als Juden, als Hebräer, als Hellenisten (6,1), als Juden und Griechen (14,1; 18,4; 19,10; 20,21), als Männer und Geschwister, als Zeugen (2,32; 3,15; 5,32; 13,31), als Koinōnia (Gemeinschaft: 2,42), als Menge der Vertrauenden (4,32), als gläubig gewordene Juden

1 Vgl. zu den Kollektivbezeichnungen in der Apg ausführlicher: S. ALKIER, Terminologien kollektiver Identitäten in der Apostelgeschichte des Lukas, in: S. ALKIER/H. LEPPIN (Hg.), Juden – Heiden – Christen? Religiöse Inklusionen und Exklusionen im Römischen Kleinasien bis Decius, WUNT 400, Tübingen 2018, 301–331. Die folgenden Überlegungen zur Apg folgen mit wenigen Änderungen diesem Aufsatz. – Dass das hier Gesagte sich keineswegs nur an der Apg erweist, zeigen M. HENNING/T. NICKLAS, Questions of Self-Designation in the Ascension of Isaiah, in: J.N. BREMMER/T.R. KARMANN/T. NICKLAS (Hg.), The Ascension of Isaiah, Studies on Early Christian Apocrypha 11, Leuven 2016, 175–198.

 | DOI:10.30965/9783657760381_009

(10,45), als Weg (9,2; 8,24; 19,9; 19,23; 22,4), als Heilige (9,32), als Herde (20,28), als Schüler (*mathētēs*, 6,1.7; 9,1; 11,26.29; 13,52; 18,23; 19,1; 20,1; 21,4), als Synagogenmenge (15,30) oder als Versammlung (*ekklēsia*, traditionell als *Gemeinde* oder sogar anachronistisch als „*Kirche*" übersetzt) terminologisch zusammengefasst. Sie bilden zudem schon in Jerusalem Untergruppen wie den Zwölferkreis der Apostel oder den Siebenerkreis der griechisch sprechenden Juden.

Die sich aus dem Jerusalemer Apostelkreis und ihrer Gruppe der „Einhundertzwanzig Namhaften" (Apg 1,15)[2] entwickelnde Bewegung erfährt in der Apostelgeschichte zwei markante Fremdbezeichnungen: „Christianer" und „Sekte der Nazarener". Die jüdischen Eliten in Jerusalem, die sich nicht vom Evangelium Jesu Christi überzeugen lassen, nennen sie „Sekte der Nazarener" (24,5; 24,14). Apg 11,26c ist dagegen mit 1 Petr 4,16 der früheste Beleg dafür, dass ein „christlicher" Autor den Begriff „Christianer" (χριστιανός, *christianos*) kennt. Er wird aber, wie das Syntagma „Sekte der Nazarener", als Fremdbezeichnung in der Apg markiert. Es könnte sich dabei ursprünglich um einen lateinischen Verwaltungsbegriff zur abgrenzenden Identifizierung einer religiösen Gruppierung handeln, doch wird der Begriff in Apg 26,28 noch ein zweites Mal durch den jüdisch-römischen Klientelkönig Herodes Agrippa II. verwendet. Der Negativbefund ist vielleicht sogar noch aussagekräftiger: Kein Anhänger der sich um den Namen Jesu Christi versammelnden Bewegung gebraucht diese Terminologie in der Apostelgeschichte des Lukas zur kollektiven oder individuellen Selbstidentifikation.

Die Apostelgeschichte erzählt Folgendes: Nachdem Paulus zwei Jahre in Gefangenschaft zugebracht hat, wird der mit der Jüdin Drusilla verheiratete Felix als Statthalter von Porcius Festus abgelöst (vgl. 24,24–27). König Herodes Agrippa II., ein Urenkel des Königs Herodes und mit römischem Namen Marcus Iulius Agrippa, besucht den neuen Statthalter (vgl. 25,13). Dieser erzählt ihm von dem Gefangenen Paulus, der als Römer an den Kaiser appelliert hat. Er könne ihn aber kaum ohne Anklage nach Rom schicken, denn was die Juden ihm vorwerfen, sei eine Angelegenheit ihrer „Gottesfurcht"

---

2 Übersetzungen der Apg hier und im ganzen Abschnitt V.1. von Stefan ALKIER.

(25,19)[3] und daher nicht justiziabel vor einem römischen Gericht (vgl. 25,14–21). Agrippa bittet Festus darum, selbst mit Paulus zu sprechen (vgl. 25,22) Der Statthalter mag sich davon Hilfe für sein Schreiben nach Rom in dieser Angelegenheit erhofft haben (vgl. 25,26–27).

In dem folgenden Gespräch erzählt Paulus dem König Agrippa, wie zuvor in Kap. 22 schon dem Volk Israel, wie er vom Verfolger zum Verkündiger der Botschaft von der Auferweckung des gekreuzigten Jesus von Nazareth wurde. Dabei spricht er König Agrippa als kundigen Juden an, der beurteilen könne, was im Gesetz und bei den Propheten stehe (26,3). Paulus beharrt auch vor dem jüdischen Römer Agrippa darauf, dass er nichts Anderes sage, „als, was die Propheten gesagt haben, was geschehen muss – und auch Mose" (26,22b), eine Überzeugung, der er bereits vor dem Hohen Rat Ausdruck verliehen hatte. Dort hatte er Pharisäer und Sadduzäer gegeneinander ausgespielt, im Wissen darum, dass sie sich in der Frage der Auferstehung der Toten uneins sind (vgl. 23,6–8). Paulus bekannte sich dort zu den Pharisäern und ihrer „Hoffnung und der Auferstehung der Toten" (23,6). Und er nahm damit die Pharisäer für sich ein (vgl. 23,9).

Agrippa gegenüber formuliert er in Apg 26,22 seine Überzeugung konkreter, indem er ausführt, dass diese pharisäische Hoffnung im Leiden und durch die Auferweckung des gekreuzigten Jesu Christi bereits Wirklichkeit geworden sei, und genau diese Konkretisierung sei der „Weg", den Paulus wie alle anderen im Namen Jesu Christi bezeugen. Diese Konkretisierung ist es, die den jüdischen Pharisäer Paulus nach seiner Christuserscheinung von dem Paulus vor seiner Christuserscheinung unterscheidet. Er bleibt Jude, der das Gesetz

3 Der Begriff δεισιδαιμονία (*deisidaimonia*) begegnet im Neuen Testament nur hier und ist auch in der LXX nicht belegt. Er kann neutral mit „Gottesfurcht" und pejorativ mit „Aberglaube" übersetzt werden. Da Lukas Festus als einen Statthalter zeichnet, dem es um das Ethos römischen Rechts geht, das sich in die Angelegenheiten der jeweiligen Gottesverehrung solange nicht einmischt, wie es keine Unruhen erzeugt, liegt die neutrale Bedeutung der „Gottesfurcht" hier näher, obwohl auch „Aberglaube" Sinn machen würde, denn Festus hält Paulus für verrückt (vgl. 26,24), allerdings erst nach seiner Unterredung mit Agrippa in Anwesenheit des Festus.

und die Propheten, den Opferkult am Tempel von Jerusalem und den Hohen Rat von Jerusalem für sich und sein Volk – das auserwählte Volk Israel – als Teil seiner Identität ansieht. Die Botschaft aber von der Auferweckung des Gekreuzigten durch den Gott Israels begreift er als Erfüllung pharisäischer Hoffnung, die nun auch den anderen Völkern mitgeteilt werden müsse (vgl. 26,23).

Festus hält ihn für verrückt (26,24), aber nicht so Agrippa, den Paulus auf dessen Zutrauen zu den Propheten anspricht: „Vertraust du, König Agrippa, den Propheten?" (Apg 26,27a). Paulus wartet Agrippas Antwort nicht ab, sondern spricht für ihn aus: „Ich weiß, dass du vertraust" (Apg 26,27b). Geschickt lässt er das Objekt des Vertrauens in seiner stellvertretenden bekenntnisartigen Antwort aus. Der romanisierte Jude Agrippa füllt diese Leerstelle aber nicht mit seinem Bekenntnis zu Jesus Christus, wie es die rhetorische Strategie des Paulus nahegelegt hat, sondern er weicht ins Ungefähre aus: „Ein Weniges, dass du mich überredest, einen Christianer zu geben" (26,28). „Paulus antwortete: Ich wünschte mir von Gott, dass über kurz oder lang nicht nur du, sondern alle, die mich heute hören, das werden, was ich bin – freilich ohne diese Fesseln" (26,29).

Was aber ist Paulus? Ein Christianer im Sinne Agrippas? Wie ist die Antwort des Paulus zu verstehen? Und warum greift er die Terminologie des Agrippa nicht einfach auf? Die Formulierung Agrippas, „einen Christianer zu geben" (*Christianon poiēsai*) webt Theatersemantik in diese Szene ein. Damit bleibt im Unklaren, was Agrippa selbst denkt und empfindet. Es fehlt nicht viel und er übernimmt die *Rolle* eines Christianers. Das heißt aber auch, dass König Agrippa, der Jude und Römer, zumindest eine ungefähre Vorstellung davon hat, wie man einen „Christianer" spielen müsste. Die Antwort des Paulus aber wechselt von dieser Theatersemantik zu einer existenziellen Aussage. Er formuliert als potentiell erfüllbaren Wunsch, dass alle, die ihn „heute hören", so werden, wie er selbst sei.

Diese „alle" aber sind textpragmatisch betrachtet keine anderen als die jeweiligen Leserinnen und Leser bzw. Hörer und Hörerinnen der Apostelgeschichte des Lukas. Lukas möchte nicht, dass seine Rezipienten eine „Christianer-Rolle" *spielen*, also den Klischees entsprechen, die den Christusanhängern von außen zugeschrieben werden, sondern er wünscht sich Rezipienten, die wie Paulus umdenken und ihr Leben ändern, weil sie von der Wahrheit der Freudenbotschaft von der Auferweckung des gekreuzigten Jesus von Nazareth ins Herz getroffen werden, ihr vertrauen und sie auf der Basis der Heiligen Schriften Israels begreifen lernen; Rezipienten, die Schülerinnen und Schüler der Frohbotschaft von der Auferweckung des Gekreuzigten werden, umdenken, verstehen, was diese Botschaft bedeutet und sich ihr gemäß auf den Weg ihres Lebens als zuversichtliche Zeugen der Barmherzigkeit, Gerechtigkeit und Schöpfungskraft Gottes machen, wie sie sich in der guten Nachricht von der Auferweckung Jesu zeigt.

Die breit gefächerte Diversität der Kollektivbegriffe zeigt an, dass die Apostelgeschichte kein Interesse daran hat, die im Namen Jesu Versammelten und seine Auferweckung Bezeugenden auf einen Begriff zu bringen, der sie von ihrer vermeintlichen „Umwelt" abhöbe. Die Apostelgeschichte ist kein Zeuge für das metasprachliche Schema „das Christentum und seine Umwelt". Sie unterläuft nicht zuletzt mit ihren terminologischen Grenzüberschreitungen und ihrer komplementären Semantik, die etwa den Begriff *ekklēsia* für Versammlungen von „Christen", „Juden" und „Heiden" nutzt, das Begehren vieler Übersetzer, mit dieser terminologischen Trias klare Abgrenzungen zu vollziehen und diesem Wunsch gemäß *ekklēsia* dann bezogen auf „Christen" mit „Gemeinde" (5,11) zu übersetzen, und denselben Begriff bezogen auf „Heiden" mit „Versammlung" wiederzugeben (vgl. 19,32.39–40).

Die Apostelgeschichte konstruiert eine kollektive Identität der im Namen Jesu Christi auf dem „Weg" Befindlichen nicht durch die Etablierung einer kollektivierenden Terminologie und schon gar nicht durch eine institutionalisierte Gemeinschaft. Es gibt sogar nicht nur diverse Ekklesiai (Versammlungen) im Namen Jesu Christi, sondern auch die Ekklesia im Namen der Artemis. „Christianer" ist eine Fremdbezeichnung, die nicht affirmativ von Lukas übernommen wird. „Brüder" bzw. „Geschwister" sind nicht nur diejenigen, die vom Evangelium Jesu Christi überzeugt sind, sondern auch Israeliten bzw. Juden, die diese Überzeugung nicht teilen.

Die spezifische kollektive Identität der im Namen Jesu Versammelten wird vielmehr durch deren gemeinsame Überzeugung gebildet, dass der gekreuzigte Jesus vom Gott Israels, wie er in seinem Handeln in den Heiligen Schriften Israels zum gültigen Ausdruck kommt, auferweckt worden ist und nun an der Macht Gottes partizipiert. Diese Jesus-Christus-Geschichte wird gelehrt und mit den Schülern auf der Basis der Heiligen Schriften Israels interpretiert. Wer von dieser Geschichte überzeugt wird, soll sich auf den Namen Jesu taufen lassen und sich in seinem Namen auf den „Weg“ begeben. Die so Gebildeten und Getauften werden mit dem Heiligen Geist begabt, der sie alle miteinander, gleich wer oder wo sie sind, gleich woher sie kommen oder wohin sie gehen, verbindet. Sie treffen sich im Namen ihres Herrn Jesus, dem als der Christus, der Messias Israels, vertraut wird.

Die lukanische Inszenierung kollektiver Identität im Namen Jesu Christi durch ein Netz von Erzählungen, Überzeugungen und komplementären Terminologien eröffnet auch für den Diskurs der Gegenwart wichtige Perspektiven. Das gemeinsame Merkmal aller, die in der Apg mit Jesus Christus assoziiert werden, ist ihre Überzeugung, dass er vom Gott Israels von den Toten auferweckt wurde und deshalb der Christus, der Messias, der Kyrios, der Sohn Gottes ist. Dieses Evangelium, diese Frohbotschaft bewirkt ein Umdenken von der Barmherzigkeit, Gerechtigkeit und Schöpfungskraft Gottes her, wie sie die Heiligen Schriften Israels bezeugen. Die Schülerinnen und Schüler dieses Evangeliums bezeugen die Wahrheit der Frohbotschaft dadurch, dass sie einen neuen Weg in ihrem Leben einschlagen.

Dass die Schülerschaft allen Menschen aus allen Völkern gilt und sie nicht gebunden ist an eine Zugehörigkeit zu einem bestimmten Kollektiv, führt der Schluss des Matthäusevangeliums vor Augen. Ich übersetze Mt 28,19–20 folgendermaßen:

> Brecht also auf und nehmt als Schüler alle Bevölkerungen an, indem ihr sie auf den Namen des Vaters und des Sohnes und des Heiligen Geistes eintaucht, indem ihr sie lehrt zu halten alles, was ich euch geboten habe. Und siehe: Ich bin mit euch, alle Tage, bis zur Vollendung des Zeitalters. (Übersetzung Alkier, Paulsen, FNT2)

Ich möchte diese Übersetzung in gebotener Kürze begründen: *Poreuthentes*, das Partizip mit dem Mt 28,19 einsetzt, hat aufgrund seiner syntaktischen Position am Anfang eine andere Funktion als die anderen beiden folgenden Partizipien. Das Partizip *poreuthentes* legt den Begleitumstand der Haupthandlung dar. Es legt keine Richtung fest, was die Übersetzung auch wiedergeben muss: „Brecht auf." Es geht um die Dynamik dieses Aufbruchs, sich auf den Weg zu machen.

Matheteusate panta ta ethne heißt übersetzt: „Lehrt alle Bevölkerungen" im Sinne von „nehmt alle Bevölkerungen als Schüler an". Wolfgang Reinbold hat auf die bedeutsame Differenz von *matheteuo* und *didasko* hingewiesen. Man kommt über das Verb *matheteuo*, zum Substantiv *mathetes*, dem Schüler, das heißt, das Verb *matheteuo* bringt die Schülerperspektive ins Spiel. Vom *didaskein*, dem Lehren, kommt man hingegen zum *didaskalos*, dem Lehrer. Hier begegnet die Lehrerperspektive. Mit diesen beiden Verben gerät also ein und derselbe Beziehungsvorgang von zwei verschiedenen Seiten her in den Blick.

Es ist semantisch notwendig, *panta ta ethne* mit „alle Bevölkerungen" und nicht mit „alle Menschen" zu übersetzen. Diese Formulierung zielt nämlich nicht primär auf Individuen, sondern auf kollektive Identitäten in ihrer jeweiligen Verschiedenheit. Dabei steht der schöpfungstheologische Gedanke im Hintergrund, dass Gott der Gott aller Völker ist. Zudem wird die Idee der Endzeit als Heilsperspektive für alle Völker eingebracht.

Die Partizipen *baptizontes* und *didaskontes* fungieren als Explikation von *matheteusate*: das Eintauchen und das Lehren erklärt die Art und Weise des „die Bevölkerungen als Schüler Annehmens". Die didaktische Pointe dieser Zuordnung besteht darin, dass das Eintauchen selbst als Schüler Annehmen verstanden wird. Indem alle zugelassen werden *müssen*, – hier ist der Imperativ wahrzunehmen –, haben die hier Angesprochenen nicht das Recht, irgendjemanden aufgrund seiner Zugehörigkeit zu irgendeinem Kollektiv auszuschließen. Es handelt sich also gerade nicht um einen nach außen gerichteten „Missionsbefehl", sondern um eine nach innen gerichtete Untersagung, jemandem aufgrund einer kollektiven Zugehörigkeit die Schülerschaft zu verweigern! Was in Mt 28,19f vor dem Hintergrund des Konflikts diverser Kollektive der Verehrung des Gottes

Israels stattfindet, wird als Entgrenzung wahrnehmbar, d.h., es gibt keine Möglichkeit für diejenigen, die diesem Text folgen sollen und wollen, über lokale bzw. ethnische Zugehörigkeit jemanden von der Schülerschaft der angemessenen Verehrung des Gottes Israels auszuschließen, oder anders gesagt: Es kann überhaupt keine biblische Begründung geben für ekklesiologische Diskriminierungen!

Es steht im krassen Widerspruch zur Schrift, irgendjemandem den Zugang zur Gemeinschaft, zum Gottesdienst, zum Ritus zu verwehren, weil er oder sie einem anderen Kollektiv angehört. Es kann biblisch begründet keine Christinnen und Christen erster oder zweiter Klasse geben. Wer immer sich auf den Weg der Nachfolge Christi begibt, darf nicht abgewiesen werden. Nirgendwo spricht die Bibel von der Vorbedingung einer Mitgliedschaft in einer bestimmten Institution, um sich auf Gottes gute Weisung, auf Tora und Evangelium in beiden Testamenten einzulassen, zu vertrauen und damit das Leben zu gestalten. Man muss nicht erst Jude werden, um den Weg der Nachfolge zu gehen. Man muss aber auch nicht erst römisch-katholisch oder griechisch-orthodox oder evangelisch-lutherisch werden, um gemeinsamen Gottesdienst zu feiern und sich gemeinsam um den Tisch des Herrn zu versammeln.

Diese Offenheit der Schrift dürfen die Konfessionen nicht beschneiden. Sie vergehen sich sonst am Geist des Evangeliums und setzen ihr begrenztes konfessionelles Verständnis an die Stelle der Liebe und Barmherzigkeit Gottes. Nicht der Name einer bestimmten institutionalisierten Weise, den Weg als Zeugen der Frohbotschaft zu gehen, qualifiziert „Christsein“. Die Konfessionen mit ihren altehrwürdigen – oder auch neueren bzw. erneuerten – Traditionen sollen Hilfestellungen anbieten, den je eigenen Lebensweg als Zeugen der Frohbotschaft gemeinsam zu gestalten. Ihre Verschiedenheit ist solange ein Gewinn, wie sie sich nicht über andere Weisen, diesen Weg zu gehen, überheben. Konfessioneller Hochmut zeugt nicht von Gottvertrauen, sondern von einem Gemeinschaft zerstörenden Eigenlob.

Sola Scriptura als Primat der Schrift vor der je eigenen Konfession als spezifischer kollektiver Identität ermöglicht eine Ökumene des sich gemeinsam auf den Weg der Zeugenschaft Begebens. Um das richtige, das orthodoxe Verstehen der katholischen Frohbotschaft, des Evangeliums, das allen gilt, zu fördern, sollten sich die diversen Konfessionen als Lern- und Lehrgemeinschaft begreifen, die sich gegenseitig und gemeinsam über die spezifische Ausgestaltung ihres Weges der Zeugenschaft beraten. Das Ziel dieser andauernden ökumenischen Beratungen wäre aber nicht die Reduktion der lebendigen Vielfalt der Konfessionen auf eine gemeinsame Institution, wie auch immer sie dann heißen und organisiert würde. Sich gegenseitig als Schülerinnen und Schüler annehmen und vom anderen lernen zu wollen, also gleichermaßen Schüler*innen und Lehrer*innen sein in gegenseitiger Anerkennung der Aufrichtigkeit der Wahrheitssuche und Fremdheit des Anderen wäre ein schriftgemäßer Weg der Ökumene, der die Kultur der zuversichtlichen Zeugenschaft weltweit erneuern, reformieren und glaubwürdiger machen würde. Der Hochmut und die nach innen wie nach außen gerichteten Machtspiele und Diskriminierungen der Konfessionen aber zerstören nicht nur ihr eigenes Ansehen, sondern schaden auch der Kommunikation der Frohbotschaft Jesu Christi. Die Krise des Christentums der Gegenwart ist keine Krise der Denk- und Lebbarkeit des Evangeliums, sondern eine Krise der Selbstwahrnehmung und Selbstinszenierung christlicher Kirchen. Selbstkritisches Umdenken mit der Bibel wäre für alle ein hoffnungsvoller Schritt in Richtung Frohbotschaft.

2. Auch die anderen können die Bibel angemessen verstehen

Tobias Nicklas

Der gegen Ende des Zweiten Weltkriegs spielende Horrorfilm „The Others“ von Alejandro Amenábar aus dem Jahr 2001 erzählt eine verstörende Geschichte. Grace Stewart wohnt mit ihren beiden Kindern Anne und Nicholas in einem abgelegenen Landhaus auf der Insel Jersey, während ihr Mann Charles vor eineinhalb Jahren für England in den Krieg gezogen ist. Die Kinder leiden an einer seltenen Allergie und dürfen deshalb niemals dem Sonnenlicht ausgesetzt werden. Als das Personal des Hauses quasi über Nacht verschwindet, engagiert Grace neue Dienstboten. Mehr und mehr ereignen sich unerklärliche Vorfälle – Gegenstände stehen nicht mehr an ihrem gewohnten Platz, die für die Gesundheit der Kinder so wichtigen dunklen Vorhänge sind plötzlich geöffnet. Es spukt ganz offensichtlich. Nicht nur um das Haus, sondern auch um die neuen Dienstboten scheint sich ein dunkles Geheimnis zu ranken. „Andere“ ergreifen Besitz vom Haus, „andere“, vor denen Grace ihre Kinder beschützen muss. Die Situation eskaliert immer mehr, bis sich ein überraschender Perspektivenwechsel auftut. Für die unerklärlichen Geräusche, das Beängstigende, das Andere waren nicht Geister verantwortlich, sondern eine Familie, die sich das Haus gekauft hat. Grace und ihre Kinder, ja selbst die Dienstboten, mit denen und deren Perspektive sich der Zuseher des Films bereits identifiziert hat, sind die wahren Geister, die das nach dem Krieg leere Haus noch immer bewohnen. Die neuen Besitzer, die wirklich Lebenden, dagegen ziehen wieder aus und überlassen das Haus seinen Toten. Ein großer Teil der Faszination dieser dunklen Erzählung besteht darin, dass sie fast durchgehend eine bestimmte Sicht auf die Dinge anbietet, um schließlich abrupt zum Perspektivenwechsel zu zwingen: Die von Anfang an als gefährlich und bedrohlich wahrgenommenen „Anderen“ sind die, die eigentlich Leben ins Haus bringen würden, die Geister der alten Bewohner aber zwingen sie zur Flucht.

 | DOI:10.30965/9783657760381_010

Die Gefahr, dass wir selbst Lebensmöglichkeiten verhindern, ja auf der Seite des Todes stehen, wo wir den Stimmen „der anderen" und ihrem Denken nur mit Angst und Abwehrhaltung begegnen, ist groß. Dies gilt auch in der Bibelauslegung, in Theologie und Kirche(n). Doch wer sind „die anderen"? Ich möchte nicht gleich der Versuchung nachgeben und mit „den anderen" sofort andere Kirchen als die meine und ihre Mitglieder ansprechen, sondern versuche meine Antwort in mehreren Ebenen zu entfalten. Damit will ich zeigen, dass sich die These dieses Kapitels einerseits in der Bibel selbst begründet und sich andererseits in konkreten Beispielen bis in unsere Zeit hinein auf fruchtbare Weise belegen lässt.

So beginne ich mit *biblischen Perspektiven*, die ihren tiefsten Grund darin finden, dass die Bibel Gott und damit den als Schöpfer dieser Welt gegenüber seiner Schöpfung radikal Anderen zur Sprache bringt, ja dieser uns, in ihr und durch sie sprechend, begegnen kann. Dass sich daraus und aus der damit einhergehenden Vielstimmigkeit der Bibel – und zwar aus theologischen wie literarischen Gründen – die Notwendigkeit steter, nie für immer an ihr Ziel ankommender Interpretation ergibt, wurde bereits in den vorangehenden Kapiteln anschaulich gemacht und braucht so nicht noch einmal im Detail wiederholt zu werden. Dass dabei entstehende Interpretationen unterschiedlich sein und dabei doch – in je unterschiedlichen Situationen – die lebendige Wahrheit des Gottesworts zur Sprache bringen können, legt sich damit schon ganz grundsätzlich nahe. Darüber hinaus ist interessant, dass auch biblische Texte selbst durchaus und ganz explizit die Idee thematisieren können, dass auch der oder die *Andere* Entscheidendes aus der Bibel versteht (und vielleicht sogar besser als ich).[1] Ein besonders klares Beispiel bietet

1 Daneben aber dürfen wir nicht verschweigen, dass manche Texte des Neuen Testaments – und darüber hinaus nichtkanonische Schriften des frühen Christentums – Abgrenzungen zwischen dem, was sich als „Juden" und „Christen" voneinander zu trennen begann, auch an Grenzlinien unterschiedlicher Auslegungen biblischer Schlüsselpassagen konstruieren. Beispiele solcher Auslegungen finden sich z.B. bei T. NICKLAS, Frühchristliche Ansprüche auf die Schriften Israels, in: DERS./I. KALIMI/G.G. XERAVITS (Hg.), Scriptural Authority in Early Judaism and Ancient Christianity, DCL.Studies 16, Berlin/Boston 2013, 347–368.

das Lukasevangelium in dem berühmten Gleichnis vom barmherzigen Samariter (oder: Samaritaner; vgl. Lk 10,25–37): Spannend ist hier schon die Vorgeschichte, in der nicht Jesus, sondern der Gesetzeskundige es ist, welcher die Gebote von Gottes- und Nächstenliebe (Dtn 6,5 und Lev 19,18) als Schlüssel dafür versteht, was nötig ist, „um ewiges Leben zu erben" (Lk 10,25). So entspinnt sich ein freundschaftliches Lehrgespräch, in dem der Gesetzeskundige noch eine zweite Frage stellt: „Und wer ist mein Nächster?" Wenn das Gebot der Nächstenliebe nicht in ein naives „Seid nett zueinander!" oder ein verlogenes „Ich liebe euch alle!" aufgelöst werden will, ist diese Frage alles andere als banal. Die Antwort Jesu ist bekannt: Er erzählt ein Beispiel. Indem er die Perspektive umdreht und aus der Sicht des am Wegrand Liegenden fragt, wer dem Hilflosen zum Nächsten *geworden* ist, macht Jesus auf den aufmerksam, der in der Situation höchster Not Grenzen überschreitet und barmherzig handelt. Es ist also in dieser Erzählung *der ganz andere*, der Samaritaner, mit dem man besser nicht verkehrt (vgl. auch Joh 4,9!), der Gott nicht im Tempel zu Jerusalem anbetet, sondern auf dem Berg Garizim,[2] und dessen Bibel, der samaritanische Pentateuch,[3] deutlich anders aussieht als die des Gesetzeslehrers, welcher in seinem Handeln zeigt, dass er Entscheidendes richtig versteht (und zwar besser als Priester und Levit, die Protagonisten der eigenen Gruppe). Der *andere* wird in dieser Erzählung aufgrund seines Handelns zum Vorbild für wahrhaft angemessenes Verständnis der Bibel, die hier im Angesicht der Not fordert, Grenzen zu überschreiten, die sonst das Leben bestimmen mögen. Der Text erzählt nicht, ob der Gesetzeskundige Jesu Aufforderung „Geh und Du handle genauso!" wirklich folgt.

---

2 Vgl. auch den ähnlich grenzüberschreitenden Diskurs zwischen Jesus und der Frau am Jakobsbrunnen (Joh 4,19–26). – Weiterführende Informationen zur lukanischen Perspektive auf die Samaritaner vgl. M. BÖHM, Samarien und Samaritai bei Lukas, WUNT II.111, Tübingen 1999, die auch den sehr hilfreichen Einführungsbeitrag in WiBiLex verfasst hat [https://www.bibelwissenschaft.de/wibilex/das-bibellexikon/lexikon/sachwort/anzeigen/details/samaritaner/ch/d4a40f8ed3dce537b4da94b143fcafa9/] (letzter Zugriff 29. Mai 2020).

3 Die samaritanische Bibel umfasst nur die fünf Bücher der Tora, allerdings in einer Fassung, die in vielen Details von der abweicht, die im masoretischen Text der Hebräischen Bibel überliefert ist.

Das ist auch nicht die Frage – denn textpragmatisch richtet sich diese Aufforderung an die Leserinnen und Leser des Evangeliums: Handle – und zwar grundsätzlich, immer[4] – genauso. Lass dich vom Handeln des ganz Anderen inspirieren – und überschreite Grenzen!

So schön dies klingt, so sehr muss allerdings auch zugegeben werden: Auch die Bibel lässt nicht alle Stimmen, die es wohl wert wären, gehört zu werden, in gleicher Weise zu Wort kommen. Zum Teil hat das damit zu tun, dass wohl alle Schriften, die sie umfasst, von Männern geschrieben wurden. Wie großartig wäre es, die Stimmen derer zu hören, von denen wir nur Namen wissen: Ich denke z.B. an die Geschichten hinter den Namen, die uns in der Grußliste im 16. Kapitel des Römerbriefs begegnen. Wie anders wäre unsere Bibel, wenn sie noch mehr an Frauenstimmen zum Klingen brächte, die Stimmen von Phoebe aus Kenchreae[5], Priska oder Junia, die man lange Zeit von einer Apostelin in Übersetzungen zu einem Mann gemacht hat, um sie vollkommen zum Schweigen zu bringen![6] In manchen Fällen hören wir noch, sehr gebrochen, den Widerhall einer Gegenstimme wie bei der mit dem Schimpfnamen Isebel (vgl. z.B. 1 Kön 16,29–34) verunglimpften anonymen Prophetin aus Thyatira (Offb 2,18–29). Es mag sein, dass der Seher Recht hat und ihre Stimme so bedrohlich war, dass es gut ist, sie heute nicht mehr zu hören. Ganz sicher aber bin ich mir dessen nicht – die aggressive Art und Weise, wie sie zum Schweigen gebracht wird, scheint recht wenig mit der „frohen Botschaft" Jesu zu tun zu haben.

Wenn wir noch einen Schritt weitergehen und die Grenzen einzelner biblischer Bücher überschreiten, so zeigt sich die grundsätzliche Tatsache, dass auch „andere" die Bibel angemessen verstehen

4 Der Imperativ Präsens hat hier einen durativen oder iterativen Aspekt, womit zum Ausdruck gebracht wird, dass die Aufforderung Jesu nun in allen vergleichbaren Situationen – und zwar ganz grundsätzlich – gilt.

5 Nur ganz vage Konturen einer offenbar hoch interessanten Frau sind in Röm 16,1 noch zu erkennen. Vgl. u.a. die Gedanken bei T. NICKLAS, Phoebe: ‚Patrona' des Paulus, Frau im Dienst des Evangeliums, Vorbild für Männer und Frauen, in: JBTh Sexualität (33/2018), 143–156 [mit vielen Hinweisen zu weiterer Sekundärliteratur].

6 Sehr ausführlich zur Text-, Auslegungs- und Übersetzungsgeschichte E.J. EPP, Junia: The First Woman Apostle, Minneapolis 2005.

können, noch deutlicher. Wenn man mehrere biblische Schriften (wie auch darüber hinaus außerkanonische Literatur des frühen Christentums) liest, wird klar, dass diese nicht einfach für alle Zeiten gültige eindeutige Antworten auf große Fragen geben wollen, sondern als Positionierungen Stellung nehmen in Debatten und Diskursen.[7] Diese wiederum können sich an der Auslegung biblischer Passagen entzünden. Paulus wie der Autor des Jakobusbriefes (sowie neben und nach ihnen eine Vielzahl frühjüdischer und „christlicher" Autoren der ersten Jahrhunderte) zitieren Gen 15,6: „Abraham kam zum Vertrauen auf Gott und es wurde ihm zur Gerechtigkeit angerechnet" (vgl. Röm 4,3; Gal 3,6; Jak 2,23). Während Paulus Wert darauf legt, dass es die Haltung eines Gott alles zutrauenden Glaubens (und nicht konkrete Werke) waren, die dazu führten, dass Abraham (in einer Zeit, in der Israel die Tora noch nicht gegeben war) als Gerechter galt, setzt Jakobus den Schwerpunkt darauf, dass sich der Glaube Abrahams überhaupt erst in Werken manifestiert.[8] Jakobus ist so der „Andere" des Paulus – und umgekehrt. Wer hat nun recht? Paulus? Jakobus? Beide oder keiner? Ich denke, dass die Frage falsch gestellt ist: Wo eine Frömmigkeit vorherrscht, in der man jede einzelne Tat, ja selbst Gebete zählt und aufwiegt, mag die Stimme des Paulus besonders wichtig sein. Wo konkrete Lebensrealität sich hinter einer zur Chiffre gewordenen Idee von „Glauben" verliert, muss Jakobus – gerade als der Andere! – zu Gehör gebracht werden. Vergleichbare Antagonismen finden sich auch in anderen Texten – so z.B. die sehr unterschiedlichen Stimmen zur „Ordnung" der „Versammlungen" (*ekklesiai*), die wir im 1. Korintherbrief und den Pastoralbriefen finden, oder die sehr konträren Aussagen zum Verhältnis von Christusanhängern und Staat in Röm 13

7 Dies ist die grundlegende These des Bandes S. ALKIER (Hg.), Antagonismen in neutestamentlichen Texten, Beyond Historicism. New Testament Exegesis Today, Paderborn 2021 [im Druck].

8 Das konkret literarische Verhältnis zwischen Paulus und Jakobusbrief wird dabei kontrovers diskutiert, ist aber für den hier gewählten Zugang nicht entscheidend. Eine in meinen Augen angemessene Lösung bietet D.C. ALLISON, Jr., Jas 2:14–26: Polemic against Paul, Apology for James, in: T. NICKLAS/A. MERKT/J. VERHEYDEN (Hg.), Ancient Perspectives on Paul (NTOA 102), Göttingen 2013, 123–149.

und der Johannesapokalypse.[9] Die Zahl der Möglichkeiten ist schier unbegrenzt.

Die Auseinandersetzung mit der Bibelauslegung *der anderen*, die uns zur Demut gegenüber dem eigenen Wissen, Erkennen und Interpretieren führen sollte, findet somit ihren Kern bereits in der Vielfalt der in der Bibel repräsentierten Stimmen, die jedoch nicht einfach unverbunden nebeneinander stehen, sondern in der durch Stefan Alkier (IV.1) beschriebenen Weise ein hoch differenziertes spannendes und spannungsvolles, gleichzeitig auf die nie fassbare Größe der lebendigen Wahrheit des einen Gottes verweisendes Zueinander und Miteinander kreieren.

Vor diesem Hintergrund liegt es nahe, auch konkrete Stimmen der *anderen*, die im Verlauf der Auslegungsgeschichte Grenzen überschreitend Anstöße gegeben haben, wenigstens anzudeuten. Da ich einige solche Beispiele aus der Geschichte der Kirchen bereits erwähnt habe, möchte ich hier nur kurz daran erinnern, wie die sehr verschiedenen Interpretationen der in Gal 2,11–21 erzählten Szene vom „antiochenischen Zwischenfall" – mit einem besonderen Schwerpunkt auf den Aussagen zur Rechtfertigung in Gal 2,16 – durch so unterschiedliche Interpreten wie Augustinus, Thomas von Aquin, Martin Luther oder auch Calvin nicht nur Kirchen geprägt haben, sondern sie heute im Dialog auch wieder einander tiefer entdecken lassen.[10] Wir müssen aber nicht innerhalb der christlichen Kirchen bleiben, um großartige Interpretationen biblischer Texte zu finden: Ich denke hierzu (ganz exemplarisch) an jüdische Auslegungen (auch des Neuen Testaments), unter denen mir auch persönlich Schalom Ben-Chorins (1913–1999) „Bruder Jesus"

9 Zu Letzterem vgl. z.B. die knappen Überlegungen in T. NICKLAS, The Apocalypse in the Framework of the Canon, in: R.B. HAYS/S. ALKIER (Hg.), Revelation and the Politics of Apocalyptic Interpretation, Waco, Tx. 2012, 143–154, hier: 146–147.

10 Eine gute Einführung bietet J. RICHES, Galatians through the Centuries (Blackwell Bible Commentaries), Oxford 2008, 105–143. Zur heutigen exegetischen Debatte, die inzwischen weit darüber hinausführt, vgl. z.B. die Beiträge in dem Band von M. BACHMANN (Hg.), Lutherische und Neue Paulusperspektive. Beiträge zu einem Schlüsselproblem der gegenwärtigen exegetischen Diskussion, WUNT 182, Tübingen 2005.

entscheidende Weichenstellungen ermöglicht hat,[11] an das filmische „Matthäusevangelium" (1964) des Agnostikers Pier Paolo Pasolini (1922–1975), an Michail Bulgakows (1891–1940) Roman „Meister und Margarita"[12], der, gerade weil er nicht in „christlichem Gewand" daherkommt, für viele Menschen in der ehemaligen Sowjetunion einen Zugang zur Jesuserzählung ermöglichte, oder an die faszinierenden Paulusdeutungen zeitgenössischer Philosophen wie Jacob Taubes, Giorgio Agamben, Alain Badiou oder Slavoj Žižek.[13] Auch die heutige Vielfalt an Zugängen zur Bibel zeigt in spannender und in vielen Fällen dramatischer Weise, was es bedeuten kann, sich auf die z.T. grundstürzenden Herausforderungen der Interpretationen von Menschen einzulassen, die aus meiner Sicht bzw. aus der der Gruppe(n) inclusive der Kirche, der ich zugehöre, anders sind. Die Grenzen und Kategorien, die Welten, die es dabei zu überwinden gilt, sind vielfältig.[14] Feministische und gender-gerechte Exegese hat Männergesellschaften auf (bewusste wie unbewusste) patriarchale und damit Unrechtsstrukturen fortsetzende wie festschreibende Muster in ihren Übersetzungen und Auslegungen verwiesen und gleichzeitig dafür sensibilisiert, wie viele wichtige Frauenperspektiven bei bewusstem Hinsehen in der Bibel aufzudecken sind.[15] Durch Disability Studies beeinflusste Auslegungen

---

11 S. BEN-CHORIN, Bruder Jesus: Der Nazarener in jüdischer Sicht, München 1992.

12 Aktuelle deutsche Ausgabe: M. BULGAKOW, Meister und Margarita. Neu übersetzt von Alexander Nitzberg, Berlin 2012.

13 Vgl. z.B. G. AGAMBEN, Die Zeit, die bleibt. Ein Kommentar zum Römerbrief, Frankfurt a. M. 2006; A. BADIOU, Saint Paul. The Formation of Universalism, Stanford 2003; J. TAUBES, The Political Theology of Paul, Stanford 2004; S. ŽIŽEK, The Puppet and the Dwarf: The Perverse Core of Christianity, Cambridge, Mass. 2003. – Eine kurze Übersicht aus Sicht heutiger neutestamentlicher Wissenschaft bietet B.J. LIETAERT PEERBOLTE, The Reception of Paul in Modern Philosophy, in: T. NICKLAS/A. MERKT/J. VERHEYDEN (Hg.), Ancient Perspectives on Paul (NTOA 102), Göttingen 2013, 413–427.

14 Im Grunde ist auch die Tatsache, dass wir heute zu dritt, aus verschiedenen Konfessionen stammend, dieses Buch gemeinsam schreiben, zentrale Thesen teilen und in der Diskussion voneinander lernen, ein Zeichen dafür.

15 Unter vielen möchte ich aus dem deutschsprachigen Raum die Arbeiten von Irmtraud Fischer herausheben. Paradigmatisch: I. FISCHER, Gender-faire Exegese. Gesammelte Beiträge zur Reflexion des Genderbias und seiner

haben gezeigt, wie wichtig es ist, sich von kulturell und gesellschaftlich geprägten Kategorisierungen von Menschen als „normal" bzw. „gesund" einerseits und „behindert" andererseits zu lösen, will man nicht – z.B. durch falsche Akzente in der Verkündigung von Heilungserzählungen – Menschen überhaupt erst als „behindert" markieren, die in vielerlei Hinsicht heiler sind als manche und mancher, die in unserer Gesellschaft als „normal" oder „gesund" eingestuft würden.[16] Zugänge zur Bibel aus einer postkolonialen Perspektive lehren uns, wie sehr unser Denken von einem willkürlichen und falschen Eurozentrismus geprägt ist – und wie wenig wir das Recht haben, mit unseren Hermeneutiken erneut Menschen anderer Länder, Kulturen und Lesegewohnheiten zu dominieren.[17] Der bereits in IV.2 angesprochene Gedanke vom „inspirierten Leser" gewinnt erst da seine Sprengkraft, wo ich in diesem Leser (oder dieser Leserin) nicht einfach ein Spiegelbild meiner selbst sehe, sondern wirklich katholisch denke: Das Gotteswort will nicht nur den historisch und philologisch interessierten, beruflich abgesicherten süddeutschen Akademiker mit Familie „an-gehen", sondern auch in verschiedensten sozialen und kulturellen, gesellschaftlichen wie politischen Kontexten in China wie in Botswana, in Peru wie in Russland, in Papua-Neuguinea wie in Nordkorea sprechen. Was dies tatsächlich auch an *Über-Setzen* der menschlichen Worte der Bibel in *andere*, mir fremde Welten bedeutet, ist kaum abzuschätzen.

Wir müssen aber nicht in andere Kontinente blicken, um zu erkennen, dass „die anderen" nicht nur große Figuren der Vergangenheit oder die führenden Vertreter anderer Kirchen sind, sondern zunächst einmal insbesondere diejenigen Leserinnen und Leser

---

Auswirkungen in der Übersetzung und Auslegung von biblischen Texten, Münster 2004.

16 Einen sehr hilfreichen Einstieg bieten die Arbeiten bei W. GRÜNSTÄUDL/ M. SCHIEFER FERRARI (Hg.), Gestörte Lektüre: Disability als hermeneutische Leitkategorie biblischer Exegese (Behinderung – Theologie – Kirche 4), Stuttgart 2012.

17 Besonders beeindruckend – erneut aus einer Vielzahl von Möglichkeiten – erscheinen mir die Arbeiten von Musa W. DUBE. Vgl. z.B. DIES., The HIV and Aids Bible, Scranton 2008 oder DIES./R.S. WAFULA (Hg.), Postcoloniality, Translation, and the Bible in Africa, Eugene, Or. 2017.

der Bibel, die mit dieser in anderen Lebenswelten zu tun haben als meiner eigenen.[18] Dies beginnt schon bei denjenigen, die aus unterschiedlichen Beweggründen nicht oder nicht mehr mit der Bibel zu tun haben wollen. Auch zu verstehen, warum das Buch, das mich begeistert, für andere Menschen irrelevant, uninteressant, lächerlich, überflüssig oder gar abstoßend erscheint, kann und sollte meinem Verständnis der Texte zur Herausforderung werden. Liegen die Gründe einfach darin, dass „die anderen“ unsensibel und oberflächlich sind? Oder ist „den anderen“ die Bibel vielleicht nur in solch gebrochenen Formen, ja vielleicht in solch missbrauchter Weise begegnet, dass sie keinen Zugang zu ihr finden? Ist diesen „anderen“ (aus welchen Gründen auch immer) das Medium Buch fremd oder fremd geworden? Fehlen ihnen einfach in ihrem Leben die Räume, so zu lesen, wie ich das (schon aus beruflichen Gründen) täglich mit großer Freude tun kann? Würde ihnen ein Zugang über andere Medien (wie Musik, Film, Bild) leichter fallen? Schaffen es (manche? viele?) biblische Texte tatsächlich nicht mehr, in manche Welten hinein zu sprechen, weil sie diesen Welten nichts mehr zu sagen haben oder weil nicht die richtigen Brücken in diese Welten hinein gebaut werden, weil die Bibel also im wahrsten Sinne des Wortes nicht nur ein altes Buch ist, sondern „alt geworden“ ist?[19] Als Theologe, der nicht selbst empirisch arbeitet, kann ich im gegebenen Rahmen keine Antwort – und eine allein wird es sicherlich nicht geben – auf diese Fragen geben. Der Religionspädagoge Rudolf Englert etwa beschreibt das Problem, das vor allem viele junge Menschen haben, folgendermaßen:

---

18 R. Englert, Was wird aus Religion? Beobachtungen, Analysen und Fallgeschichten zu einer irritierenden Transformation, Mainz 2018, 26–28, geht sogar so weit zu sagen, dass die Religion jedes anderen Menschen im Grunde anders ist als meine.

19 Interessanterweise ist das Attribut der Bibel als „altes Buch“ das erste, das Burkard Porzelt in seiner Bibeldidaktik erwähnt. Vgl. B. Porzelt, Grundlinien biblischer Didaktik, UTB Theologie Pädagogik, Bad Heilbrunn 2012, 17–19.

> Der Zweifel daran, dass sich im Umgang mit der Bibel und überhaupt mit der religiösen Tradition wirklich weiterführende Einsichten gewinnen lassen, ist im Grunde der Ausgangspunkt dessen, was der evangelische Theologe Paul Tillich und später dann vor allem die katholische Religionspädagogik eine ‚Korrelation' nennen: Religiöse Traditionen sollen sich vor dem Forum der Vernunft als ‚relevant', ‚inspirierend', ‚handlungsorientierend' usw. erweisen. Dabei wird konsequent vorausgesetzt, dass der Tradition ihre Geltung nicht mehr qua Tradition zukommt, sondern nur mehr in dem Maße, als sie diese Relevanzprüfung besteht. Damit ist der Übergang vollzogen von einer Tradition, der wegen ihres göttlichen Ursprungs als solcher normative Geltung zukommt, zu einer Tradition, die sich in diskursiven Prüfungsverfahren als bleibend bedeutsam ausweisen können muss.[20]

Schüler*innen, die vor diesem Hintergrund die Frage stellen, warum sie denn ausgerechnet die Bibel lesen sollen bzw. ob sie aus der Beschäftigung mit ihr etwas lernen können, „das aus anderen Erkenntnisquellen so nicht zu gewinnen ist"[21], sind damit nicht dumm oder verstockt, sondern stellen – bewusst oder unbewusst – eine Anfrage, die zeigt, dass sie offensichtlich an einem bestimmten Punkt sensibler sind als manche Lehrer*innen und Verkünder*innen, für die diese Frage irrelevant scheint. Damit ist ihr Nicht-Lesen noch keine Interpretation, vielleicht aber Ausdruck eines Verstehens, dass bestimmte Zugänge zur Bibel nichts sagen (und vielleicht überhaupt im besten Falle nichts sagend und im schlechtesten verlogen sind).[22]

---

20 ENGLERT, Was wird aus Religion, 57.

21 ENGLERT, Was wird aus Religion, 58.

22 Ohne mir anmaßen zu wollen, in der Lage zu sein, Menschen in jedem Kontext für die Bibel begeistern zu können, liegt mir aber auch eine Antwort auf die durch Englert angestoßene Frage auf den Lippen: Ich glaube, dass man aus der Beschäftigung mit der Bibel zumindest wenigstens in dem Sinne, dass am Ende einer Religionsstunde Abfragbares zur Verfügung steht, *nichts* lernen kann, was nicht aus anderen Erkenntnisquellen zu gewinnen ist. Ich halte die Bibel stattdessen, wie schon in IV.2 angedeutet, für ein Buch, das Bildungsprozesse anzustoßen in der Lage ist und durch neues Denken eine neue Form der Weltwahrnehmung begleiten kann. Dabei erscheint mir gerade die häufig als problematisch empfundene Tatsache, dass die Bibel ein altes Buch ist, als ein großer Vorteil: Solange die Fremdheit nicht übergroß

Umgekehrt sollen wir nicht vergessen, wie sehr auch „wir" – ich spreche jetzt von mir als dem Teil einer kleinen, sich meistens recht elitär verstehenden Gruppe, den professionellen Exegetinnen und Exegeten – für die meisten Menschen (wenn denen die Existenz unseres Berufsstandes überhaupt bewusst ist) „die anderen" sind. Als „andere" erscheinen wir aber häufig nicht nur Menschen, die mit Bibel und Kirche kaum etwas zu tun haben, sondern auch vielerorts innerhalb unserer Kirchen und Gemeinden: Worin sind die Gründe zu sehen, dass exegetische Literatur – und dabei nicht einmal exegetische Fachliteratur im Allgemeinen – auf meist nur geringes Interesse stoßt und selbst in ordentlich sortierten Buchhandlungen bestenfalls eine ganz kleine Nische einnehmen darf? Ist die Sprache, in der wir schreiben, zur reinen Binnensprache geworden? Oder sind die Themen, die wir ansprechen und in denen wir uns bewegen, irrelevant (geworden)? Ist das Fach oder gar die Theologie als Ganze schon so desavouiert, dass ihnen nicht mehr zugetraut wird, Relevantes zu sagen? Ist es so, dass wir uns einfach nicht genug mühen, die Relevanz exegetischen Arbeitens aufzuzeigen, oder haben wir in manchen Fällen wirklich den Sinn für die Relevanz dessen, was uns bewegt (und weiterhin bewegen darf!), verloren? Es ist zumindest nachvollziehbar, wenn Probleme, die wenigstens innerhalb mancher Fachkreise als hoch spannend empfunden werden – wie Fragen der Literarkritik im Pentateuch oder im 2. Korintherbrief, der frühen Überlieferung des Jakobusbriefes oder der Datierung der Johannesapokalypse – selbst für offene und gebildete Nicht-Fachleute als irrelevant erscheinen. Wir sollten jedoch weiterhin in der Lage sein, wenigstens dieser Gruppe „übersetzen" zu können, warum wir uns mit Problemen wie den eben genannten, sicherlich aber auch allgemein relevanteren Fragen beschäftigen. Und wir dürfen uns auch dessen bewusst sein, dass auch die wissenschaftliche, kritisch historische Exegese – immer wieder sowohl als ein Teil, als auch Teilen kirchlicher Realitäten gegenüber anders

---

empfunden wird, kann es gerade der fremde Blickwinkel sein, der aus einem Denken herauslösen kann, das sich oft gar nicht dessen bewusst ist, von welchen (ausgesprochenen wie unausgesprochenen) Voraussetzungen her es sich bestimmt.

denkend – entscheidende Impulse dazu gegeben hat, Denken zu verändern: Ich habe schon auf die Impulse verwiesen, die wenigstens teilweise dazu führten, Jahrhunderte alte antijüdische Stereotypen zu überwinden.[23] Ich denke dabei an die Rolle, die kritische historische Exegese in einem offenen und mutigen Diskurs über die Rolle von Frauen in der römisch-katholischen Kirche spielen kann.[24]

All dies ist aber nur da möglich, wo auch „wir" mit unseren Anliegen wenigstens wahrgenommen werden. Leider erlebe ich wenigstens in Teilen des kirchlichen Lebens meiner Lebenswelt neben Menschen, die ungeheuer dankbar für immer neue Denkanstöße auf ihrem Weg sind, auch tief sitzende Ängste vor „den Theologen von der Universität", die (angeblich oder vielleicht auch wirklich), weil sie anders wirken, nichts vom echten Leben wissen und „uns" (angeblich) „unsere" mühsam erworbene Sicherheit nehmen oder, weil sie klug sind, nicht fromm oder spirituell sein können, und „unseren" Glauben zerstören wollen (über den wir uns besser aber nicht Rechenschaft ablegen). Dies kann tatsächlich mit als Schock empfundenen Impulsen zu tun haben, die nicht angemessen aufgefangen wurden. Fachexegetinnen und -exegeten haben auch hier eine große Verantwortung. Sie dürfen ihr Denken in einer Weise vermitteln, dass es zwar manch geliebte Glaubensgewohnheit zu stören, vielleicht auch zu verstören vermag. Das aber darf nicht dazu führen, nur Zerstörung zu hinterlassen, sondern plausiblere, hilfreiche Wege zu bieten, mit der Bibel zur gemeinsamen Metanoia, zum „Umdenken", einzuladen. Sehr häufig aber haben Ablehnungen selbst der Meinungen von Christinnen und Christen „anderer" Lebenswelten mit einer – wenigstens in den Welten, in denen ich mich bewege – sich zuspitzenden Rückzugsbewegung auf eine imaginäre Insel zu tun und dem Bewusstsein,

---

23 Als ein klassisches Beispiel aus der römisch-katholischen Exegese erwähnt sei F. MUSSNER, Traktat über die Juden, München 1979 (Neuauflage Göttingen 2009).

24 Beispielhaft etwa M. THEOBALD, Apostolizität und Macht. Wer hat das Sagen? Oder zur ambivalenten Rolle von Frauen im Neuen Testament (samt einem Vorschlag zum Apostelfest der Maria Magdalena), in: M. ECKHOLT U.A. (Hg.), Frauen in kirchlichen Ämtern. Reformbewegungen in der Ökumene, Freiburg/Göttingen 2018, 87–106.

ein heiliger Rest zu sein, der sich, so sehr die Welt außen sich ändern mag, von ihr nicht berühren lassen will, weil dies nur gefährlich sein kann. Die Parallelen zum eingangs vorgestellten Film liegen auf der Hand.

All dies heißt, wie gesagt, natürlich nicht, nun einer grenzenlosen Vielfalt, in der alles gleich wahr und gleich wichtig wäre, Raum zu verschaffen. Der Aufruf zu Grenzen überschreitender Offenheit und Angstlosigkeit gegenüber den Interpretationen der anderen heißt nicht, zur vollkommenen Beliebigkeit und Verantwortungslosigkeit mit dem Wort der Bibel – und damit dem Gotteswort – aufzufordern. Die Katastrophen des Missbrauchs biblischer Texte zur Begründung von Sklaverei, zur Unterdrückung von Minderheiten oder der Rechtfertigung von Gewalt – bis hin in die aktuellsten Fälle sexuellen und spirituellen Missbrauchs von Frauen, Jugendlichen und Kindern[25] – verlangen ein Ethos verantwortlicher Bibelauslegung.[26] Bibelauslegung ist keine harmlose Angelegenheit. Gerade deswegen aber sollten wir uns nicht nur auf uns selbst verlassen, sondern die Stimme der anderen hören, uns von ihr herausfordern lassen. Erinnern wir uns an Jesu Wort über die Leben ermöglichende Grenzüberschreitung des Samaritaners: „Geh und handle genauso!“ (Lk 10,37).

---

25 Wichtige Informationen liefern W.M. SWARTLEY, Slavery, Sabbath, War and Women. Case Issues in Biblical Interpretation, Waterloo, Ont. 1983, sowie H. AVALOS, Slavery, Abolitionism, and the Ethics of Biblical Scholarship (Bible in the Modern World 38), Sheffield 2013. Erschreckende Beispiele zur Verwendung biblischer Aussagen in aktuellen Fällen sexuellen wie spirituellen Missbrauchs von Frauen in der römisch-katholischen Kirche finden sich immer wieder in dem Band B. HASLBECK/R. HEYDER/U. LEIMGRUBER/D. SANDHERR-KLEMP (Hg.), Erzählen ist Widerstand. Berichte über spirituellen und sexuellen Missbrauch an erwachsenen Frauen in der katholischen Kirche, Münster 2020.

26 Einige Reflexionen hierzu in T. NICKLAS, Verantwortete Exegese. Reflexionen (auch) anhand der Geschichte der Jesusforschung, in: T. FORNET-PONSE (Hg.), Jesus Christus. Von alttestamentlichen Messiasvorstellungen bis zur literarischen Figur, Jerusalemer Theologisches Forum 23, Münster 2015, 73–90.

3. Auch von den anderen kann man lernen und bereichert werden

Christos Karakolis

Die Orthodoxie lebt in dem unerschütterlichen Glauben und Selbstbewusstsein, im Besitz der Wahrheit zu sein. Schließlich bedeutet das aus dem Griechischen abgeleitete Wort „Orthodoxie“ „richtiger Glaube“, steht also für Rechtgläubigkeit. Der Akzent auf der Richtigkeit des Glaubens stärkte die Orthodoxe Kirche zwar in ihrem Kampf gegen unerwünschte, gefährliche oder häretische Lehren, schuf aber gleichzeitig bei den orthodoxen Gläubigen oft ein irreführendes Gefühl der Autarkie. Unter der Voraussetzung also, dass die Orthodoxe Kirche die volle Wahrheit besitze, gebe es nach diesem Verständnis nichts, was sie von Nicht-Orthodoxen lernen könnte. Sie habe einfach die missionarische Verpflichtung, diese Wahrheit zu übermitteln oder, wenn dies nicht möglich sei, sie als ihren wertvollsten Schatz vor äußeren Einflüssen zu beschützen, um sie rein und unverfälscht beizubehalten. Bis zu einem gewissen Grad halten heutzutage viele orthodoxe Gläubige alles, was von außerhalb der Orthodoxie kommt, a priori für fehlerhaft, gefährlich, häretisch und potenziell destruktiv.[1] Allerdings sind solche Positionen weder für die orthodoxe Kirche als Ganzes noch für den Geist der Heiligen Schrift und der Kirchenväter repräsentativ.

1 Über solche fundamentalistischen Ansichten in orthodoxen Kreisen s. den kritischen Beitrag von P. KALAITZIDIS, Ist das Orthodoxe Christentum vor der Moderne stehengeblieben? Die Notwendigkeit einer neuen Inkarnation des Wortes und das eschatologische Verständnis von Tradition und der Beziehung Kirche-Welt, in: F. UHL/S. MELCHARDT/A.R. BOELDERL (Hg.), Die Tradition einer Zukunft: Perspektiven der Religionsphilosophie, Schriften der Österreichischen Gesellschaft für Religionsphilosophie 10, Graal-Müritz 2011, 141–176; DERS., Theological, Historical, and Cultural Reasons for Anti-Ecumenical Movements in Eastern Orthodoxy, in: P. KALAITZIDIS/T. FITZGERALD/C. HOVORUN/u.a. (Hg.), Orthodox Handbook on Ecumenism: Resources for Theological Education, Volos/Geneva/Oxford 2014, 134–152.

 | DOI:10.30965/9783657760381_011

1. Die Bibel und ihre Lebenswelt

Schon in der Bibel können wir eine große Menge an sprachlichen und inhaltlichen Auswirkungen aus ihrer Umwelt in den Bereichen etwa von Kosmogonie, Recht, Ethik, Kult und Theologie entdecken. Daher weisen biblische Sprache und Vorstellungen wesentliche Parallelen zu entsprechenden Auffassungen und Praktiken in der biblischen Umwelt auf. Es geht um einen langwierigen und kontinuierlichen Prozess der Bereicherung, des Lernens und der Kommunikation der Bibel mit ihrer Lebenswelt. Einige Beispiele seien im Folgenden genannt.

In sprachlicher Hinsicht etwa hat die griechische Sprache wesentlich auf die Semantik und das Verständnis von ursprünglich hebräischen Begriffen gewirkt. Alle biblischen Bücher, die von jüdischen Autoren direkt auf Griechisch verfasst wurden, beinhalten Übertragungen aus der jüdischen Gedanken- und Ausdrucksweise in die griechische Sprache.[2] Allerdings verliert bekanntlich jeder Sinngehalt einen Teil seiner ursprünglichen Bedeutung, wenn er in einer anderen sprachlichen Form vermittelt wird. Auf der anderen Seite erhält er in der neuen Sprachform auch semantische Erweiterungen, die er ursprünglich nicht hatte.[3] So hätte z.B. der semitisierende erste Satz des Johannesevangeliums „im Anfang war das Wort" (Joh 1,1) nicht so viele tiefgründige philosophische und theologische Interpretationen in seiner fast zweitausendjährigen Rezeptionsgeschichte angeregt,[4] wenn er in der hebräischen oder aramäischen Ausdrucksform und nicht in griechischer Sprache

2 Über die neutestamentlichen Semitismen s. H. KOESTER, Einführung in das Neue Testament im Rahmen der Religionsgeschichte und Kulturgeschichte der hellenistischen und römischen Zeit, Berlin 1980, 113–117.

3 S. über die Problematik von religiösen Übersetzungen J. ASSMANN, Translating Gods: Religion as a Factor of Cultural (Un)Translatability, in: S. BUDICK/W. ISER (Hg.), The Translatability of Cultures: Figurations of the Space Between, Stanford, CA 1996, 25–36. Über moderne Übersetzungstheorie und -praxis s. J. MUNDAY, Introducing Translation Studies: Theories and Applications, London ⁴2016.

4 Über das philosophische Potenzial des johanneischen Begriffs Logos s. beispielsweise T. ENGBERG-PEDERSEN, John and Philosophy: A New Reading of the Fourth Gospel, Oxford 2017, 36–125.

formuliert worden wäre. So aber wurde der hebräische Begriff *dabar* durch seine Wiedergabe mit dem griechischen Wort *logos* in allerlei Hinsicht bereichert und erweitert.[5]

Auf dem Gebiet der Ethik listet der Apostel Paulus Tugend- und Lasterkataloge auf, die größtenteils aus griechisch-römischen Vorlagen stammen, während er seine ethischen Aufforderungen teilweise auch auf der Grundlage dessen formuliert, was innerhalb der damaligen griechisch-römischen Gesellschaft als angemessenes Verhalten verstanden wurde.[6] Sein folgender Satz im Philipperbrief ist ganz charakteristisch in dieser Hinsicht: „Ihr solltet also, Brüder, auf alles bedacht sein, was wahrhaftig, was ehrbar, was gerecht, was rein, was liebenswert, was einen guten Ruf hat, sei es eine Tugend, sei es ein Lob" (Phil 4,8). Diese Aussage bezieht sich nicht nur auf die ethischen Grundsätze, denen die Glaubenden an Jesus Christus folgen bzw. folgen sollten, sondern auch auf das, was allgemein als tugendhaftes Verhalten angesehen und in der Gesellschaft als solches gelobt wird. Dies ergibt sich indirekt aus der darauffolgenden Aussage des Paulus: „Was ihr bei mir gelernt und empfangen und gehört und gesehen habt, das tut!" (Phil 4,9). Abgesehen vom Allgemeingültigen in der lokalen hellenistisch-römischen Gesellschaft der Stadt Philippi sollten sich die Empfänger und Empfängerinnen des Briefes also auch daran erinnern, was Paulus ihnen mit seiner Verkündigung und seinem Beispiel nahegebracht hat. Darüber hinaus wird durch die Praktizierung der oben genannten sozialen Tugenden indirekt missioniert. In diesem Sinne bringt Paulus an einem früheren Punkt des Briefes seinen Wunsch zum Ausdruck, dass seine Empfänger „tadellos und lauter, Kinder Gottes ohne

---

5 Für weitere Beispiele s. T. Nicklas, Zwischen Hebräischer Bibel und Neuem Testament: Dimensionen der Bedeutung der Septuaginta für die Exegese des Neuen Testaments, in: E. Bons/J. Joosten (Hg.), Septuagint Vocabulary: Pre-History, Usage, Reception, SCS 58, Atlanta, GA 2011, 189–206.

6 Solche Einflüsse sind natürlich nicht immer positiv zu bewerten, s. z.B. K. Zamfir, Men and Women in the Household of God: A Contextual Approach to Roles and Ministries in the Pastoral Epistles, NTOA 103, Göttingen 2013, die die problematischen Seiten der römisch-hellenistischen Einflüsse auf die Ethik der Pastoralbriefe feststellt.

Makel mitten unter einem verdorbenen und verkehrten Geschlecht sein sollen, unter dem ihr als Lichter in der Welt scheint" (Phil 2,15). Die Voraussetzung dafür, dass man als Licht in der Welt erscheinen kann, ist, dass die eigene ethische Praxis und das eigene Verhalten nicht nur für die kirchliche Gemeinschaft selbst, sondern auch für ihre Umgebung vorbildlich ist. Die neutestamentliche Forschung hat zudem gezeigt, dass Texte wie Kol 3,18–4,1 und Eph 5,22–6,9 zum großen Teil Anweisungen über die innerfamiliären Beziehungen der damaligen Gesellschaft beinhalten, die aus nichtchristlichen Vorlagen stammen (Haustafeln), obwohl sie natürlich im Neuen Testament christlich kontextualisiert werden, also in Bezug mit dem Glauben an Jesus Christus und dem entsprechenden Ethos gebracht werden.[7]

Ein weiteres Beispiel für die Auswirkung der Umwelt auf die biblischen Inhalte ist die besondere Art und Weise, in der Lukas die Areopagrede des Paulus an die Athener präsentiert (Apg 17,22–31). In dieser Rede verwendet Paulus die Heiligen Schriften Israels überhaupt nicht, sondern versucht seinen griechischen Zuhörern durch ihre eigenen Vorstellungen näher zu kommen. Trotz seiner vorherigen Agitation gegen die vielen Götzenbilder in der Stadt (Apg 17,16) erinnert Paulus in der Darstellung der Apostelgeschichte mit Selbstbeherrschung an die Existenz eines dem „unbekannten Gott" gewidmeten Altars. Über eben diesen Gott werde er zu den Athenern sprechen (Apg 17,23). Anschließend entfaltet er seine Lehre über Gott und zitiert sogar zwei Passagen der griechischen Dichter Epimenides und Aratos (Apg 17,28). Paulus verweist auf die Notwendigkeit der Umkehr im Sinne eines Umdenkens (*metanoia*, Apg 17,30)[8] und schließt seine Rede mit einem Hinweis auf die Kreuzigung, die Auferstehung und die Parusie Jesu Christi, ohne diesen jedoch explizit zu benennen (Apg 17,31). Indem Paulus im

7 S. etwa A. STANDHARTINGER, Die ‚Haustafel' im Kolosserbrief, in: DIES., Studien zur Entstehungsgeschichte und Intention des Kolosserbriefs, SNT 94, Leiden 2014, 247–276; M.D. HOOKER, ‚Submit to One Another': The Transformation of Relationships in Christ (Eph 5:21–6:9), in: M. WOLTER (Hg.), Ethik als angewandte Ekklesiologie: Der Brief an die Epheser, SMBen.BE 17, Rom 2005, 163–188.

8 S. Kapitel IV.2 von Tobias NICKLAS.

ersten Teil seiner Rede grundsätzlich Begriffe und Vorstellungen aus seiner griechischen Bildung verwendet,[9] mit denen sein Publikum vertraut ist, bereitet er es auf den letzten und am schwersten verständlichen Teil vor. Besonders sein Hinweis auf die Auferstehung Christi entfremdet die Athener, von denen einige Paulus verspotten. Andere aber zeigen Interesse an seinen Worten und erklären sich bereit, erneut seine Lehre anzuhören (Apg 17,32). Schließlich folgen ihm einige, darunter Dionysios und Damaris, die zum Glauben kommen (Apg 17,34).

Im Vergleich zur Areopagrede des Paulus ist es von besonderem Interesse, wie die Apostelgeschichte Petrus unmittelbar nach der Geistesgabe am *Schawuot*-Fest (*Pentekoste*) ein ausschließlich jüdisches Publikum ansprechen lässt, das sogar hauptsächlich aus Juden der Diaspora besteht (Apg 2,14–36). Petrus beginnt seine Rede mit dem Zitat einer besonders wichtigen eschatologischen Prophezeiung aus dem Buch Joel (3,1–5; Apg 2,17–21), um die gegenwärtige Geistesgabe mit dem schon in den prophetischen Schriften Israels verheißenen Heilsplan Gottes in Verbindung zu setzen. Er bezieht sich dann ausdrücklich auf Jesus, den er hier grundsätzlich nicht als „Messias", sondern als einen von Gott gesandten Mann bezeichnet, wie es die vielen wunderbaren Zeichen belegten, die Gott durch ihn gewirkt habe (Apg 2,22). Nachdem Petrus seine jüdischen Zuhörer an den Tod und die Auferstehung Jesu erinnert hat (Apg 2,23–24), fundiert er die Auferstehung auf einem Psalmentext (Ps 15,8–11 LXX), durch den er erweist, dass David nicht nur die Auferstehung (Apg 2,31–32), sondern bereits die Tatsache vorangekündigt hat, dass sein Nachkomme als Messias auf seinem königlichen Thron sitzen werde (Apg 2,30). Es geht hier um eine Rede, die im Gegensatz zur Areopagrede des Paulus keinen vorwiegend theozentrischen, sondern einen eher christologischen Charakter hat. Ferner lässt der Erzähler der Apostelgeschichte Petrus keine Texte aus der griechisch-römischen Umwelt der damaligen Zeit zitieren, sondern sein Material im Blick auf sein jüdisches Publikum

---

9 Über die Bildung des Paulus s. M. HENGEL, Der vorchristliche Paulus, in: M. HENGEL/U. HECKEL (Hg.), Paulus und das antike Judentum, WUNT 58, Tübingen 1991, 212–239.

ausschließlich aus der jüdischen theologischen Tradition schöpfen. Obwohl der Hinweis auf die Auferstehung als das Fundament des verkündeten Glaubens beiden Reden gemeinsam ist, sind die Akzente sehr unterschiedlich und an die Voraussetzungen des jeweiligen Publikums angepasst. Diese Anpassung ist allerdings ein kreativer Prozess. Dadurch wird nicht nur die äußere Form, sondern auch der Inhalt der apostolischen Verkündigung wesentlich gestaltet.

Aus dem oben Gesagten ergibt sich, dass das theologische Denken der biblischen Autoren nicht stagniert, sondern dass es sich unter dem Einfluss einer Vielzahl von Außenfaktoren entwickelt. Es ist also klar, dass in der Bibel Sprache, Begrifflichkeit und Vorstellungswelt weitgehend von ihrer Lebenswelt abgeleitet sind. Auf der anderen Seite ist es aber auch klar, dass all diese Einflüsse an den Inhalt des biblischen Wortes angepasst werden, damit dieses Wort sowohl den vorhandenen als auch den potenziellen Mitgliedern kirchlicher Versammlungen und Lebensgemeinschaften wesentlich zugänglich wird.

2. Die Kirchenväter und ihre Lebenswelt

Das oben beschriebene Phänomen der Bereicherung von biblischen Inhalten durch äußere Einflüsse ist in der patristischen Literatur sehr verbreitet. Die Kirchenväter und die kirchlichen Autoren[10] nutzten ihre vielfältige Bildung, um den Inhalt des christlichen Glaubens vollständiger zu konzipieren und ihn auf eine Weise zu formulieren, dass er für ihre jeweiligen Zeitgenossen verständlich wurde. Sie waren nicht nur Lehrer, sondern auch Schüler, die von der nichtchristlichen Weisheit ihrer Zeit wesentlich profitiert haben.

So verwendete der Philosoph Justin der Märtyrer (ca. 100–165) in seinen Schriften seine Kenntnis der damaligen philosophischen Strömungen und besonders des Stoizismus.[11] Klemens von

---

10 S. mein Kapitel III.3.

11 S. etwa N. Denzey, Facing the Beast: Justin, Christian Martyrdom, and Freedom of the Will, in: T. Rasimus/T. Engberg-Pedersen/I. Dunderberg (Hg.), Stoicism in Early Christianity, Grand Rapids, MI 2010, 176–198.

Alexandrien (ca. 150–215) analysierte in seinen Werken die Gemeinsamkeiten zwischen griechischen Philosophen und christlicher Lehre mit besonderem Nachdruck auf die Philosophie Platons.[12] Die Theologie seines Schülers Origenes (ca. 184–253) war in höchstem Maße vom Platonismus beeinflusst.[13] Die kappadokischen Kirchenväter Basilius von Cäsarea (330–379), Gregor von Nazianz (329–390) und Gregor von Nyssa (ca. 335–395) verwendeten in hohem Maße platonische und neoplatonische Terminologie und Methodik.[14] Johannes Chrysostomos (ca. 347–407) nutzte die rhetorische Ausbildung, die er vom berühmten antiochenischen Rhetor Libanios (ca. 314–392/3) erhielt.[15] Eine ausgezeichnete rhetorische und philosophische Bildung kennzeichnete das Werk des Augustinus von Hippo (ca. 354–430).[16] Platonische und neoplatonische Vorstellungen haben auch die bedeutsamen Theologen Pseudo-Dionysios Areopagita (5.–6. Jahrhundert) und Maximus Confessor (ca. 580–662) kreativ verwendet.[17] Johannes von Damaskus (ca. 675/6–749), der herausragendste systematische Theologe

---

12 S. D. Wyrwa, Die christliche Platonaneignung in den Stromateis des Clemens von Alexandrien, AKG 53, Berlin 1983.

13 S. J. Daniélou, Origen, übers. von W. Mitchell, Eugene, OR 2016, 73–98.

14 S. J.M. Rist, Basil's ‚Neoplatonism': Its Background and Nature, in P.J. Fedwick (Hg.), Basil of Caesaria: Christian, Humanist, Ascetic. A Sixteen-Hundredth Anniversary Symposium, Toronto 1981, 137–220; Ders., On the Platonism of Gregory of Nyssa, in: Her. 169 (2000), 129–151; E. Peroli, Gregory of Nyssa and the Neoplatonic Doctrine of the Soul, in: VC 51 (1997), 117–139; S. Elm, Sons of Hellenism, Fathers of the Church: Emperor Julian, Gregory of Nazianzus, and the Vision of Rome, Transformation of the Classical Heritage 49, Berkeley, CA 2012.

15 S. M.M. Mitchell, The Heavenly Trumpet: John Chrysostom and the Art of Pauline Interpretation, Louisville/London 2002, bes. 22–28.

16 S. C. Tornau, Zwischen Rhetorik und Philosophie: Augustins Argumentationstechnik in ‚De civitate Dei' und ihr bildungsgeschichtlicher Hintergrund, UALG 82, Berlin 2012.

17 S. S. Klitenic Wear/J. Dillon, Dionysius the Areopagite and the Neoplatonist Tradition: Despoiling the Hellenes, Aldershot 2007; M. Constas, Maximus the Confessor, Dionysius the Areopagite, and the Transformation of Christian Neoplatonism, in: Analogia 2 (2017), 1–12; G. Benevich, Presence and Absence of προαίρεσις in Christ and Saints according to Maximus the Confessor and Parallels in Neoplatonism, in: ByzZ 111 (2018), 37–52.

des ersten Jahrtausends, schrieb den rein philosophischen Traktat *Dialektik* als ersten Teil seiner Trilogie *Quelle der Erkenntnis*.[18] Photius von Konstantinopel (ca. 810–893), der wichtigste Gelehrte seiner Zeit in Byzanz, hat u.a. ganz intensiv philologisch und lexikographisch gearbeitet.[19] Eustathius von Thessaloniki (ca. 1115–1195/6) hat u.a. bedeutende Interpretationen der homerischen Werke verfasst,[20] während der Befürworter des Hesychasmus[21] Gregor Palamas (ca. 1296–1357/9), auch Metropolit von Thessaloniki, u.a. ein ausgezeichneter Kenner der aristotelischen Philosophie war.[22] Noch näher an unserer Zeit, im späten 18. und frühen 19. Jahrhundert, hat Nikodemus vom Berg Athos (1749–1809), ebenso ein ausgezeichneter Philologe, zwei wichtige römisch-katholische Lehrbücher über das geistliche Leben in leicht angepasster Form und in griechischer Sprache veröffentlicht.[23] Dies sind nur einige wenige charakteristische Beispiele für die zeitlose Offenheit der Kirchenväter dem nicht-christlichen bzw. dem nicht-orthodoxen Wissen gegenüber.[24]

18 S. P.B. Kotter (Hg.), Institutio elementaris, capita philosophica (Dialectica), Die Schriften des Johannes von Damaskos 1, Berlin 1969.

19 S. F. Pontani, Scholarship in the Byzantine Empire, in: F. Montanari /S. Matthaios/A. Regakos (Hg.), Brill's Companion to Ancient Greek Scholarship. Band 1: History, Disciplinary Profiles, Leiden/Boston 2015, 331–337.

20 S. die Studien im Band von F. Pontani/V. Katsaros/V. Sarris (Hg.), Reading Eustathios of Thessalonike, Trends in Classics – Supplementary Volumes 46, Berlin 2017.

21 Über die geistliche Bewegung des Hesychasmus in Spätbyzanz s. Metropolitan Kallistos of Diokleia, Hesychasm, in: J.A. McGuckin (Hg.), The Encyclopedia of Eastern Orthodox Christianity, Band 1: A–M, Malden, MA 2011, 299–306.

22 S. D. Bradshaw, Aristotle East and West: Metaphysics and the Division of Christendom, Cambridge 2004, 221–262.

23 Es geht um die folgenden Werke: G.P. Pinamonti, La Religiosa in Solitudine opera: In cui si porge alle Monache il modo d'impiegarsi con frutto negli Exercizi Spirituali di S. Ignazio, Firenze 1697; L. Skupoli, Combattimento spirituale, Paris 1660.

24 T.T. Tollefsen, Philosophy and Orthodoxy in Byzantium, in: A. Cassiday (Hg.), The Orthodox Christian World, London 2012, 481–491, bietet eine informative Übersicht in dieser Thematik an.

Was die Bibelexegese betrifft, verwendeten die Kirchenväter eine Vielzahl von Auslegungsmethoden, die sie zum großen Teil aus ihrem jüdischen und griechisch-römischen Umfeld bezogen und an den Inhalt der christlichen Lehre anpassten. Die wichtigsten von ihnen waren die Allegorie, die hauptsächlich in Alexandrien blühte, und die Typologie, die vorwiegend von antiochenischen Theologen gepflegt wurde.[25] Diese, wie auch andere später entwickelte, Methoden (z.B. die asketische Exegese[26]), haben verschiedene Formen adoptiert und wurden oft miteinander kombiniert.

Viele Kirchenväter waren Kosmopoliten und haben daher sowohl Einflüsse von verschiedenen intellektuellen Strömungen als auch den Dialog mit dem nichtchristlichen Wissen ihrer Zeit für selbstverständlich gehalten. Ferner wussten sie, dass ihre Anwendung von Sprache, Methoden, Vorstellungen und Terminologie aus ihrer Umwelt die Botschaft des Evangeliums einem breiten Publikum zugänglich und überzeugend machen würde.

Der Fall des Basilius von Cäsarea ist ein hervorragendes Beispiel für die Offenheit der Kirchenväter der nicht-christlichen Kultur gegenüber. In seinem *Mahnwort an die Jugend*[27] zeigt Basilius seine

---

25 S. C. KARAKOLIS, Erwägungen zur Exegese des Alten Testaments bei den griechischen Kirchenvätern: Eine orthodoxe Sicht, in: I.Z. DIMITROV/ J.D.G. DUNN/U. LUZ/K.-W. NIEBUHR (Hg.), Das Alte Testament in orthodoxer und westlicher Sicht: Zweite europäische orthodox-westliche Exegetenkonferenz im Rilakloster vom 8.–15. September 2001, WUNT 174, Tübingen 2004, 23–27; G. GALITIS, Gesetz und Freiheit: Die Allegorie von Hagar und Sara in Gal. 4,21–5,1, in: A. VANHOYE (Hg.), La foi agissant par l'amour (Galates 4,12–6,16), SMBen.BE 13, Rom 1996, 41–69. Für eine Übersicht der patristischen Schriftauslegung s. H. DE LUBAC, Typologie, Allegorie, geistiger Sinn: Studien zur Geschichte der christlichen Schriftauslegung, übers. von R. Voderholzer, Theologia Romanica 23, Einsiedeln 1999.

26 S. die Studien im Band von H.-U. WEIDEMANN (Hg.), Asceticism and Exegesis in Early Christianity: The Reception of New Testament Texts in Ancient Ascetic Discourses, NTOA 101, Göttingen 2013.

27 BASILIUS VON CÄSAREA, De legendis gentilium libris, in: F. BOULENGER (Hg.), Saint Basile. Aux jeunes gens sur la manière de tirer profit des lettres Helléniques, Paris 1935. S. auch die deutsche Übersetzung in: BASILIUS VON CÄSAREA, Mahnreden: Mahnwort an die Jugend und drei Predigten, übers. von A. Stegmann, SKV 4, München 1984.

breite griechische Bildung, indem er u.a. Texte und Sinngehalte von Homer, Hesiod, Platon, Euripides und Plutarch zitiert, während er u.a. die Figuren von Herkules, Odysseus, Solon, Pythagoras, Sokrates, Perikles, Euklid und Alexander dem Großen als moralische Vorbilder für die christliche Jugend präsentiert. Gleichzeitig betont Basilius, dass seine Empfänger immer der Bibel den Vorrang geben sollten, während sie von den nicht-christlichen Lehren ausschließlich diejenigen akzeptieren sollten, die mit ihr kompatibel sind. Darüber hinaus präsentiert Basilius in seinem Werk *Hexaemeron*,[28] in dem er die biblische Schöpfungserzählung interpretiert, mit beeindruckender Detailgenauigkeit eine Vielzahl wissenschaftlicher Erkenntnisse seiner Zeit über Kosmologie, Geologie und Biologie. Diese wissenschaftlichen Erkenntnisse benutzt Basilius, um seinem Publikum in einer ihm zugänglichen und verständlichen Sprache die alttestamentliche Schöpfungsgeschichte und damit die Heilslehre der christlichen Kirche zu vermitteln.[29]

3. Die neuere orthodoxe Theologie und ihre Lebenswelt

Als im 15. Jahrhundert die christlichen Gebiete von Kleinasien und dem Balkan von den Osmanen erobert wurden, traten sowohl die theologische als auch die allgemeine Bildung in einem großen Teil der orthodoxen Welt stark zurück. Parallel klammerten sich viele orthodoxe Kirchenlehrer noch mehr als zuvor an die theologischen Autoritäten der Vergangenheit, was kein Klima für kreatives theologisches Denken erzeugte. Aufgrund der damaligen geopolitischen und kulturellen Besonderheiten dieses geographischen Gebiets konnte trotz der wenig bekannten Tatsache, dass es signifikante individuelle orthodoxe Aufklärer gab, die Aufklärung keine katalytische Wirkung auf die orthodoxe Kirche ausüben. So ist das orthodoxe Osteuropa nach seiner allmählichen Befreiung vom türkischen

---

28 Basilius von Cäsarea, Homiliae in hexaemeron, in: S. Giet (Hg.), Basile de Césarée: Homélies sur l'hexaéméron, SC 26, Paris ²1968.

29 S. C. Köckert, Christliche Kosmologie und kaiserzeitliche Philosophie: Die Auslegung des Schöpfungsberichtes bei Origenes, Basilius und Gregor von Nyssa vor dem Hintergrund kaiserzeitlicher Timaeus-Interpretationen, STAC 56, Tübingen 2009, 312–399.

Joch im 19. und frühen 20. Jahrhundert nur langsam aus einer sehr langen Isolation herausgekommen, während der ein Dialog mit westlichen Gedankenströmungen und somit auch mit dem westlichen Christentum äußerst begrenzt möglich war.[30]

Die orthodoxe Kirche war also plötzlich mit Entwicklungen konfrontiert, die sie als potenzielle Bedrohung ihrer Existenz betrachtete, wie etwa dem Aufstieg der Naturwissenschaften, der Infragestellung des traditionellen christlichen Weltbilds und damit teilweise oder insgesamt des christlichen Glaubens, dem Beginn des Industriezeitalters, der Herausforderung und dem graduellen Sturz von autoritären sozialpolitischen Strukturen und Regimen usw. In der russischen Orthodoxie, in der bis zum Beginn des 20. Jahrhunderts gewichtige theologische Innovationen zu beobachten sind, wurde diese Entwicklung mit der Oktoberrevolution gewaltsam unterbrochen. Infolgedessen sind wichtige russische Theologen und christliche Gelehrte in die Diaspora geflohen, während die einheimische russische Theologie für mehrere Jahrzehnte isoliert war und in z.T. phobischer Weise prämoderne und hochkonservative theologische Vorstellungen reproduziert hat. Ein ähnlicher Rückschlag in theologischer Bildung und Offenheit ereignete sich mit wenigen Ausnahmen auch in den osteuropäischen Ländern des real existierenden Sozialismus ab 1945 bis zum Fall des Eisernen Vorhangs.[31]

Bewusst oder unbewusst hat die orthodoxe Kirche auch die moderne Bibelforschung und folglich jede Art von primärer Beschäftigung mit der Bibel oft als eines derjenigen Elemente der westlichen Theologie angesehen, die für die Wahrheit des Glaubens bedrohlich sein können. Aus diesem Grund wurde in der Regel die

30 S. über die orthodoxe Version der Aufklärung D. MOSCHOS, An Alternative ‚Enlightenment': The Philokalia, in: P. KITROMILIDES (Hg.), Enlightenment and Religion in the Orthodox World, Oxford 2016, 63–72; DERS., The Churches of the East and the Enlightenment, in: U.L. LEHNER/R. MULLER/A.G. ROEBER (Hg.), Oxford Handbook of Early Modern Theology 1600–1800, Oxford 2016, 499–516.

31 S. P. LADOUCEUR, Modern Orthodox Theology: Behold, I Make All Things New (Rev 21:5), London 2019, 31–122. 157–178. Über die russische Bibelwissenschaft der damaligen Zeit s. A.I. NEGROV, Biblical Interpretation in the Russian Orthodox Church: A Historical and Hermeneutical Perspective, BHTh 130, Tübingen 2008.

Bibelwissenschaft an den Orthodox-Theologischen Fakultäten vom übrigen theologischen Denken isoliert, auch wenn sie in manchen Fällen von bemerkenswerten und international aktiven Bibelwissenschaftlern wie Savas Agourides,[32] Georgios Galitis,[33] Dimitrios Trakatellis,[34] Ioannis Karavidopoulos,[35] Theodore Stylianopoulos,[36] Ioannis Panagopoulos,[37] Petros Vassiliadis,[38] Vasile Mihoc,[39] John Breck,[40] Paul Nadim Tarazi[41] u.a. gepflegt wurde. Dies war auch der Grund, aus dem viele orthodoxe Bibelstudien früher einen apologetischen und manchmal sogar polemischen Stil adaptiert hatten, um sich von radikalen Tendenzen der westlichen Bibelforschung abzugrenzen und ihre Orthodoxie zu bestätigen. In

---

32 S. etwa S. Agourides, The Orthodox Church and Contemporary Biblical Research, in: J.D.G. Dunn/H. Klein/U. Luz/V. Mihoc (Hg.), Auslegung der Bibel in orthodoxer und westlicher Perspektive: Akten des west-östlichen Neutestamentler/innen-Symposiums von Neamţ vom 4.–11. September 1998, WUNT 130, Tübingen 2000, 139–152.

33 S. etwa G. Galitis, Die historisch-kritische Bibelwissenschaft und die Orthodoxe Theologie, in: La théologie dans l'église et dans le monde, ETC 4, Chambésy – Génève 1984, 109–125.

34 S. etwa D. Trakatellis, Authority and Passion: Christological Aspects of the Gospel according to Mark, Brookline, MA 1987.

35 S. etwa I.D. Karavidopoulos, The Interpretation of the New Testament in the Orthodox Church, in: C. Landmesser/H.-J. Eckstein/H. Lichtenberger (Hg.), Jesus Christus als die Mitte der Schrift: Studien zur Hermeneutik des Evangeliums, BZNW 86, Berlin/New York 1997, 249–262.

36 S. etwa T.G. Stylianopoulos, The New Testament: An Orthodox Perspective. Band 1: Scripture, Tradition, Hermeneutics, Brookline, MA 1997.

37 S. etwa J. Panagopoulos, Sache und Energie: zur theologischen Grundlegung der biblischen Hermeneutik bei den griechischen Kirchenvätern, in: H. Cancik/H. Lichtenberger/P. Schäfer (Hg.), Geschichte – Tradition – Reflexion: Festschrift für Martin Hengel zum 70. Geburtstag. Band 3: Frühes Christentum, Tübingen 1996, 567–584.

38 S. etwa P. Vassiliadis, The Eucharist as an Inclusive and Unifying Element in the New Testament Ecclesiology, in: A.A. Alexeev/C. Karakolis/U. Luz (Hg.) unter Mitarbeit von K.-W. Niebuhr, Einheit der Kirche im Neuen Testament: Dritte Europäische Orthodox-Westliche Exegetenkonferenz in Sankt Petersburg, 24.–31. August 2005, WUNT 218, Tübingen 2008, 121–145.

39 S. etwa V. Mihoc, The Actuality of Church Fathers' Biblical Exegesis, in: Dunn u.a. (Hg.), Auslegung, 3–28.

40 S. etwa J. Breck, Scripture in Tradition: The Bible and Its Interpretation in the Orthodox Church, Crestwood, NY 2001.

41 S. etwa P.N. Tarazi, Galatians: A Commentary, Crestwood, NY 1994.

diesem Zusammenhang haben die orthodoxe Kirche und Theologie eher dazu tendiert, die moderne biblische Forschung zu ignorieren und das Verständnis der Bibel ausschließlich durch die patristische Literatur, die liturgischen Texte und die traditionelle dogmatische und ethische Lehre der Orthodoxie zu fördern.[42]

Ein Durchbruch in diesen rückständigen Tendenzen war die Lehr- und Schreibtätigkeit von wichtigen russischen Theologen in Frankreich und den USA, wie etwa Sergei Bulgakov (1871–1944),[43] Georges Florovsky (1893–1979),[44] Paul Evdokimov (1901–1970),[45] Vladimir Lossky (1903–1958),[46] Alexander Schmemann (1921–1983)[47]

42 S. mein Kapitel III.3. Heutzutage wird die orthodoxe Bibelwissenschaft weiterhin entwickelt, so dass der Abstand von der westlichen Bibelwissenschaft immer kleiner wird. Dazu hat die Tätigkeit der Eastern European Liaison Committee (EELC) der Studiorum Novi Testamenti Societas (SNTS) in den letzten drei Jahrzehnten in Osteuropa wesentlich beigetragen, s. P. Dragutinović, Interpretation of Scripture in the Orthodox Church: Engaging Contextual Hermeneutics in Orthodox Biblical Studies, Belgrad 2018, 57–61. Über die Entwicklung und die Perspektiven der orthodoxen Hermeneutik von heute s. F.P. Bestebreurtje, Postmodern Orthodoxy? Text, Interpretation, and History in Orthodox Scholarship, in: K. Tolstaya (Hg.), Orthodox Paradoxes: Heterogeneities and Complexities in Contemporary Russian Orthodoxy, BSCH 66, Leiden/Boston 2014, 215–249.

43 S. etwa S. Bulgakov, Sophia the Wisdom of God: An Outline of Sophiology, übers. von P. Thompson, O. Fielding Clarke und X. Braikevitc, New York, NY 1937. S. auch A. Nichols, Light from the East: Authors and Themes in Orthodox Theology, London 1995, 57–73.

44 S. etwa G. Florovsky, Bible, Church, Tradition: An Eastern Orthodox View, Collected Works of Georges Florovsky 1, Belmont, MA 1972. S. auch P.L. Gavrilyuk, Georges Florovsky and the Russian Religious Rennaisance: Changing Paradigms in Historical and Systematic Theology, Oxford 2014; A. Blane, Georges Florovsky: Russian Intellectual and Orthodox Churchman, Crestwood, NY 1993.

45 S. etwa P. Evdokimov, The Struggle with God, übers. von Sister Getrude, Glen Rock, NJ 1966. S. auch A. Louth, Modern Orthodox Thinkers: From the Philokalia to the Present, London 2015, 159–178.

46 S. etwa V. Lossky, The Mystical Theology of the Eastern Church, Crestwood, NY 1957. S. auch A. Nichols, Mystical Theologian: The Work of Vladimir Lossky, Leominster 2017.

47 S. etwa A. Schmemann, For the Life of the World: Sacraments and Orthodoxy, Crestwood, NY 1963. S. auch J. Bräker, Kirche, Welt, Mission: Alexander Schmemann – Eine ökumenisch relevante Ekklesiologie, Göttingen 2013.

und John Meyendorff (1926–1992).[48] Dieses Aufblühen der orthodoxen Theologie in der russischen Diaspora wurde nach Griechenland übertragen, was ab den 1960er Jahren zur Entwicklung der patristischen und allgemein der orthodox-theologischen Studien im Lande führte.[49] Gleichzeitig leistete in derselben Zeitperiode der rumänische Theologe Dumitru Staniloae (1903–1993)[50] einen wichtigen Beitrag zur Kultivierung der orthodoxen Theologie. Eines der wichtigsten Charakteristika dieser sogenannten „neopatristischen Bewegung" war die Bereitschaft ihrer Vertreter, vom westlichen wissenschaftlichen, philosophischen und theologischen Wissen zu lernen und mit ihm ins Gespräch zu treten.[51] Selbst aber diese Renaissance der orthodoxen Theologie war durch die fast vollständige Abwesenheit einer Beschäftigung mit der gegenwärtigen Bibelforschung gekennzeichnet.

4. Zeitgenössische Herausforderungen

Da es jedoch prinzipiell, wie wir gesehen haben, sowohl zur biblischen als auch zur patristischen Tradition gehört, dass die Theologie äußere Einflüsse aufnehmen, durchdringen und verarbeiten kann und soll, muss das auch für die orthodoxe Kirche von heute gelten. Auf der anderen Seite könnte die Ablehnung des Dialogs und der Interaktion mit der uns umgebenden Welt die Orthodoxie (wie auch jede christliche Kirche) in einer selbstgefälligen Illusion der Autarkie gefangen halten, sie global isolieren und in der virtuellen

---

48 S. etwa J. Meyendorff, St Gregory Palamas and Orthodox Spirituality, übers. von A. Fiske, Crestwood, NY 1974. S. auch B. Nassif (Hg.), New Perspectives on Historical Theology: Essays in Memory of John Meyendorff, Grand Rapids, MI 1996.

49 S. P. Kalaitzidis, New Trends in Greek Orthodox Theology: Challenges in the Movement towards a Genuine Renewal and Christian Unity, in: SJT 67 (2014), 127–164; Ladouceur, Theology, 123–156.

50 S. D. Staniloae, Orthodoxe Dogmatik, Bände 1–3, Düsseldorf 1985–1995. S. auch R. Bordeianu, Dumitru Staniloae: An Ecumenical Ecclesiology, London 2011.

51 Über die neopatristische Bewegung s. Ladouceur, Theology, 95–122.

Realität einer imaginären glorreichen Vergangenheit einfangen. Die praktische Konsequenz wäre, dass der Inhalt orthodoxen Glaubens in der modernen Welt nicht integriert und schließlich seine Wirkung auf sie radikal begrenzt wäre.

Wie alle christlichen Kirchen sollte auch die heutige Orthodoxie die modernen wissenschaftlichen Errungenschaften nicht mit Argwohn, sondern mit durchaus kritischer Offenheit und Hochachtung betrachten und aufnehmen. Darüber hinaus kann die orthodoxe Kirche aus den Erfahrungen der westlichen Kirchen in ihrer Interaktion mit der Modernität profitieren, um einen kritischen Diskurs zu artikulieren, indem sie zu aktuellen und brennenden Problemen unserer Zeit klar Stellung nimmt.

Es mag sich vereinfachend und stereotypisch anhören, aber jede christliche Konfession kann in der Tat von den anderen Konfessionen lernen.[52] Wie bereits angemerkt, ist die Orthodoxie durch ihre besondere Betonung der Richtigkeit der theologischen und ethischen Lehre charakterisiert. Dies geht jedoch häufig zu Lasten der kirchlichen Einheit. Im Gegensatz dazu wird in der römisch-katholischen Theologie die Einheit der Kirche besonders hervorgehoben. Schließlich besteht für die orthodoxe Kirche gerade wegen ihrer strengen dogmatisch-theologischen Autarkie die Gefahr, dass sie nicht mehr kritisch denkt, was aber notwendig ist, damit sie sich selbst korrigieren kann. Andererseits ist kritisches Denken der komparative Vorteil des Protestantismus den anderen christlichen Konfessionen gegenüber. Trotz des allgemeinen Charakters dieser Feststellungen könnten wir den Schluss ziehen, dass jede der drei großen christlichen Konfessionen mindestens einen spezifischen Vorteil hat, der aber, wenn nicht mit den Vorteilen der beiden anderen kombiniert, zu extremen Einstellungen führen kann, die den jeweiligen kirchlichen Leib aus dem notwendigen theologischen Gleichgewicht bringen. Daher sollte jede christliche Konfession nicht nur ihre

---

52 Vgl. etwa V.N. Makrides, Der konstruktive Umgang mit der Moderne – oder was die Orthodoxie vom Katholizismus zu lernen vermag, in: D. Schon (Hg.), Identität und Authentizität von Kirchen im „globalen Dorf“: Annäherung von Ost und West durch gemeinsame Ziele?, Schriften des Ostkircheninstituts der Diözese Regensburg 4, Regensburg 2019, 103–127.

eigenen theologischen und kirchlichen Eigenschaften pflegen, sondern auch über die Eigenschaften nachdenken, die ihr fehlen und die sie trotz der vorhandenen schmerzhaften kirchlichen Spaltungen aus den anderen Konfessionen erlangen kann.

Wie bereits erwähnt, ist die Sprache unserer modernen Gesellschaft unhintergehbar auch die Sprache der Wissenschaft. Daher sollte keine christliche Kirche die Kenntnisnahme der modernen Bibelwissenschaften vermeiden, um der gegenwärtigen Welt ihre Botschaft adäquat vermitteln zu können. Es gibt sogar viele einzelne Bereiche, die unser Verständnis der Bibel bereichern und die Übertragung ihrer Inhalte für die Leute von heute erleichtern können.

So hilft uns z.B. die Suche nach dem historischen Jesus dabei, sowohl seine Lebenswelt als auch seinen historischen Weg besser zu verstehen.[53] Natürlich beleuchtet all das Wissen, das sich aus der Erforschung der Parallelquellen und der archäologischen Funde ergibt, den biblischen Text auf neue Weise.[54] Andererseits kann die postmoderne Auffassung von Geschichte als Erzählung und als Projektion unserer Gegenwart auf die Vergangenheit dazu verhelfen, unsere eigene Lektüre der Geschichte zu relativieren und für verschiedene Perspektiven offen zu sein, die uns wesentlich bereichern können.[55] Heutige Bibelwissenschaft unterstreicht die Bedeutung des direkten Zugangs zur Bibel, d.h. nicht ausschließlich durch den Filter ihrer patristischen oder irgendwelcher anderen nachträglichen Interpretationen. Sie führt uns daher zurück zu dem, was schon in den ersten Jahrhunderten des kirchlichen Lebens als exegetische Praxis gegolten hat. Moderne jüdische Studien helfen uns, die enorme Bedeutung des Judentums für das Wesen urkirchlicher Gemeinschaftsbildungen besser zu verstehen,[56] eine

---

53 S. G. Theissen/A. Merz, Der historische Jesus: Ein Lehrbuch, Göttingen [4]2011.

54 S. S. Freyne, Jesus a Jewish Galilean: A New Reading of the Jesus-Story, London 2004.

55 S. K. Jenkins, Re-thinking History, London 1991.

56 S. etwa die Studien im Band von W. Kraus/K.-W. Niebuhr unter Mitarbeit von L. Doering (Hg.), Frühjudentum und Neues Testament im Horizont Biblischer Theologie: Mit einem Anhang zum Corpus Judaeo-Hellenisticum Novi Testamenti, WUNT 162, Tübingen 2003.

Dimension, die in unseren heutigen kirchlichen Traditionen oft in Vergessenheit geriet, was historisch zu tragischen Konsequenzen für die Beziehungen von Christen zu Juden geführt hat. Der sogenannte synchrone Ansatz bei der Exegese der Bibeltexte, die demgemäß eine logische Kohärenz, eine einheitliche Struktur und ästhetische Ansprüche haben, führt uns *mutatis mutandis* zu den hermeneutischen Voraussetzungen der Bibelexegese, wie sie in der Antike und im Mittelalter ausgeübt wurde.[57] Schließlich wirft der Nachdruck auf die Wirkungsgeschichte der Bibel ein Licht auf die Dimensionen unserer jahrhundertelangen Interpretationstradition, die bis vor kurzer Zeit ziemlich unerforscht blieb.[58]

Natürlich wird keine Kirche alle Schlussfolgerungen der Bibelwissenschaften akzeptieren müssen, die nicht selten ja auch widersprüchlich sind. Sie kann und sollte jedoch diejenigen von ihnen verwenden, die ihr dazu verhelfen können, den heiligen Text der Bibel, der der wichtigste ihrer geistlichen Schätze ist, besser zu verstehen und ihn der Welt mit Angemessenheit und Effizienz zu vermitteln.

5. Fazit

Es ist also naiv und einfach falsch zu behaupten, dass die Orthodoxie (oder der Katholizismus bzw. der Protestantismus) von den anderen nichts zu lernen vermöge. Die biblischen Autoren, die Kirchenväter und die kirchlichen Autoren haben immer Sprache, Begrifflichkeit und Vorstellungen aus ihrer ganzen Lebenswelt geschöpft und sich nicht nur auf ihre Gleichgesinnten begrenzt. Es ist klar, dass dadurch auch das eigene theologische Verständnis und überhaupt die eigene Kognition wesentlich und ständig beeinflusst, gestaltet

57 S. mein Kapitel IV.3.

58 S. etwa die Studien im Band von B. JANOWSKI/P. STUHLMACHER (Hg.), Der leidende Gottesknecht: Jesaja 53 und seine Wirkungsgeschichte; mit einer Bibliographie zu Jesaja 53, FAT 14, Tübingen 1996.

und angepasst wird.[59] Dieser Prozess ist auch für die heutigen Kirchen unvermeidlich und notwendig: unvermeidlich, weil wir, ob wir es wollen oder nicht, im sogenannten globalen Dorf leben, in dem geistige Wechselwirkungen eine konstante Realität sind; notwendig, weil nur dadurch die biblische Botschaft aktuell und verständlich werden kann, was ja der eigentliche Zweck der christlichen Verkündigung sein sollte.

59 S. dazu W. SUCHAROWSKI, Sprache und Kognition: Neuere Perspektiven in der Sprachwissenschaft, Opladen 1996, sowie auch zu einzelnen Parametern der Wechselwirkung zwischen Kognition und Kultur die Studien im Band von H. KÄMPER/L.M. EICHINGER, Sprache – Kognition – Kultur: Sprache zwischen mentaler Struktur und kultureller Prägung, Berlin 2008.

VI.

Ermöglichungen schriftgemäßer ökumenischer Praxis

1. Gemeinsam am Herrenmahl teilnehmen – gemeinsam Eucharistie feiern

Christos Karakolis

1. Das Problem

Das Christentum hat seit den Anfängen seines historischen Weges eine große Zahl an Missverständnissen, Spannungen, Spaltungen und blutigen Konflikten unter Christen erlitten. Trotz der Tatsache, dass Jesus Christus, der Herr der christlichen Kirche, die Liebe zueinander (Joh 15,12) und sogar zu den eigenen Feinden (Mt 5,44) sowie die völlige Enthaltung von allen Formen von Gewalt (Mt 5,39; Lk 6,29) verkündigt hat, haben die an ihn Glaubenden bei vielen Gelegenheiten dieser grundlegenden Lehre, ob gewollt oder ungewollt, zuwidergehandelt. Vielleicht nachdrücklicher als je zuvor stellt sich im gegenwärtigen Zeitalter der Globalisierung, in dem die gesamte Menschheit zusammenrückt und Menschen mit unterschiedlichen Hintergründen und Überzeugungen immer näher miteinander zusammenkommen, die Frage nach dem, was uns als Christen und Christinnen eint. Der sichtbarste Punkt der Trennung unter den christlichen Konfessionen ist die Nichtexistenz eines gemeinsamen eucharistischen Mahls. Es sei hier angemerkt, dass eine Grundposition der orthodoxen Theologie darin besteht, dass die Eucharistie nicht einfach eines der Sakramente ist, sondern *das* Sakrament schlechthin, im Rahmen dessen sich die Kirche versammelt und realisiert.[1] Das für den deutschen Begriff „Kirche" stehende griechische *ekklesia* bedeutet ja eben: die Versammlung.[2]

1 Über das orthodox-theologische Verständnis der Eucharistie s. J.D. Zizioulas, The Eucharistic Communion and the World, hg. von L.B. Tallon, London 2011; P. Kariatlis, Church as Communion: The Gift and Goal of Koinonia, Adelaide/Sydney 2019.

2 Zu Hintergründen des Begriffs s. etwa Y.-H. Park, Paul's Ekklesia as a Civic Assembly: Understanding the People of God in their Politico-Social World, WUNT II.393, Tübingen 2015, 5–97.

 | DOI:10.30965/9783657760381_012

Eucharistische Gastfreundschaft wird normalerweise von den evangelischen Kirchen dargeboten,[3] während die sogenannte Interkommunion von römisch-katholischen Christen stillschweigend und inoffiziell in geringem Maße, unter sehr spezifischen Bedingungen und in bestimmten Umgebungen praktiziert wird.[4] Die orthodoxe Kirche verbietet jedoch die Interkommunion mit der Ausnahme der „Griechisch-Antiochenischen Kirche", die im Jahr 1991 ein Abkommen mit der „Syrisch-Orthodoxen Kirche von Antiochien" unterschrieben hat, nach dem an Orten, an denen es nur einen Priester gibt, dieser die Eucharistie auch für die Gläubigen der Schwesterkirche feiern und ihnen eucharistische Gastfreundschaft leisten soll.[5] Es gibt ferner Zeugnisse für die inoffizielle eucharistische Aufnahme von orientalischen Christen der Diaspora von orthodoxer Seite.[6] Was allerdings derzeit nicht realisierbar und insbesondere für die orthodoxe Kirche völlig undenkbar ist, wäre eine interkonfessionelle, gemeinsame Feier der Eucharistie.[7]

Die Ursachen für diese Realität sind komplex. Der gemeinsame Kelch und die gemeinsame Feier der Eucharistie setzen schon seit den Anfängen des Lebens der Kirche die Gemeinsamkeit des Glaubens und des Ethos, sowie die Einheit und die Eintracht der daran Teilnehmenden voraus. Allerdings führten u.a. die geographische und

3 S. über die diesbezügliche evangelische Problematik F. IHSEN, Eine Kirche in der Liturgie: Zur ekklesiologischen Relevanz ökumenischer Gottesdienstgemeinschaft, FSÖTh 129, Göttingen 2011, bes. 85–111.

4 S. die Problematik von römisch-katholischer Seite im Band von T. SÖDING/W. THÖNISSEN (Hg.), Eucharistie – Kirche – Ökumene: Aspekte und Hintergründe des Kommunionsstreits, QD 298, Freiburg 2019.

5 S. den Text des Abkommens im Band von J. GROS/T.F. BEST/L.F. FUCHS (Hg.), Growth in Agreement III: International Dialogue Texts and Agreed Statements 1998–2005, Geneva/Grand Rapids, MI 2007, 2–3.

6 S. Kapitel III.3 über die Unterscheidung zwischen „byzantinisch-orthodoxen" und „altorientalisch-orthodoxen" Kirchen.

7 S. über die orthodoxe Perspektive P. BOUTENEFF, Common Prayer as an Issue for Orthodox Involvement in Ecumenism: A Systematic Approach, in: P. KALAITZIDIS/T. FITZGERALD/C. HOVORUN/u.a. (Hg.), Orthodox Handbook on Ecumenism: Resources for Theological Education, Volos/Geneva/Oxford 2014, 620–622.

kulturelle Distanz zwischen Osten und Westen, die Entwicklung von unterschiedlichen rituellen Praktiken, theologischen Verständnissen und dogmatischen Formulierungen,[8] die Rivalität um die Jurisdiktion neuer Gebiete, aber auch persönliche Verbitterungen und Abneigungen zu einer allmählichen Entfremdung und letztlich zu zwei Spaltungen zwischen der Ost- und der Westkirche (867 und 1054), von denen die zweite bis heute immer noch intakt ist.[9] Die Eroberung von Konstantinopel 1204 und die darauffolgende Zersplitterung des byzantinischen Reichs durch westliche Kreuzritter hat natürlich die Kluft weiterhin vertieft.

Aus orthodox-theologischer Sicht steckt hinter der Unterbrechung der gemeinsamen Kommunion und der gemeinsamen Feier der Eucharistie die folgende grundlegende Argumentation: Da die Kirche der Leib Christi ist (1 Kor 12,12–27), kann sie nur eine sein, weil ja Christus einen und nicht mehrere Leiber hat. Daher trennt sich von der „einen, heiligen, katholischen und apostolischen Kirche"[10] jeder, der die Gemeinschaft mit ihr preisgibt. Nur unter der Voraussetzung also, dass man Mitglied des einen kirchlichen Leibes Christi ist, kann man eucharistisch seinen Leib essen und sein Blut trinken (1 Kor 10,16–17).[11] Nach diesem Gedankengang ist es klar, dass die Grundfrage über die Grenzen der Kirche mit der über die gemeinsame Teilnahme an der eucharistischen Feier unlöslich verbunden ist.

---

8 Sowie etwa die Durchsetzung der Hinzufügung des „Filioque" zum Glaubensbekenntnis von Nizäa-Konstantinopel, s. A.E. Siecienski, The Filioque: History of a Doctrinal Controversy, Oxford 2010; B. Oberdorfer, Filioque: Geschichte und Theologie eines ökumenischen Problems, FSÖTh 96, Göttingen 2001.

9 Offensichtlich waren auch andere Spaltungen vorausgegangen und weitere folgten. Aber wie bereits notiert, ist die Hauptperspektive, die ich für dieses Buch gewählt habe, die der byzantinisch-orthodoxen Kirche in ihrer Beziehung zu den Kirchen des Westens, s. Kapitel III.3.

10 Aus dem Glaubensbekenntnis von Nizäa-Konstantinopel; s. den Text im Band von H. Denzinger/P. Hünermann (Hg.), Kompendium der Glaubensbekenntnisse und kirchlichen Lehrentscheidungen, Freiburg 2009, 103–104.

11 Vgl. G.A. Galitis, The Problem of Intercommunion from an Orthodox Point of View: A Biblical and Ecclesiological Study, Athens 1968, 47–50.

Natürlich können wir hier auf diese Problematik im Detail nicht eingehen. Es handelt sich um ein höchst komplexes Thema, worüber weder in der patristischen Literatur noch in der orthodox-theologischen Bibliographie ein vollständiger Konsens besteht. So vertritt etwa Cyprian von Karthago eine exklusive Ekklesiologie (*extra ecclesiam nulla salus*)[12], während andererseits Augustinus eine inklusive Ekklesiologie entwickelt, die bedingt die Teilhabe sogar von Schismatikern bzw. Häretikern an der kirchlichen Gnade und der Gültigkeit der Sakramente anerkennt.[13] Letztere Ekklesiologie hat im 20. Jahrhundert Georges Florovsky, der vielleicht führende orthodoxe Theologe der Neuzeit, erneut entdeckt und vertreten.[14]

Im Folgenden werden wir einige der wichtigsten neutestamentlichen Bezüge auf die Eucharistie skizzieren und die Kriterien des Paulus für die Vertreibung von Gläubigen aus der ekklesialen Gemeinschaft untersuchen, eine Problematik, die für die Diskussion über die Grenzen der Kirche absolut relevant ist. Im Nachwort werden wir versuchen, die gegenwärtige Sachlage im Licht der oben genannten neutestamentlichen Zeugnisse zu evaluieren.

12 Der eigentliche Satz des Cyprian lautet: „Salus extra ecclesiam non est", Epist. 73, Ad Jubajanum, 21, CSEL 3/II, 795. Über die verschiedenen Aspekte der Problematik dieses Satzes aus historischer und theologischer Perspektive s. F.A. SULLIVAN, Salvation Outside the Church? Tracing the History of the Catholic Response, New York, NY 1992. Ein kontextuelles Verständnis des Satzes bietet C. HOVORUN, Scaffolds of the Church: Towards Poststructural Ecclesiology, Cambridge 2018, 163–179, an, der ferner eine aktuelle ernsthafte Diskussion innerhalb der orthodoxen Kirche über die „eigentlichen" Grenzen der Kirche vorschlägt.

13 S. etwa Augustin, De baptismo 1, 15.23, PL 43,121–122.

14 G. FLOROVSKY, The Limits of the Church, in: CQR 117 (1933), 117–131; DERS., The Doctrine of the Church and the Ecumenical Problem, in: ER 2 (1950), 152–161. Vgl. auch T. WARE (Bishop Kallistos of Diokleia), The Orthodox Church: An Introduction to Eastern Christianity, London 1993, 247–248; A.N. PAPATHANASIOU, A Theological Affirmation of God's Action outside the Canonical Boundaries of the Church, in: KALAITZIDIS U.A. (Hg.), Handbook, 86–95; T. GRDZELIDZE, Using the Principle of Oikonomia in Ecumenical Discussions: Reflections on the ‚Limits of the Church' by George Florovsky, in: ER 56 (2004), 234–246.

2. Die Eucharistie im Neuen Testament

Die eucharistische Praxis ist der Kirche inhärent und geht auf das letzte Abendmahl Jesu Christi mit seinen Jüngern zurück. Nach dem ältesten uns vorhandenen Bericht über die Tradierung der Eucharistie (1 Kor 11,23–26) teilte Jesus mit seinen Jüngern das Brot, das er als seinen für sie sterbenden Leib charakterisierte (1 Kor 11,24). Am Ende des Abendmahls schenkte Jesus seinen Jüngern den Wein, den er als sein den neuen Bund fundierendes Blut kennzeichnete (1 Kor 11,25). Jesus veranlasste seine Jünger, diese eucharistische Handlung in Erinnerung an ihn und zwar an seine Kreuzigung bis zu seiner Parusie fortzusetzen (1 Kor 11,26). Eine ähnliche Szene während des letzten Abendmahls Jesu und seiner Jünger liefern die drei synoptischen Evangelien (Mt 26,26–29; Mk 14,22–25; Lk 22,15–20), während das Johannesevangelium den eucharistischen Bericht zwar weglässt, in indirekter Weise aber die Voraussetzungen für die Teilnahme an der Eucharistie und ihre soteriologischen Konsequenzen (Joh 6,48–58; 13–17) klarstellt.

Auf der Grundlage der Informationen, die die oben genannten neutestamentlichen Zeugnisse liefern, formulieren wir die folgenden Grundthesen mit der Anmerkung, dass es hier nicht um einen Versuch geht, die geschichtlichen Abläufe hinter den Texten zu rekonstruieren, sondern die Sinngehalte der Texte auf literarischer und narratologischer Ebene möglichst zu verdeutlichen und zusammenzufassen.[15]

a) Es ist Christus, der in der Eucharistie den Glaubenden seinen Leib zu essen und sein Blut zu trinken schenkt. Es geht sogar um Leib und Blut des gekreuzigten Christus (Mt 26,28; Mk 14,24; Lk 22,20; 1 Kor 10,16). Daher besteht die eucharistische Teilnahme nicht einfach in der Teilhabe an Leib und Blut Christi, sondern auch an seiner

15 Vgl. T. SÖDING, Eucharistische Koinonia: Dimensionen und Dynamiken im Neuen Testament und heute, in: SÖDING/THÖNISSEN (Hg.), Eucharistie, 65–88.

Kreuzigung und somit an der Erlösung, die aus diesem Heilsereignis hervorgeht.[16]

b) Die Eucharistie ist ausschließlich an den Kreis der Jünger und Jüngerinnen Christi gerichtet. In dieser Hinsicht wird das letzte Abendmahl Christi als ein geschlossenes Geschehen präsentiert (Mt 26,18; Mk 14,14; Lk 22,11). Wer nicht zur Gemeinschaft der Jüngerinnen und Jünger Christi gehört, ist von diesem Abendmahl abwesend.

c) Gleichzeitig aber impliziert der Text, dass zum späteren anamnetischen Herrenmahl alle Glaubenden berechtigt sind. Dies ergibt sich nicht nur aus der Tatsache, dass aus narratologischer Sicht die Jünger und Jüngerinnen Jesu Modellfiguren für alle später an ihn Glaubenden sind,[17] sondern auch aus seiner eigenen Aussage, nach der sein zu trinkendes Blut „für viele vergossen wird" (Mt 26,28; Mk 14,24).

d) Jesus schenkt seinen Jüngern die eucharistischen Gaben, obwohl er weiß, dass ihn alle verlassen werden (Mt 26,31; Mk 14,27; Lk 22,31–32), ja Petrus ihn gar dreimal verleugnen (Mt 26,34; Mk 14,30; Lk 22,34) und Judas verraten wird (Mt 26,14–16.21–25). Jesus lässt sich also weder von den persönlichen Schwächen seiner Jünger noch von ihren vergangenen oder zukünftigen Misserfolgen hindern. Der Unterschied zwischen den übrigen Jüngern und Judas besteht darin, dass sie trotz ihrer vorübergehenden Trennung vom Herrn doch weiterhin seine Jünger bleiben, während sich Judas endgültig und unwiderruflich von ihm trennt.

e) Jesus verbindet die Eucharistie mit dem Neuen Bund (Mt 26,28; Mk 14,24; Lk 22,20; 1 Kor 11,25), der durch seinen Kreuzestod eingeweiht und fundiert wird. Dieser neue Bund erweitert, ergänzt und erfüllt den alten Bund vom Berg Sinai, der die ausschließliche Beziehung Gottes zum auserwählten Volk Israel betroffen hatte

---

16 Vgl. die Analyse von O. HOFIUS, ‚Für euch gegeben zur Vergebung der Sünden': Vom Sinn des Heiligen Abendmahls, in: DERS., Neutestamentliche Studien, WUNT 132, Tübingen 286–293.

17 Vgl. etwa T. NICKLAS, Petrus und ‚Johannes': Dienst am Menschen, in: D. SCHON (Hg.), Identität und Authentizität von Kirchen im „globalen Dorf": Annäherung von Ost und West durch gemeinsame Ziele?, Schriften des Ostkircheninstituts der Diözese Regensburg 4, Regensburg 2019, 51–72.

(Ex 19,5), indem er auf die gesamte Menschheit erweitert wird (Mt 28,20).[18]

f) Jesus sagt seinen Jüngern, dass er erst im Reich Gottes erneut Wein mit ihnen zusammen trinken wird (Mt 26,29; Mk 14,25; vgl. Lk 22,18.30). Aus dieser Perspektive ist die Eucharistie ein Vorgeschmack der Endzeit und stellt symbolisch die eschatologische Tischgemeinschaft der Jünger und Jüngerinnen Christi mit ihrem Herrn dar.[19]

g) Die Jüngerinnen und Jünger Christi sollten immer und überall die Eucharistie nach dem Gebot des Herrn selbst („tut dies zu meinem Gedächtnis", Lk 22,19; 1 Kor 11,25) feiern. Die Feier der Eucharistie ist nicht Option, sondern Verpflichtung für alle an Christus Glaubenden.

h) Im Zusammenhang mit dem letzten Abendmahl, wie es im Johannesevangelium überliefert wird, weist Jesus durch die Fußwaschung (Joh 13,4–11) seine Jünger an, unter welchen Voraussetzungen sie zu seiner Gemeinde gehören können. Sie sollten nämlich Jesus nachahmen, indem sie einander mit Liebe, Demut und Selbstaufopferung dienen.[20]

i) Auf diese Weise werden sie Einheit miteinander haben, wenn sie nämlich einander so lieben, wie sie Jesus selbst geliebt hat, der sein Leben für sie hingibt. Die größte Liebe ist es, wenn man das eigene Leben für diejenigen anbietet, die man liebt (Joh 15,12–17).

Nach dem oben Genannten drückt die Eucharistie den neuen heilswirkenden Bund aus, der die Beziehung Gottes zu der gesamten Menschheit betrifft und auf dem Kreuzestod Jesu Christi beruht.

---

18 Vgl. M. KONRADT, Das Evangelium nach Matthäus, NTD 1, Göttingen 2015, 407.

19 Über den eschatologischen Aspekt der Eucharistie s. P. VASSILIADIS, The Eucharist as an Inclusive and Unifying Element in the New Testament Ecclesiology, in: A.A. ALEXEEV/C. KARAKOLIS/U. LUZ (Hg.) unter Mitarbeit von K.-W. NIEBUHR, Einheit der Kirche im Neuen Testament: Dritte europäische orthodox-westliche Exegetenkonferenz in Sankt Petersburg 24.–31. August 2005, WUNT 218, Tübingen 2008, 121–145.

20 S. etwa D.C. BIENERT, Das Abendmahl im johanneischen Kreis: Eine exegetisch-hermeneutische Studie zur Mahltheologie des Johannesevangeliums, BZNW 202, Berlin/Boston 2019, 426–477.

Sie richtet sich ausschließlich an die Jüngerinnen und Jünger Jesu, die an ihn glauben und zu seiner Gemeinde gehören. Sie besteht in der Teilnahme am gekreuzigten Leib und Blut Christi; also ermöglicht sie ihren Teilnehmern, an seinem Tod und folglich auch an seiner Auferstehung teilzunehmen. Trotz ihrer Schwächen sind alle Jüngerinnen und Jünger ausnahmslos zur Teilnahme eingeladen. Die Eucharistie rettet aber die Teilnehmenden nicht von alleine. Auch die Treue der Teilnehmenden Jesus gegenüber ist notwendig, damit sie in seiner Gemeinschaft verbleiben können. Die Eucharistie ist zugleich auch Vorgeschmack des gemeinsamen eschatologischen Mahls des Herrn mit seinen Jüngerinnen und Jüngern zusammen im Reich Gottes. Grundvoraussetzung dafür, dass man ein wahrer Jünger bzw. eine wahre Jüngerin Jesu Christi ist und am eucharistischen Tisch partizipieren kann, ist die Jesus nachahmende Bereitschaft zur Selbstaufopferung für die anderen Gemeinschaftsmitglieder.

Besonders wichtig ist in diesem Zusammenhang das Zeugnis des Paulus über die eucharistische Praxis in der von ihm in Korinth gegründeten Ortskirche (1 Kor 11,20–34). U.a. weist Paulus darauf hin, dass die Gläubigen in würdiger Weise am eucharistischen Brot und Wein teilnehmen sollten, da sie sonst dem Gericht Gottes unterliegen (1 Kor 11,27.29–32). Die würdige Teilnahme besteht darin, die eucharistischen Gaben als das zu ehren, was sie wirklich sind, nämlich der Leib und das Blut Christi und nicht irgendeine Nahrung (1 Kor 11,29). Alle Gläubigen müssen sich selbst prüfen, bevor sie zur Eucharistie kommen (1 Kor 11,28). Wenn man im Gegenteil in unwürdiger Weise zur Eucharistie kommt, wird einen Gott züchtigen, damit man schließlich nicht mit den Nicht-Glaubenden zusammen verdammt wird (1 Kor 11,32). Es versteht sich jedoch von selbst, dass alle Gläubigen ausnahmslos zur eucharistischen Teilnahme aufgefordert werden.[21] Paulus hindert also die Gläubigen nicht daran, am eucharistischen Mahl zu partizipieren, sondern macht sie

21 O. Hofius, Gemeinschaft am Tisch des Herrn: Das Zeugnis des Neuen Testaments, in: Alexeev u.a. (Hg.), Einheit, 169–183, hat gezeigt, dass es nach dem Zeugnis des 1. Korintherbriefes ausschließlich um getaufte Gläubige geht.

darauf aufmerksam, dass sie sich der Bedeutung der Eucharistie bewusst werden und nicht mit Nachlässigkeit oder Verachtung den eucharistischen Gaben annähern.[22]

3. Die Ausgrenzung von Gläubigen aus der kirchlichen Gemeinschaft

Nachdem wir uns kurz auf die wichtigsten neutestamentlichen Zeugnisse über die Eucharistie bezogen haben, werden wir hier die Gründe untersuchen, aus denen Gläubige aus dem kirchlichen Leib Christi (1 Kor 10,16–17) ausgegrenzt und somit aus dem gemeinsamen eucharistischen Mahl, d.h. aus der Teilnahme am Leib und Blut Christi ausgeschlossen werden konnten. Diese Thematik ist sehr umfangreich und kann hier nicht erschöpft werden.[23] Wir werden daher speziell auf die paulinischen *homologumena* fokussieren, d.h. auf die paulinischen Briefe, die von der biblischen Forschung zweifelsfrei Paulus selbst zugeschrieben werden.[24] Paulus öffnet ein wertvolles Fenster in das Leben der urkirchlichen Gemeinden um die Jahre 50 bis 60 n.Chr., d.h. nur 20 bis 30 Jahre nach der öffentlichen Tätigkeit Jesu.[25] Die Texte des Paulus erlauben also auch wertvolle Schlussfolgerungen zu unserer Thematik – und zwar nicht nur über die damalige eucharistische Praxis, sondern auch darüber, was es

---

22 S.C. Wolff, Der erste Brief des Paulus an die Korinther, THKNT 7, Leipzig 1996, 276–281.

23 S. die Aufsätze von J. Frey, Vom grenzenlosen Evangelium zur ekklesialen Abgrenzung: Theologische Perspektiven aus dem Neuen Testament, in: I. Moga/R. Augustin (Hg.), Wesen und Grenzen der Kirche: Beiträge des Zweiten Ekklesiologischen Kolloquiums, ProOr 39, Innsbruck 2015, 55–65; C. Karakolis, Hat die Kirche Grenzen? Neutestamentlicher Zugang mit Blick auf orthodoxe ekklesiologische Ansätze, in: a. a. O., 66–80; W. Kirchschläger, Hat die Kirche Grenzen? Ein biblischer Zugang, in: a. a. O., 81–92.

24 Es geht um den Römerbrief, den 1. und den 2. Korintherbrief, den Galaterbrief, den Philipperbrief, den 1. Thessalonicherbrief und den Philemonbrief, s. U. Schnelle, Einleitung in das Neue Testament, Göttingen [9]2017.

25 Über die paulinische Chronologie s. a. a. O., 32–47.

damals bedeutete, Mitglied der Kirche Gottes (1 Kor 15,9; Gal 1,13) zu sein und wie man diese Eigenschaft verlieren könnte.[26]

Um die Ausweisung eines Mitglieds der Kirche aus ihren Reihen auszudrücken, verwendet Paulus prinzipiell den griechischen Begriff *anathema*, also einen Fluch, der seine Empfänger von der Teilnahme am kirchlichen Leib und folglich an der Eucharistie ausschließt.[27] Für Paulus gilt grundsätzlich die allgemeine Regel, wonach „derjenige, der den Herrn nicht liebt, verflucht sei“ (1 Kor 16,22). Wir verstehen also, dass die an der Eucharistie Teilnehmenden den Herrn lieben sollten, denn ohne diese Bedingung bringen sie sich selbst praktisch außerhalb der Kirche. Ob und inwiefern das der Fall ist, wird jeder und jede Gläubige durch das eigene Gewissen beurteilen (vgl. 1 Kor 11,28).[28] Schließlich sind sie aber alle auf die Gnade Gottes angewiesen, der das definitive Urteil fällt (vgl. 1 Kor 11,29–32).

Es ist charakteristisch, dass Paulus in einem Ausbruch der Liebe und des Mitgefühls für seine noch nicht an Christus glaubenden Mitjuden den Wunsch zum Ausdruck bringt, dass er selbst verflucht wäre, damit seine „Geschwister dem Fleisch nach“, d.h. seine jüdischen Landsleute gerettet würden (Röm 9,3). Diese Aussage des Paulus impliziert, dass das *anathema* in der Tat seinen Empfänger von der Person Christi, seinem kirchlichen Leib und seinem Heil trennt, wenn auch vorläufig.[29]

---

26 S. KARAKOLIS, Kirche, 68–73. Nach unserem Verständnis hat *Ekklesia* bei Paulus nicht immer eine örtliche, sondern in einigen Fällen auch eine überörtliche Bedeutung. S. die relevante Argumentation bei R.E. BROWN, Biblical Exegesis & Church Doctrine, New York, NY 1985, 114–134; s. ferner S. TOFANA, Die Beziehung zwischen der lokalen und universalen Kirche im Licht der ekklesiologischen Terminologie des Neuen Testaments, in: ALEXEEV U.A. (Hg.), Einheit, 33–44.

27 Zum semantischen Hintergrund von *anathema* s. J. BEHM, ἀνάθεμα, ἀνάθημα, κατάθεμα, in: G. KITTEL (Hg.), Theologisches Wörterbuch zum Neuen Testament. Band 1, Stuttgart 1933, 356–357.

28 Paulus betont die Bedeutung des eigenen Gewissens auch im Diskurs über den Götzenopferfleischverzehr vonseiten der Gläubigen in 1 Kor 8,1–13; 10,14–33. S. ferner W.L. WILLIS, Idol Meat in Corinth: The Pauline Argument in 1 Corinthians 8 and 10, Eugene, OR 1985.

29 S. dazu T. NICKLAS, Paulus und die Errettung Israels: Röm 11,25–36 in der exegetischen Diskussion und im jüdisch-christlichen Dialog, in: Early

Dies ergibt sich auch aus dem einzigen Mal, dass Paulus ein Mitglied der Kirche wegen eines sehr schweren moralischen Vergehens vertreiben lässt. Es geht um einen Gläubigen, der anscheinend nach dem Tod seines Vaters mit seiner Stiefmutter zusammenlebt (1 Kor 5,1). Paulus verurteilt dieses Verhalten ganz entschieden und sagt, dass eine solche Gräueltat nicht einmal bei den Völkern zu finden ist. Er fordert daher die korinthischen Gläubigen auf, diesen Bruder aus ihrer Mitte zu vertreiben (1 Kor 5,13), da die Gefahr besteht, dass sein moralischer Abfall die gesamte Gemeinde negativ beeinflusst (1 Kor 5,6). Deshalb befiehlt Paulus der Gemeinde, sich in seiner geistlichen Anwesenheit zu versammeln und den sündigen Bruder durch die Kraft des Herrn Jesus (1 Kor 5,4) dem Satan zu übergeben, damit er schließlich am Tag des Herrn gerettet wird (1 Kor 5,5), vorausgesetzt natürlich, dass er sich seiner Übertretung bewusst wird. Hier erklärt Paulus ziemlich genau, wie der Fluch als offizielle Handlung vonseiten der gesamten kirchlichen Gemeinde auferlegt und ausgeführt wird. Abschließend legt Paulus eine allgemeine Regel darüber fest, wie die korinthische Kirche ihre Mitglieder behandeln soll, die sich wie „Unzüchtige, Habgierige, Götzendiener, Lästerer, Trunkenbolde oder Räuber" verhalten. Diese Geschwister (nur dem Namen nach), die in solche schweren ethischen Fehlverhalten geraten, muss die Gemeinde ausstoßen und darf nicht mit ihnen zusammen essen, was auch bedeutet, dass sie ihnen die eucharistische Teilnahme nicht zulässt (1 Kor 5,11).[30]

Im Übrigen zögert Paulus sehr, einzelne Brüder und Schwestern in Christus zu verfluchen. Während ihm wiederholt schwerwiegende Probleme in seinen Gemeinden begegnen, kommt es bei ihm normalerweise nicht zur Verfluchung, obwohl er meint dieses Recht tatsächlich zu besitzen und ausüben zu dürfen (vgl. 2 Kor 10,8; 13,10). So kritisiert Paulus im 1. Korintherbrief u.a. die Entstehung von antagonistischen Fraktionen innerhalb der korinthischen Gemeinde (1 Kor 1,11–3,23), aber auch die falsche Überzeugung bestimmter Kirchenmitglieder, nach der es keine allgemeine Totenauferstehung

---

Christianity 2 (2011), 173–197; M. WOLTER, Ein exegetischer und theologischer Blick auf Röm 11.25–32, in: NTS 64 (2018), 123–142.

30 S. WOLFF, Brief, 103–105.

gäbe (1 Kor 15,12–58). Im 2. Korintherbrief bezieht sich Paulus u.a. auf die Trauer, die ihm persönlich ein Mitglied der korinthischen Gemeinde verursacht hat (2 Kor 2,1–11), sowie auch auf die Tatsache, dass die gesamte Gemeinde ihm gegenüber eher misstrauisch ist (2 Kor 10,1–13,10). Im Philipperbrief thematisiert Paulus bestimmte Gegner, die ihm Trübsal bereiten wollen (Phil 1,15–18), aber auch gefährliche Irrlehrer, die die Beschneidung und die Unterscheidung von Nahrungsmitteln verkündigen (Phil 3,2–19). Schließlich fühlt sich Paulus in seinem 1. Thessalonicherbrief verpflichtet, seine Ehrlichkeit und Integrität gegenüber seinen Gegnern zu verteidigen, die ihn in der hiesigen Gemeinde verleumdet hatten (1 Thess 2,1–12). Wie schon gesagt, kommt es in all diesen Beispielsfällen nicht zur Verfluchung, obwohl Paulus nicht zögert, harte Charakterisierungen zu verwenden, um seine Gegner zu entlarven und die Gläubigen vor ihnen zu warnen.[31]

Eine wichtige Ausnahme kann man im Galaterbrief finden, in dem Paulus zweimal mit besonderem Nachdruck alle verflucht, die ein anderes Evangelium verkündigen, selbst wenn sie Engel oder er selbst und seine Mitarbeiter sind (Gal 1,8–9).[32] Wie es scheint, war die Situation in den von Paulus im kleinasiatischen Galatien gegründeten Gemeinden ziemlich außer Kontrolle geraten. Das Problem liegt nicht nur in der Tätigkeit von Irrlehrern, die versuchen, die galatischen Gemeinden zum Glauben an ein falsches Evangelium irrezuführen, sondern auch in der Tatsache, dass die hiesigen Gläubigen zum großen Teil bereits verführt worden sind. Paulus hat also hier nicht einfach mit einer potenziellen Bedrohung, sondern mit einer bereits stattgefundenen Abweichung zu tun. Wir stellen jedoch fest, dass selbst in dieser extremen Situation Paulus keine namentlichen bzw. persönlichen Verfluchungen ausspricht,

31 Die polemische Rhetorik des Paulus sollte allerdings nicht immer buchstäblich verstanden werden s. L. Thurén, Derhetorizing Paul: A Dynamic Perspective on Pauline Theology and the Law, WUNT 124, Tübingen 2000; T. Söding, Die Gegner des Apostels Paulus in Galatien: Beobachtungen zu ihrer Evangeliumsverkündigung und ihrem Konflikt mit Paulus, in: MTZ 42 (1991), 305–321.

32 S.T.A. Wilson, The Curse of the Law and the Crisis in Galatia: Reassessing the Crisis in Galatia, Eugene, OR 2007, 24–26.

sondern ganz allgemein jeden verflucht, der ein falsches Evangelium verkündigt. Es ist bemerkenswert, dass der Fluch des Paulus sich selbst, seine Mitarbeiter und sogar Engel umfasst, falls sie ein falsches Evangelium verkündigen sollten. Es geht also eher um eine Redensart und nicht um eine offiziell-gültige Verfluchung. Der Fluch des Paulus scheint hier nicht darauf abzuzielen, die falschen Brüder wegen ihrer Irrlehre von der Kirche tatsächlich zu trennen, sondern eher auf die Schwere ihres Vergehens hinzuweisen.[33]

Im selben Brief steht, dass Paulus nicht zögert, öffentlich Petrus zu ermahnen, als er die Einheit der kirchlichen Gemeinde von Antiochien und folglich die gleichberechtigte Beteiligung aller ihrer Mitglieder an der Eucharistie als gefährdet sieht (Gal 2,11–14). Konkret hatten nach dem Zeugnis des Paulus Christusanhänger und Christusanhängerinnen aus den Juden wie aus den Völkern gleichermaßen am gemeinsamen Mahl und somit auch an der Eucharistie teilgenommen. Als jedoch in Antiochien einige jüdische Gläubige von der Jerusalemer Kirche ankamen, entschied sich Petrus, die Mahlgemeinschaft mit den unbeschnittenen Mitgliedern der antiochenischen Gemeinde aufzugeben, um den Jerusalemern zu zeigen, dass er nach wie vor die jüdischen Reinheitsgebote halte, in diesem Fall diejenigen, die sich auf die Vermeidung der Tischgemeinschaft mit Heiden beziehen (Gal 2,12–13). Allerdings wurde auf diese Weise praktisch eine Spaltung in der Gemeinde verursacht, was zwei separate Eucharistiefeiern, eine für jüdische und eine für die aus den Völkern stammenden Gläubigen zur Folge hatte. Paulus kritisiert die Haltung des Petrus als heuchlerisch, da Petrus selbst in seinem persönlichen Leben diejenigen Gebote nicht gehalten habe, die er in der Anwesenheit der Brüder von Jerusalem zu implementieren vorgibt. Gleichzeitig habe er damit die Gläubigen aus den Völkern indirekt dazu motiviert, zum Judentum zu konvertieren (Gal 2,14).[34] Nach Paulus bestand eine der wichtigsten

33 Vgl. die Analyse von M.C. de Boer, Galatians: A Commentary, Louisville, KY 2011, 45–49.

34 Über die Situation und den Streit zwischen Paulus und Petrus in Antiochien s. J.J. Gibson, Peter Between Jerusalem and Antioch: Peter, James and the Gentiles, WUNT II.345, Tübingen 2013, 245–283.

Herausforderungen überhaupt darin, die Einheit innerhalb jeder örtlichen Ekklesia zu gewährleisten (vgl. auch Phil 1,27–2,4). Das Verhalten von Petrus, der als Autorität für viele andere Geschwister in Christus als Vorbild fungiert, setzt die kirchliche Einheit aufs Spiel. Und doch kommt Paulus auch in diesem Fall nicht so weit, eine Verfluchung zu äußern.[35] Im Gegensatz dazu bezieht er sich im 1. Korintherbrief respektvoll auf Petrus (1 Kor 15,5), ohne ihm irgendwelche persönliche Verantwortung für die Fraktion zuzuschreiben, die sich auf seinen Namen beruft (1 Kor 1,12; 3,22; vgl. auch 9,5).[36]

Das obige Bild, das wir auf der Grundlage der paulinischen *homologumena* zeichnen können, unterscheidet sich nicht wesentlich von dem, was auch aus den übrigen neutestamentlichen Texten hervorgeht.[37] Die Ausgrenzung aus dem kirchlichen Leib Christi und die damit verbundene Unterbrechung der eucharistischen Gemeinschaft ist nach dem Neuen Testament ein extremes Mittel, das fast nie in die Praxis umgesetzt wird, außer im Fall eines ganz gravierenden moralischen Fehlverhaltens und indirekt im Fall der Irreführung von Gläubigen in ein falsches Evangelium.

4. Nachwort

Auf der Basis des oben Genannten schließen wir, dass im Neuen Testament die eucharistische Praxis als äußerst inklusiv verstanden wird, da alle Glaubenden zum eucharistischen Mahl eingeladen sind. Es liegt im Bereich der persönlichen Verantwortung jeder und jedes einzelnen Gläubigen, ob sie den Herrn wirklich lieben und wahre Jüngerinnen bzw. Jünger von ihm sind, ob sie also in würdiger Weise am eucharistischen Mahl partizipieren.

---

35 S.C. Karakolis, Neutestamentliche Apostelfiguren als Wegweiser zu einer übergreifenden christlichen Identität, in: Schon (Hg.), Identität, 44–46.

36 Vgl. F. Mussner, Petrus und Paulus – Pole der Einheit: Eine Hilfe für die Kirchen, Freiburg 1976, 85; M. Karrer, Petrus im paulinischen Gemeindekreis, in: ZNW 80 (1989), 211–213.

37 S. Karakolis, Kirche, 73–78.

Allerdings können wir uns in die sozial-historischen Bedingungen der neutestamentlichen Zeit nicht ohne Weiteres versetzen. Nach fast 2.000 Jahren stehen wir heute vor einer neuen Sachlage mit enormer Trägheit. Mehrere wichtige orthodoxe Theologen haben sich dafür ausgesprochen, dass man als orthodoxer Christ mit katholischen und evangelischen Mitchristen beten darf und soll.[38] Zudem haben manche orthodoxen Theologen zwischen kanonischen und charismatischen Grenzen der Kirche unterschieden[39] und ernsthaft darüber diskutiert, ob die einzelnen dogmatischen Unterschiede zwischen den empirischen Kirchen ausreichend sind, um bestehende kirchliche Spaltungen aufrechtzuerhalten.[40] Trotzdem hat kein orthodoxer Theologe die Konzelebration der Eucharistie vertreten, wenn auch in vereinzelten Fällen und unter ganz konkreten Bedingungen eucharistische Gastfreundschaft auch von orthodoxer Seite geleistet wurde bzw. wird.

Natürlich reflektieren die Texte des Neuen Testaments eine bestimmte Ära und behandeln konkrete Situationen innerhalb seines geographischen und soziohistorischen Kontexts. Das Neue

---

38 S. etwa V. PHEIDAS, Common Prayer as an Issue for Orthodox Involvement in Ecumenism according to the Canon Law, in: KALAITZIDIS U.A. (Hg.), Handbook, 607–617. S. ferner die Diskussion über die Möglichkeit einer Interkommunion von Orthodoxen und Anglikanern zwischen Bulgakov und Florovsky (s. Kapitel V.3) in der Monographie von D.F. SALAPATAS, The Fellowship of St. Alban and St. Sergius: Orthodox and Anglican Ecumenical Relations 1927–2012, Cambridge 2018, 52–69; s. ferner A. GALLAHER, Bulgakov and Intercommunion, in: Sob. / ECR 24.2 (2002), 9–28.

39 U.a. hat auch der sehr wichtige rumänische Theologe Dumitru STANILOAE einen gewissen Grad an sakramentaler Gemeinschaft zwischen der orthodoxen und anderen Kirchen mit Ausnahme der Eucharistie angenommen, s. diesbezüglich R. BORDEIANU, Dumitru Staniloae: An Ecumenical Ecclesiology, London 2011, 39.

40 Vgl. P. VASSILIADIS, Basic Elements of Church Unity: Intercommunion according to Orthodox Understanding, in: KALAITZIDIS U.A. (Hg.), Handbook, 636–638; A. VLETSIS, Orthodox Ecclesiology in Dialogue with other Understandings of the Nature of the Church, in: a. a. O., 639–646; KARAKOLIS, Kirche, 79–80; I. SAUCA, The Church beyond Our Boundaries/ The Ecumenical Vocation of Orthodoxy, in: ER 56 (2004), 211–225.

Testament kann also sicherlich keine fertigen Antworten auf die heutigen komplexen Probleme anbieten. Das könnte eine Erklärung dafür sein, dass in interkonfessionellen Dialogen der Verweis auf die Bibel und insbesondere auf das Neue Testament üblicherweise vernachlässigt wird. Es ist in der Regel einfacher und bequemer, sich auf historisch bedingte Situationen in der Geschichte des Christentums zu beziehen, als seine anfänglichen Schritte im Detail zu untersuchen, da die neutestamentliche Vielfalt an theologischen Positionen und kirchlichen Praktiken uns nicht nur inspirieren, sondern zugleich auch vor neue Problematisierungen stellen kann.

Aber genau dieser Reichtum der neutestamentlichen Texte hätte sie zum wertvollen Fundament in interkonfessionellen Kontakten machen sollen. Wenn wir also wirklich an der kirchlichen Einheit interessiert und aufgrund der Zersplitterung des Christentums wirklich verwundet und betrübt sind, dann sollten wir auf unsere gemeinsame Heilige Schrift schauen, deren Autorität und Inspiration wir alle akzeptieren, um uns an die Wurzeln unseres Glaubens und unseres kirchlichen Lebens zu erinnern und sie erneut zu ergründen. Was unser konkretes Thema der gemeinsamen Teilnahme an der Eucharistie oder sogar des gemeinsamen Eucharistiefeierns anbelangt, sollte die eucharistische Inklusivität, wie sie aus den Texten des Neuen Testaments hervorgeht, ernsthaft untersucht, diskutiert und bedacht werden. Die schmerzhafte Enthaltung der Christen vom gemeinsamen eucharistischen Mahl kann und sollte nicht mehr als selbstverständlich gelten.[41]

41 S. die Schlussbemerkung von C. Hovorun, Borders of Salvation: Reading Fathers with Russian Theologians, in: T. Hainthaler/F. Mali/G. Emmenberger/M. Lenkaitytė Ostermann (Hg.), Für uns und für unser Heil: Soteriologie in Ost und West. Forscher aus dem Osten und Westen Europas an den Quellen des gemeinsamen Glaubens, ProOr 37 / Wiener Patristische Tagungen 6, Innsbruck 2014, 321–322: „It is remarkable that the three most prominent Russian ecclesiologists, Khomiakov, Florovsky, and Afanasiev arrived at the same conclusion that the problem should be solved outside of traditional ecclesiological schemes. And the key to its solution, which is borrowed from Augustine, is love".

2. Gemeinsam mit dem Herrn auf dem Weg zum Herrn

Tobias Nicklas

In seinem 2006 im Original erschienenen Roman „The Road"[1] beschreibt Cormac McCarthy (*1933) den verzweifelten Weg eines namenlosen Vaters und seines Sohnes durch die dystopischen Reste dessen, was nach einer Katastrophe von den USA übriggeblieben ist. Die Sonne, die Farben wie auch das Leben sind aus dieser Welt verschwunden. Da es kaum Nahrung gibt, ernähren sich die meisten Überlebenden als Kannibalen vom Fleisch geschlachteter Menschen. Die Hoffnung der beiden besteht darin, im Süden, an der Küste andere Lebensverhältnisse vorzufinden. Gleichzeitig ist klar, dass der Vater nicht mehr lange zu leben hat. Was sie in dieser Welt, in der der Tod und die pure Unmenschlichkeit regieren, am Leben hält, ist ihre gegenseitige Liebe und Fürsorge und die Idee, dass sie das „Feuer" in sich bewahren.[2] Sie tragen einen entscheidenden Rest an Werten und den Funken eines in dieser Welt geradezu absurd wirkenden Glaubens an einen unbegreiflichen Gott durch diese Welt. Der Weg zur Küste wird für den Vater der Weg in den Tod. Die Welt sieht auch dort nicht anders aus, doch der Junge bleibt nicht allein: er trifft auf eine Familie, auf die zu vertrauen seine Chance zu überleben ist. Die letzten Sätze brechen mit ihren farbigen Bildern des Lebens den Gesamteindruck – und tun es doch nicht ganz:

---

1 Deutsche Übersetzung C. McCarthy, Die Straße, Reinbek bei Hamburg 2008.

2 Vgl. z.B. das erste Gespräch des Jungen nach dem Tod des Vaters mit dem, der ihn entdeckt: „Woher weiß ich, dass du wirklich einer von den Guten bist? – Gar nicht. Das musst du riskieren. – Bewahrst du das Feuer? – Ob ich was? – Ob du das Feuer bewahrst? – Du bist irgendwie abgedreht, was? – Nein. – Bloß ein bisschen. – Ja. – Das macht nichts. – Was ist jetzt mit dem Feuer? – Was, ob ich es bewahre? – Ja. – Ja, das tun wir." (A.a.O., 250).

 | DOI:10.30965/9783657760381_013

> In den Bergbächen gab es einmal Forellen. Man konnte sie in der bernsteingelben Strömung stehen sehen, wo die weißen Ränder ihrer Flossen sanft im Wasser fächelten. Hielt man sie in der Hand, rochen sie nach Moos. Glatt, muskulös, sich windend. Ihr Rücken zeigte wurmlinige Muster, die Karten von der Welt in ihrer Entstehung waren. Karten und Labyrinthe. Von etwas, das sich nicht rückgängig machen ließ. Nicht wieder ins Lot gebracht werden konnte. In den tiefen Bergschluchten, wo sie lebten, war alles älter als der Mensch und voller Geheimnis.[3]

„Die Straße" lässt sich nicht nur als Endzeitroman, sondern auch als eine bei aller bedrückenden Düsternis nicht vollkommen hoffnungslose Parabel auf das Leben an sich lesen, ein Leben, in dem es *trotz allem*, trotz aller Ausgesetztheit in eine unmenschliche, lichtlose Welt möglich und nötig ist, das „Feuer" zu bewahren, das uns zu Menschen macht, dass es eines Halts bedarf, der in einem Miteinander besteht, das uns am Leben lässt, und des Vertrauens, dass es andere gibt, denen wir auf diesem Weg trauen können. McCarthy geht schonungslos an die Grenzen des Denk- und Ertragbaren; bewusst ziehen wenigstens seine Figuren (im Grunde auch in apokalyptischer Tradition!) klare Grenzen zwischen den (wenigen) Guten, deren „Gut-Sein" jedoch immer wieder in Frage gestellt ist, und den Bösen – der Text entwickelt eine Vision, die auch den Tod an sein Ende kommen lässt: „Wenn wir alle endlich weg sind, wird niemand mehr da sein außer dem Tod, und dessen Tage sind dann auch gezählt. Dann steht er da draußen auf der Straße, hat nichts zu tun und niemanden mehr, den er holen kann."[4]

Dies spielt, wie viele Passagen in McCarthys Werk,[5] natürlich mit der Johannesapokalypse, hier dem Satz: „Der Tod wird nicht mehr sein" (Apk 21,4b; vgl. Jes 25,8). Doch auch wenn in McCarthys Endzeit niemand da ist, der „alle Tränen von den Augen abwischt" (Apk 21,4a), bleibt ein Rest von Menschlichkeit da, wo selbst auf einem Weg, dessen Ziel im puren Überleben besteht, „die Guten"

---

3 A.a.O., 253.

4 A.a.O., 154.

5 Besonders eindringlich ist dies der Fall in DERS., No Country for Old Men, New York 2005. Deutsche Übersetzung: Kein Land für alte Männer, Reinbek bei Hamburg 2008.

Grenzen überschreiten, einander trauen und „das Feuer bewahren". „Die Straße" bietet eine in hohem Maße ernst zu nehmende Möglichkeit, die Welt, in der wir leben, zu deuten. Wer den Roman nur mit einem Schaudern auf die möglichen Auswirkungen einer Weltkatastrophe hin liest und dann weglegt, übersieht, wie sehr er die Augen dafür zu öffnen vermag, wo Welt *bereits jetzt* so sein mag wie im Text beschrieben. „Die Straße" ermöglicht somit eine düstere Neubestimmung unserer Gegenwart. Seine Motivik verbindet den Roman nicht nur mit der Johannesapokalypse, sondern recht deutlich wohl auch mit der Apostelgeschichte des Lukas. So unterschiedlich Apostelgeschichte und Apokalypse sind – und so sehr sie auf verschiedene Verfasser, ja unterschiedliche theologische Strömungen im Neuen Testament zurückgehen –, so sehr entwickeln sie miteinander eine biblische Perspektive darauf, was es heißen mag, „gemeinsam auf dem Weg zum Herrn" zu sein. Bereits das Lukasevangelium, der erste Band des lukanischen Doppelwerks, erzählt uns von einem Jesus, der noch expliziter als in den anderen Evangelien „auf dem Weg" befindlich ist.[6] Auf diesem Weg vollzieht er als wahrhaft Gerechter[7] ein Programm, das ganz dem Handeln Gottes, des Herrn, entspricht, wie es bereits im Magnificat (Lk 1,46–55) ausgezeichnet ist, und wirkt gerade deswegen Heil.[8] Mit seinem Tod in Jerusalem jedoch ist dieser Weg nicht beendet. Die Erzählung von den Emmausjüngern (Lk 24,13–35) zeigt, dass der

6 Weiterführende Gedanken z.B. bei H. KLEIN, Der Weg des Heils. Das theologische Konzept des Lukas, in: DERS., Lukasstudien, FRLANT 209, Göttingen 2005.

7 Anders als bei Mk und Mt bezeichnet der Hauptmann unter dem Kreuz den eben verstorbenen Jesus als „wahrhaft einen Gerechten" (Lk 23,47). Wie sehr das Teil eines lukanischen Gesamtprogramms ist, zeigt M. SOMMER, Witwen, Recht und Gerechtigkeit (Habil. Regensburg 2020) [in Vorbereitung für WUNT I, Tübingen 2021].

8 Dies bedeutet konkret die Zeichnung Jesu als „Heiler", „Retter" (bzw. „Heiland"), aber auch als „Heilsbringer". Zu dem damit verbundenen konkreten lukanischen Konzept vgl. T. NICKLAS, Wer war Jesus von Nazaret? Jesus im Spiegel der Evangelien, in: DERS./G. HOTZE/M. TOMBERG/J.-H. TÜCK, Jesus begegnen. Zugänge zur Christologie, Freiburg 2009, 7–78, hier: 59–63, sowie ausführlich T. JANTSCH, Jesus, der Retter. Die Soteriologie des lukanischen Doppelwerks, WUNT 381, Tübingen 2017.

auferstandene Jesus oft verborgen und unerkannt auch weiter einen Weg mit den Seinen – und zwar nicht nur dem konkreten Kleopas des Ostertages (vgl. Lk 24,18) – geht, dass er in der Reflexion der Schrift zu ihnen sprechen (Lk 24,27) und beim Brechen des Brotes im gemeinsamen Mahl (Lk 24,30.35) bei ihnen sein mag, ohne dabei festgehalten werden zu können (Lk 24,31). In der Apostelgeschichte geht dieser Weg weiter: Beginnend in Jerusalem und ganz Judäa und Samarien werden die Schüler des Auferstandenen diesen „bis an die Grenzen der Erde" (Apg 1,8) bezeugen. Die Frage, ob die Apostelgeschichte bereits davon ausgeht, dass an ihrem Ende auch die Grenzen der Erde erreicht seien, wird kontrovers diskutiert. Am Ende der Schrift finden wir Paulus in Rom, sicherlich so sehr einem Zentrum der damals bekannten Welt, dass damit paradigmatisch tatsächlich davon gesprochen werden könnte, dass auf der gesamten Erde das „Evangelium" verkündet wurde. Doch gleichzeitig ist der Schluss der Apostelgeschichte überraschend offen.[9] Obwohl der Text den kommenden Tod des Apostels mehrfach vorwegnimmt, wird dieser nicht erzählt: Wenn es am Ende heißt, dass Paulus das Reich Gottes verkündet und freimütig die Lehre Jesu Christi, des Herrn, vorgetragen habe (Apg 28,31), so muss klar sein, dass der durch den Auferstandenen in Apg 1,8 skizzierte Horizont der Zeugenschaft noch nicht erreicht ist. Diesen Horizont zeichnet im Grunde erst die Apokalypse ganz am Ende der Bibel aus. Wenn wir, wie durch Stefan Alkier (III.1) angedeutet, eine Makroproposition der Bibel in einer großen Erzählung Gottes mit der Welt sehen, welche von der Schöpfung zum Schluss der Johannesapokalypse reicht, dann muss das offene Ende der Apostelgeschichte und das in der Johannesoffenbarung beschriebene Ziel des himmlischen Jerusalems miteinander verknüpft werden. Wir selbst wiederum können uns in den entstehenden, z.T. durch die Diskurse der Briefliteratur, z.T. durch den von der Apokalypse selbst mit ihrer Sicht auf Welt und Zeit umfassten Zwischenraum mit einschreiben:

9 Hierzu auch die Überlegungen bei D. MARGUERAT, On Why Luke Remains Silent about Paul's End (Acts 28.16–31), in: A. PUIG I TÀRRECH/J.M.G. BARCLAY/J. FREY (Hg.), The Last Years of Paul. Essays from the Tarragona Conference, June 2013, WUNT 352, Tübingen 2015, 305–332.

Dieses sich „Einschreiben“[10] ist dann einerseits von der Fortführung des Weges und andererseits vom Horizont seines Ziels bestimmt.[11] Wenn wir uns dabei biblisch leiten lassen, bedeutet dies:

(1) Die Rede vom „Weg“ – und damit „unterwegs sein“ – bestimmt das Selbstbild der Gruppe von Anhänger*innen des Herrn in der Apostelgeschichte so sehr, dass sie sich selbst als die Anhänger des „Weges“ (Apg 9,2; 19,9.23; 22,4; vgl. 18,25) verstehen. Mit anderen Worten: auf dem Weg zu sein bedeutete für sie nicht einfach etwas, was zu einem wie auch immer verstehbaren Kern des „Christ-Seins“ (quasi akzidentiell) dazu käme. Es steht für das Wesen dessen, was es heißt, Anhänger*innen des Herrn[12] zu sein. Dieser Weg ist für die Apostelgeschichte nicht als durch Pastoralpläne, Organisationsformen und Wirtschaftsberaterdienste organisiert gezeichnet, sondern im Bewusstsein seiner Ursprünge und seines Herkommens[13] vom Geist geleitet, der durch Christus selbst gesandt ist: In der Sendung des Geistes durch Christus selbst bleibt Christus der eigentliche Protagonist des Weges. In der Pfingsterzählung heißt es:

---

10 Ich verwende hier bewusst ein anderes Bild als in IV.2, wo ich von einem viel deutlicher individuell bestimmten „Bewohnen“ der Texte spreche.

11 Ein grundsätzlich vergleichbares Bild von der Kirche als dem durch die Zeit pilgerndem Gottesvolk, das im Horizont seiner Vollendung in der himmlischen Kirche steht, hat auch das II. Vatikanische Konzil in der dogmatischen Konstitution über die Kirche „Lumen Gentium“ § 7 entwickelt. Eine entscheidende Skizze darüber, was dies für das Handeln der Kirche in der Welt von heute bedeutet, bietet wiederum die pastorale Konstitution „Gaudium et spes“. Ich habe mich bewusst dafür entschieden, in diesem Kapitel, obwohl aus meiner Perspektive als römisch-katholischer Theologe verfasst, nur darauf zu verweisen und für das ökumenische Ziel dieses Ausblicks auf biblische Gedanken zurückzugehen.

12 Ich spreche hier bewusst vom „Herrn“, weil diese Titel Jesu für das lukanische Doppelwerk besonders wichtig ist.

13 Das Bewusstsein für den bereits zurückgelegten, in Gotteserzählung mit Israel hineinragenden Weg wird in der Apostelgeschichte immer wieder durch reflektierende Reden (wie z.B. die Stephanusrede Apg 7,1–53) geschaffen. Hierzu weiterführend H. BRAUN, Geschichte des Gottesvolkes und christliche Identität. Eine kanonisch-intertextuelle Auslegung der Stephanusepisode Apg 6,1–8,3, WUNT II.279, Tübingen 2010.

> Und es geschah: plötzlich vom Himmel her ein Brausen, wie wenn ein gewaltiger Wind weht, und erfüllte das ganze Haus, in dem sie saßen. Und es erschienen ihnen Zungen wie von Feuer, die sich verteilten; und sie setzten sich auf einen jeden von ihnen. Alle wurden mit Heiligem Geist erfüllt und sie begannen, in fremden Sprachen zu reden, wie es der Geist ihnen eingab, gerade heraus zu sprechen (Apg 2,2–4).

So sehr die Apostel im Folgenden immer wieder darüber diskutieren, was zu tun ist (vgl. z.B. die Erzählung vom sog. Apostelkonzil, Apg 15), so sehr geben sie die eigentliche Kontrolle ab: Es ist der Geist, der sie trägt, und der durchgehend ihren Weg bestimmt. Mit den Worten Cormac McCarthys. Anhänger dieses Wegs zu sein heißt: das Feuer bewahren. Kirche sein hat damit etwas mit „Bewahren" zu tun. Dieses Bewahren ist jedoch kein durch Machtstrukturen gesichertes „Verwahren" eines Besitzes, der nur einer abgegrenzten Gruppe zugänglich wäre, sondern ein Bewahren dessen, was in uns brennt, wofür wir brennen und von dem wir hoffen, dass es den Geist Gottes erahnen lässt. Die bereits von Stefan Alkier (V.1) skizzierte Offenheit des in der Apostelgeschichte gezeichneten neuen Weges für jede und jeden, der oder die ihn gehen will, folgt daraus ganz natürlich.

(2) Die Bibel ist nicht so naiv, den Weg mit dem Herrn im Horizont dessen, „immer beim Herrn" zu sein (1 Thess 4,17) in verklärten Farben zu beschreiben. Begeisterung zeigt sich da, wo sie das alles in Frage stellende „Trotz allem" dieser Welt auszuhalten vermag. Dies – und das ist das eigentliche, sicherlich oft kaum aushaltbare Paradoxon dieses Weges – ist nicht ohne (z.T. ganz existenziellen) Zweifel bis hin zu Verzweiflung und Gottesfinsternis zu denken. Die Bilder in Cormac McCarthys Roman können helfen, auch die biblischen Texte poliert von jeder Idee einer heilen Welt zu lesen: Die Apostelgeschichte erzählt von Gefangenschaft und Verfolgung, die Welt der neutestamentlichen Schriften ist weiter geprägt von Grausamkeit, Versklavung und Folter. Aus Sicht der Apokalypse scheinen es die Bösen zu sein, die die Weltgeschichte – wenigstens für eine gewisse Zeit – bestimmen (vgl. z.B. Apk 12–13). Und diese Zeit dehnt sich: Wenn „die Geschlachteten[14] wegen des Wortes

---

14 Erschrecken wir bei diesem Bild genauso, wie wir das tun, wenn McCarthy es wörtlich nimmt, und in seinem Roman tatsächlich das Bild der Schlachtung

Gottes und wegen der Zeugenschaft, die sie hielten" (Offb 6,9), schreien „Wie lange noch, Machthaber, heiliger und wahrer, richtest du nicht und schaffst nicht Recht unserem Blut an denen, die auf der Erde wohnen?" (Offb 6,10), dauert es fast bis zum Ende des Buches, bis der Thronende spricht: „Sieh: Neu mache ich alles!" (Offb 21,5).[15] Dadurch, dass sie die sich dehnende Zeit bis zum Ende in die erzählte Zeit eines Buches zusammenfasst, erinnert und präsentiert die Apokalypse *jetzt* die zukünftig *trotz allem* zu erhoffende und damit auch (im wahrsten Sinne) zu „er-wartende" Antwort Gottes. Auf ähnliche Weise argumentiert der zweite Thessalonicherbrief: Indem er Verfolgungen und Bedrängnis der Jetzt-Zeit als *sicheres Indiz* (vgl. 2 Thess 1,5) nicht nur der kommenden, für alle sichtbaren Herrlichkeit versteht (2 Thess 1,10; vgl. auch 2,14), sondern Christus als den schon jetzt treu bei den Seinen Anwesenden (2 Thess 3,3) beschreibt, eröffnet er die Möglichkeit zu einer radikalen Neubestimmung gegenwärtiger Existenz.[16]

(3) Die sich mit der Offenheit des Horizonts der Apostelgeschichte, aber auch des Schlusses des Matthäusevangeliums[17] ergebende universale Perspektive setzt sich auch in der Apokalypse fort und bündelt sich aber zu ihrem Ende im Horizont des Bildes vom himmlischen Jerusalem. So ernst die Apokalypse die Gefahren nimmt, die Menschen auf dem Weg zum himmlischen Jerusalem begegnen können, so sehr sie davor warnt, diesem Horizont nicht gerecht zu werden,[18] so sehr legt sie die Entscheidung darüber in die Hand Gottes (wie des „Böckleins", das ab dem 5. Kapitel zusammen

---

von Menschen entwickelt? Und hat der möglicherweise geringere Schrecken, der von ihm ausgeht, damit zu tun, dass wir die Bilder biblischer Texte (aus Gewohnheit?) weniger direkt wahrnehmen als die eines modernen Romans?

15 Übersetzungen aus der Apokalypse folgen S. ALKIER/T. PAULSEN, Die Apokalypse des Johannes. Neu übersetzt, Frankfurter Neues Testament 1, Paderborn 2020.

16 Dies ist der Grundgedanke, den ich in meiner Kommentierung des Textes entwickelt habe: Vgl. T. NICKLAS, Der Zweite Thessalonicherbrief, KEK 10/2, Göttingen 2019.

17 Vgl. hier Stefan ALKIERS Überlegungen in Kapitel V.1.

18 Ausführliche Gedanken hierzu in T. NICKLAS, Freiheit oder Prädestination? Gedanken zum Menschenbild der Johannesapokalypse, in: A. YARBRO COLLINS (Hg.), New Perspectives on the Book of Revelation (BEThL 241), Leuven 2017, 105–130.

mit Gott als auf dem Thron sitzend beschrieben wird). Selbst wenn der Text in den Sendschreiben ganz offenbar bestimmte Menschen und Menschengruppen ablehnt, ja Christus als einen beschreibt, der ihre Taten (wenn auch nicht sie!) hasst (Offb 2,6),[19] so sehr stellt auch hier der Text den Anspruch, dass Christus diese Warnungen im Horizont des endzeitlichen Gerichts ausspricht. Dem stehen Bilder der Fülle und der im Überfluss geschenkten Gnade gegenüber – und dies in einem Text, der mit den Worten schließt: „Die Gnade des Herrn Jesus mit allen!“ (Apk 22,21).[20] Wo der letzte Horizont, den die Bibel beschreibt, die – wiederum im Horizont des „Trotz Allem“ stehende und deswegen über alle Maßen unbegreifliche und im wahrsten Sinne des Wortes wunderbare – Gnade des Herrn Jesus ist, kann keine Form ausgrenzender Gnadenlosigkeit unter denen, die in dieser Welt für den Leib Christi stehen wollen, als dem Willen Christi gemäß akzeptiert werden. So leicht dies klingt, so lange wir auf andere sehen, so sehr gilt das als Herausforderung auch für jede und jeden von uns: Die Gnade des Herrn Jesus mit allen gilt nicht nur *uns* allen; sie gilt auch denen, die wir gern übersehen würden, die in unserem Weltbild nicht vorkommen, die uns stören, denen, die uns lästig sind, ja denen, die wir nicht leiden können. Auch mit ihnen gemeinsam sind wir auf dem Weg.

19 Historisch wissen wir von den im Text angegriffenen Nikolaiten nur sehr wenig. Wichtige Gedanken bei M. SOMMER, Die Nikolaiten und die Gegnerfiktion in der Offenbarung des Johannes – eine Annäherung an einige hermeneutische Probleme der Apokalypselektüre, in: J. VERHEYDEN/T. NICKLAS/E. HERNITSCHECK (Hg.), Shadowy Characters and Fragmentary Evidence, WUNT 388, Tübingen 2017, 49–68.

20 Dies ist die zutreffende Übersetzung des wohl ursprünglichen griechischen Texts, der im Verlauf der Textüberlieferung wie auch in vielen Übersetzungen immer wieder eingeschränkt und verdunkelt wurde.

3. Gemeinsam hoffentlich handeln

Stefan Alkier

Wer die Heilige Schrift richtig versteht, wird handeln. Sich herauszuhalten aus den Konflikten, den Problemen, dem Unentscheidbaren, dem Leiden ist ebenso wenig eine schriftgemäße Option, wie dauerhaft dem zusammen Feiern, Singen und Fröhlichsein fern zu bleiben. Der Geist der Schrift zielt nicht auf das Fürwahrhalten eines Gottesbildes, einer bürgerlichen Moral, eines kapitalistischen Wirtschaftssystems oder einer Welterklärungsformel. Sie ist keine Ideologie, sondern Weisung für ein dankbares, demütiges, fröhliches, hoffnungsvolles geschöpfliches Leben. Das Handeln, zu dem die Schrift motiviert, wird getragen von der Hoffnung für alle auf die zugesagte Überwindung allen Leids. Diese Hoffnung ist begründet auf der Frohbotschaft von der Auferweckung des gekreuzigten Jesus von Nazareth und der Zusage, dass seine Verwandlung in ein göttliches, ewiges Leben hinein keinen Einzelfall darstellt, sondern allen gewährt wird, die Gott zutrauen, dass er der Schöpfer allen Lebens ist und sogar Toten neues Leben zu schenken vermag. Dank seiner Barmherzigkeit ist Gott, wie ihn die Bibel zeigt, auch willens, dies zu tun. Die Johannesapokalypse formuliert diese unüberbietbare Hoffnung mit wunderbarer theopoetischer Sprachkunst: „Und abwischen wird er jede Träne aus ihren Augen und der Tod wird nicht mehr sein und Leid und Klage und Not werden nicht mehr sein, weil das Erste vergangen ist“ (Apk 21,4).

Diese Hoffnung gilt nicht exklusiv den christlichen Kirchen bzw. ihren Mitgliedern, sondern allen Bevölkerungen der Erde:

> Und er zeigte mir einen Fluss von Wasser des Lebens, glänzend wie Kristall, herauskommend aus dem Thron Gottes und des Böckleins. In der Mitte ihrer breiten Straße und des Flusses von hier und von dort Holz des Lebens, hervorbringend zwölf Früchte in jedem Monat hingebend seine Frucht und die Blätter des Holzes zur Heilung der Völker (Apk 22,1f.). (Übersetzung Alkier, Paulsen, FNT1)

 | DOI:10.30965/9783657760381_014

Diese Hoffnung der Frohbotschaft, die, richtig verstanden, allen gilt, bewegt zu einem Handeln, das in keiner Weise naiv ist, sondern um die Macht des Bösen, die Feindschaft von Menschen, die Gewalt der Natur, die erbarmungslose Logik der Ausbeutung und Gewinnmaximierung auf Kosten jeglichen Mitgefühls weiß. Was Menschen anderen Menschen, Tieren und der ganzen Natur anzutun in der Lage sind, hat die Geschichte bis auf den heutigen Tag in abscheulicher und Furcht einflößender Weise gezeigt. In diese abgründigen Gewaltgeschichten sind alle christlichen Konfessionen eingebunden und zwar nicht nur als Opfer, sondern ebenso als Täter. In keinem Namen sind wohl mehr Menschen gefoltert und getötet worden, als im Namen Gottes, im Namen Christi.

Die Identität der Kindschaft Gottes ist kein Besitzstand. Wenn man mit der neueren Identitätsforschung[1] nicht mehr von einem „Selbst" ausgeht, das „wegen irgendwelcher eventueller Konstanzen von ‚etwas' das ‚Gleiche' bleibt, sondern aufgrund der aktiven Konstituierungsleistungen eines um sich selbst sorgenden Subjekts"[2] in ständigen Bildungsprozessen befindlich begriffen werden muss,

1 Diese Sicht der Dinge hat bereits Erhardt Güttgemanns in Anschluss an Jacques Lacans Freud-Interpretation in die exegetische Debatte eingebracht, jedoch wurde er diesbezüglich kaum in der deutschsprachigen neutestamentlichen Wissenschaft rezipiert, vgl. E. GÜTTGEMANNS, fragmenta semioticohermeneutica. Eine Texthermeneutik für den Umgang mit der Heiligen Schrift, Forum Theologiae Linguisticae 9, Bonn 1983, 6. Kapitel: Sigmund Freud: „Authentisches" Sprechen im Feld von Verdrängung, Verschiebung, Verdichtung und Verneinung – Die psycho-semiotische Anfrage an die Identitäts-Anthropologie, 263–312. In der gegenwärtigen neutestamentlichen Forschung wird die Abkehr von einem substanztheologischen Identitätsmodell eindrücklich im Durchgang aller neutestamentlicher Schriften vertreten von E. REINMUTH, Anthropologie im Neuen Testament, UTB 2768, Tübingen 2006. Vgl. zur neueren Identitätsforschung die sehr informativen Artikel dazu in: Handbuch der Kulturwissenschaften. Band 1. Grundlagen und Schlüsselbegriffe, hg. v. Friedrich Jaeger und Burkhard Liebsch, Sonderausgabe, Stuttgart 2011, 5. Identität, 277–363.

2 J. STRAUB, 5.1 Identität, in: Handbuch der Kulturwissenschaften 1. Grundlagen und Schlüsselbegriffe, a.a.O., 277–303, hier: 285.

dann ergibt sich auch ein anderer Blick auf die Bildungsfunktion biblischer Texte wie der so genannten Bergpredigt (Mt 5–7).[3]

Denken wir die Rezipienten der Bergpredigt prozesshaft als Personen, deren Identität[4] nicht vorgegeben, sondern dauerhaft aufgegeben ist, um nicht in zerstörerischer Weise in verschiedene Selbste zu zerfallen, dann wird die Bergpredigt als Ganze lesbar als von Gottvertrauen und Hoffnung getragene, ermutigende Anweisung, sich selbst als Kind Gottes zu bezeugen.

Die Bergpredigt ist wie die Bibel insgesamt kein Leitfaden für ein glückliches Leben. Sie ist keine Lebensberatung zur Maximierung der Endorphinausschüttung. Sie ist kein Lifestyle-Programm, das in letztlich kapitalistischer Logik alles „Glück" aus dem je eigenen Leben herauspressen will und zugleich vor den Ungerechtigkeit generierenden wirtschaftlichen und politischen „alternativlosen" Sachzwängen kapituliert. Wenn schon, so ist sie eher eine Anleitung dazu, in Schwierigkeiten und Konflikte zu geraten, die keineswegs immer gut ausgehen. Sie ruft nämlich in die Nachfolge eines bedrohten und dann tatsächlich mit tödlicher Gewalt abgebrochenen Lebensweges. Sie ruft in die Nachfolge Jesu Christi, dessen Lebensweg in seinem verletzlichen, schmerzempfindlichen Körper aus Fleisch und Blut – Körper, wie sie Menschen und Tiere sind – als Opfer individueller und institutioneller Schuld und Gewalt grauenvoll und fremdbestimmt beendet wurde.

Die Makarismen der Bergpredigt werden erst verständlich, wenn man ihre konsequent eschatologische Perspektive einbezieht. Die Bergpredigt wäre deshalb als Anleitung zu einem glücklichen Leben missverstanden, weil sie nicht allein in den Grenzen einer

---

3 Die folgenden Ausführungen zur Bergpredigt beruhen weitgehend auf: S. ALKIER, Die Bergpredigt als ermutigende Anweisung zur prekären Selbst-Bezeugung der Kinder Gottes, in: E. REINMUTH (Hg.), Subjekt werden. Neutestamentliche Perspektiven und politische Theorie, Berlin/Boston 2013, 237–250.

4 STRAUB, Identität, 281.: „Identität lässt sich treffend als paradoxe Ambition der ‚Einheit ihrer Differenzen' konzeptualisieren, wobei keine aktive ‚Synthesis des Heterogenen' zur Aufhebung oder Eliminierung dieser Differenzen führen kann." Ebd., 280: Dieser „Identitätsbegriff kreist um das dauerhafte ‚Paradox' einer Einheit, die unabschließbar, entzweit, ungreifbar und vor allem zugleich dauerhaft angestrebt und fortwährend unerreicht bleibt."

menschlichen Lebensspanne denkt, sondern von der Überzeugung geleitet ist, dass der Weg der Nachfolge die Grenzen des in menschlichen Körpern Erlebbaren übersteigt. Die vor-läufige Perspektive, die das Paradoxe der Makarismen denkbar werden lässt, ist das Himmelreich, das Reich Gottes, das nicht von Menschen hergestellt wird, dessen Grenzen daher auch nicht durch das empirisch Erwartbare oder gar Machbare abgesteckt werden, sondern von der kreativen Lebenskraft des Schöpfergottes Israels her gedacht werden. Durch diese Perspektive führt der Weg der Nachfolge in dieselbe spannungsreiche Identität, die schon den kennzeichnet, dem nachgefolgt wird. Die Nachfolgenden bleiben ganz in der menschlichen Wirklichkeit und verstehen sich zugleich nicht mehr allein aus ihr, sondern aus der Wirklichkeit Gottes, die sie als Kinder Gottes bezeugen. Was Manfred Josuttis hinsichtlich der Jünger (und Jüngerinnen) formulierte, trifft ebenso für alle Leser*innen des Matthäusevangeliums zu, die sich davon angesprochen fühlen und ihren Lebensweg von diesem Evangelium bestimmen lassen: „Durch die Bergpredigt werden die Jünger selbst auf einen Berg versetzt, der heilsame Wirkungen ausstrahlt."[5]

Diese eschatologische Perspektive ist aber auch nicht einfach eine Zukunft, die mit der Gegenwart nichts zu tun hätte. Sie gilt vielmehr als Bestimmung der ganzen Wirklichkeit, also auch der Gegenwart, die aus der Überzeugung erwächst, dass der von Jesus bezeugte Schöpfergott Israels den hingerichteten Jesus aus dem Tod auferweckt und ihm neues, ewiges Leben geschenkt hat.[6] Dieses eschatologische Ereignis von Kreuzigung und Auferweckung ist die Hoffnungsperspektive der Kinder Gottes, die schon jetzt alles von Gott erbitten können, wie es das Vater-Unser lehrt. Diese erbetene Existenz hat eine Perspektive über den Abbruch des Lebens in Fleisch und Blut hinaus. Sie bleibt aber in diesem Leben in vergänglichen Körpern angefochten, zerbrechlich, auf Bitten angewiesen, d.h. prekär.

---

5 M. Josuttis, Predigen mit der Autorität der Bergpredigt, in: EvTheol 57 (1997), 445–458, hier: 448.

6 Vgl. S. Alkier, Die Realität der Auferweckung in, nach und mit den Schriften des Neuen Testaments, NET 12, Tübingen/Basel 2009.

Die Makarismen der Bergpredigt charakterisieren dieses auf intentionales Bitten, also auf das an Gott gerichtete Gebet und nicht auf den Zufall des Glücks vertrauende Selbst-Verständnis. Sie umreißen dieses Selbst-Verständnis auf ungefähre, nicht abgeschlossene Art und Weise.

Der erste Makarismus der Bergpredigt bringt die grundlegende Haltung der Demut zum Ausdruck, die angesichts der eschatologischen Erwartung des Reichs der Himmel, als die der ganzen Wirklichkeit angemessene Grundhaltung jeder weiteren Wahrnehmung vorangestellt wird. Arm sein im Geiste meint nicht etwa über eine nur eingeschränkte Denkkapazität zu verfügen. Vielmehr ist es die Haltung, die sich nicht dazu versteigt, aus eigenen Überlegungen heraus das Leben in all seinen Dimensionen begreifen und organisieren zu können. Es ist die grundsätzliche Absage an die Machbarkeit des Lebens und die demütige Akzeptanz des auf Bitte und Gabe angewiesenen Lebens der Geschöpfe Gottes.

Diese demütige Haltung wehrt Leid nicht ab. Die prekäre Selbstbestimmung der Kinder Gottes rechnet nicht mit einem schmerzfreien Leben ohne Brüche. Das erfahrene Leid wird aber auch nicht erhöht zu einer eigenen Sinndimension – Leiden macht keinen Sinn, es schmerzt. Erwartet wird aber, dass der Gott des Trostes wirksam das Leid beenden wird, wie es bereits im 40. Kapitel des Buches Jesaja angekündigt wird.

Die Makarismen für die Sanftmütigen und Barmherzigen werden verschränkt mit denen für die nach Gerechtigkeit Dürstenden und für diejenigen, die Frieden stiften. Der Verzicht auf Waffengewalt und auf jegliche Brutalität kann daher nicht missverstanden werden als passive, unterwürfige oder gar masochistische Lebenshaltung. Wie Jesus, so erweisen sich auch die ihm Nachfolgenden als bewegt von der Sehnsucht nach einem gerechten Leben in der Solidarität der Geschöpfe Gottes und setzen sich auch dafür ein. Gerade das bringt Leid und sogar Verfolgungen ein. Aber die demütige Haltung der Armen im Geiste weiß darum, dass nicht sie das Reich Gottes bauen, sondern dieses als Gabe Gottes kommt, worum alle Nachfolgenden im Vater-Unser voller Sehnsucht bitten.

In diesem Gedanken der göttlichen Gabe und nicht in der Hoffnung auf glückliche Umstände liegen die Makarismen der

Bergpredigt begründet. Das Wort *makarios* zielt auch nicht auf einen bloß innerlichen Seelenzustand. Es meint nicht die stoische Unbekümmertheit eines ganz auf sich selbst vertrauenden Selbstbewusstseins. Es sind vielmehr die mit den Gaben Gottes Beschenkten, die Jesus mit seinen ersten Worten beschenkt und ihre auf Bitten bleibend angewiesene Selbstbestimmung anzeigt. Das Glück dieser Selbstbestimmung verdankt sich dem *Zu-fall* der Gabe Gottes, dessen Geist den Armen im Geiste einleuchtet.

Als ein Testfall des sich selbst und alle anderen von Gottes Gabe her denkenden Wirklichkeitsverständnisses kann der Umgang mit Feinden gelten. Die Wirklichkeit von Feindschaft wird im Neuen Testament keineswegs in Abrede gestellt oder auch nur verharmlost.[7] „Das Gebot der Feindesliebe ist einer der zentralsten christlichen Texte. Es wird nicht nur in der frühchristlichen Paränese außerordentlich häufig zitiert [...], sondern gilt als *das* christliche Proprium und Novum, über das sich die Heiden wundern."[8] Häufig wird das Gebot der Feindesliebe aus der Bergpredigt des Matthäusevangeliums irrtümlicherweise so verstanden, dass es darauf ziele, keine Feinde mehr zu haben.[9] Der Text zielt aber auf etwas anderes:

---

7 Den Aspekt der Feindesliebe habe ich ausführlicher dargestellt in meinem Aufsatz „Jesus und seine Feinde", in: M. MOXTER/M. FIRCHOW (Hg.), Feindschaft. Theologische und philosophische Perspektiven, MThSt 117, Leipzig 2013, 41–60. Diesem Aufsatz sind die folgenden Ausführungen zum Konzept der Feindesliebe in der Bergpredigt weitgehend entnommen.

8 U. LUZ, Das Evangelium nach Matthäus (Mt 1–7), EKK I/1, Zürich u.a. ^{3}1992, 307. LUZ, ebd., bemerkt dazu: „Die Meinung der Kirchenväter, daß das Feindesliebesgebot Jesu ein Novum sei, ist nur bedingt richtig. Ähnliche Aussagen gibt es vielerorts, im Judentum, im griechischen, vor allem im stoischen Bereich, in Indien, im Buddhismus, im Taoismus. Allfällige Unterschiede sind sehr relativ, helfen aber, *den ursprünglichen Sinn des Logions Lk 6,27f.35, Mt 5,44f.* zu profilieren. In den *jüdischen Belegen* fehlt das Stichwort der ‚Liebe' zu den Feinden. Dieser Unterschied wird von Juden selbst für signifikant gehalten: Die jüdischen Texte hüten sich vor überspannten Formulierungen und verlangen das, was realistisch möglich ist. Sie sprechen meistens von einzelnen konkreten Verhaltensweisen gegenüber dem Feind."

9 Pinchas Lapide, spricht ausdrücklich von Jesu „Entfeindungsliebe", vgl. LUZ, Das Evangelium nach Matthäus, Anm. 18.

> Ihr habt gehört, dass gesagt wurde: „Lieben wirst du den dir Nahen und hassen wirst du deinen Feind." Und ich sage euch: Liebt eure Feinde und betet für die, die euch verfolgen, damit ihr werdet Söhne eures Vaters – des in den Himmeln -, weil er seine Sonne aufgehen lässt über Schlechte und Gute und regnen lässt über Gerechte und Ungerechte. Wenn ihr nämlich die liebt, die euch lieben, welchen Lohn habt ihr? Machen nicht auch die Abgabeneinnehmer dasselbe? Und wenn ihr nur euren Geschwistern freundlich begegnet, was macht ihr Besonderes? Machen nicht auch die zu den Bevölkerungen Gehörigen dasselbe? *Ihr* werdet also vollkommen sein, wie euer Vater, der Himmlische, vollkommen ist (Mt 5,43–48). (Übersetzung Alkier, Paulsen, FNT2)

Der erste Satz dieses kurzen Textausschnitts eröffnet eine Opposition, die von der Überzeugung getragen ist, eine von allen geteilte Einteilung der erfahrbaren Wirklichkeit zu erfassen: Nächster *versus* Feind. Diese Formulierung problematisiert nicht die Frage „Wer ist mein Nächster", wie es Lukas mit der Beispielerzählung vom Barmherzigen Samariter (Lk 15,25–37) einbringt. Sie zielt auch nicht auf eine Theorie der Feindschaft, sondern auf die schlichte Erfahrung, dass Feinde zu den Realitäten gehören, mit denen man rechnen muss.

Die Aufforderung, die Feinde zu lieben und für die Verfolger zu beten, wird auch nicht eingeführt, um eine Strategie vorzustellen, wie Feinde „entfeindet" und Verfolger von ihren Absichten der Verfolgung abgebracht werden können. Feinde wie auch Verfolger werden als Erfahrungstatsache hingenommen. Die hier verordnete Feindesliebe liebt die Feinde im vollen Bewusstsein ihrer Feindschaft und sie steht nicht unter der Kondition, dass diese Freunde werden. Ebenso betet das Gebet für Verfolger, ohne damit zu rechnen, dass diese dann schon von ihren Verfolgungen ablassen werden. Die Gefährlichkeit der Feinde und die Bedrohung durch die Verfolger werden nicht verharmlost. Der Weg der Nachfolge Jesu wird nicht mit der Aussicht auf ein Leben ohne Feinde und Verfolger verknüpft. Vielmehr rechnet das Matthäusevangelium damit, dass die Nachfolge Jesu dazu führt, verfolgt zu werden und sich Feinde zu machen. Dieser Weg weicht der Realität von Feindschaft und Verfolgungen bzw. von Feinden und Verfolgern gerade nicht aus, er schließt sie vielmehr ein.

Feindesliebe zielt im Matthäusevangelium nicht auf einen Sinneswandel der Feinde, sondern auf die Identität derjenigen, die den Weg der Nachfolge Jesu einschlagen. Dieser Weg fordert vor allem dazu auf, sich als das zu erweisen, was der schöpfungstheologischen Grundüberzeugung des Matthäusevangeliums zufolge alle Menschen eigentlich sind: Kinder Gottes. Wer aber die Welt mit den Augen der Kindschaft Gottes sieht, erblickt auch in den Feinden und Verfolgern Gottes Geschöpfe, auch wenn sie sich weiter als Feinde und Verfolger verhalten. Jede Verharmlosung der Feindschaft der Feinde und der Bedrohung durch die Verfolger würde das eingeforderte Verhalten der Feindesliebe und des Fürbittengebets für Verfolger abschwächen. Feindschaft wird hier gerade nicht verdrängt, sondern als Beziehungsrealität erfasst. Sie wird durch die Feindesliebe nicht negiert, sondern vielmehr als Beziehung ausgehalten. Feindschaft führt aber nicht zum Abbruch der Liebesbeziehung, die durch die Selbstbestimmung als Kinder Gottes ermöglicht wird. Wer sich auf dem Weg der Nachfolge Jesu befindet, bezeugt seine Kindschaft Gottes durch den Blick, der selbst die eigenen Feinde als Geschöpfe Gottes wahrzunehmen in der Lage ist und sich deswegen um ihretwillen im Gebet an Gott wendet.

Diese Selbstbezeugung ist keine dauerhafte Eigenschaft, die man irgendwann einmal gewonnen hätte und die dann substanzhaft zur Verfügung stünde. Sie bleibt prekär, also brüchig, schwierig, heikel, weil sie sich in den konkreten Situationen des Alltags immer neu erweisen muss und vor immer neue, unvorhersehbare Herausforderungen stellt. Sie bleibt prekär und das heißt wörtlich „durch Bitten erlangt", wie sie im Vater-Unser formuliert werden: „und erlasse uns unsere Schulden, wie auch wir erlassen haben unseren Schuldnern, und bringe uns nicht hinein in eine Erprobung, sondern bewahre uns vor dem Schlechten" (Mt 6,12f.) (Übersetzung Alkier, Paulsen, FNT2). Die Selbstbezeugung als Kind Gottes hat aber transformierende Kraft, weil sie die sich so Bezeugenden auf ihr von Gottvertrauen und Hoffnung getragenes Zeugnis der Frohbotschaft hin bildet.

Die Freundlichkeit des Schöpfergottes, seine Sonne über Böse und Gute aufgehen zu lassen und den Regen über Gerechte und Ungerechte regnen zu lassen (Mt 5,45), gilt als Maßstab dieser prekären Selbstbestimmung. Die zweckfreie Freundlichkeit wird nicht etwa als Mittel zum Zweck der „Entfeindung" funktionalisiert, vielmehr ahmt sie ohne Kalkül das liebende Handeln des Schöpfers nach und weist den so Liebenden als Geschöpf Gottes aus. Diese Liebe ist nämlich wie die Liebe des Schöpfergottes nicht reaktiv. Daher lässt sie sich auch nicht einfach alles gefallen. Sie hat keine Lust daran, befeindet, gedemütigt oder verfolgt zu werden. Gerade darin besteht ihre Besonderheit. Sie erkennt den anderen so an, wie er sich zeigt. Ein Feind ist ein Feind. Sie ist nicht die Gegenliebe zu einem vorausgegangenen Geliebtwerden. Sie erwartet noch nicht einmal Gegenliebe. Der Feind bleibt der Feind, und der Verfolger bleibt der Verfolger. Die Liebe und das Fürbittengebet entlassen den Feind und den Verfolger aber nicht aus der durch Gottes Schöpfung gesetzten Beziehung der Geschöpfe Gottes untereinander. Darin besteht die Vollkommenheit dieser nicht reagierenden, sondern agierenden Liebe, deren göttlicher Lohn sich bereits zumindest teilweise im Akt dieses Liebens erschließt: sich als Kind Gottes zu erweisen.

Diese Erfahrung ist kein Zwang zum Lieben oder Leiden. Sie ist die Erfahrung enormen Zuwachses an Freiheit durch den unverstellten, dankbaren und liebevollen Blick der Kindschaft Gottes. Die Kraft, die die Selbstbezeugung der Kinder Gottes ermöglicht, erwächst maßgeblich aus dem Gebet. Die Kinder Gottes sind auf das Klagen, Danken und Bitten im Gebet bezogene Geschöpfe. Oda Wischmeyer hat in ihrem Aufsatz zu der Spruchreihe vom Sorgen in Mt 6,25–34 folgende treffliche These vertreten: „Tragend ist die doppelte Gewißheit, daß der Schöpfergott auch der Vatergott ist und daß dieser Gott seine *basileia* als Horizont der menschlichen Existenz bestimmt hat. Mensch zu sein heißt, privilegiert und frei zu sein, um auf die *basileia* hin zu leben. Gott als Schöpfer ermöglicht die *basileia*-Suche des Menschen."[10] Mit dieser These beantwortet sie die Frage, worauf Jesu Aufforderung in 6,33a zielt: „Sucht zuerst das Reich Gottes und seine Gerechtigkeit". Der Weg der Nachfolge ist eine Suchbewegung, deren begehrtes Objekt jeder Verfügbarkeit entzogen bleibt und die gerade durch diese Nicht-Verfügbarkeit offen für Gottes Kommen bleibt. Mit dieser Suche nach dem

10 O. Wischmeyer, Matthäus 6,25–34. Die Spruchreihe vom Sorgen, in: ZNW 85 (1994), 1–22, hier: 4.

entzogenen Grund wird ein Suchen nach der damit verbundenen Gerechtigkeit verknüpft, dessen politischer Sinn als „aspirierte, angestrebte, imaginierte Identität“[11] der Kinder Gottes erscheint, die „als solche“ „zur Konstitution des Handlungspotentials“[12] der sich als Kinder Gottes angesprochen Fühlenden beiträgt. In dieser durch den Anspruch der Bergpredigt konstituierten Identität als Kinder Gottes liegt ein normativer Sinn, der gerade durch den Indikativ des Zuspruchs, Kinder Gottes zu sein, ermöglicht wird.

> „Identität ist ein normativer, sozialer Anspruch, den Personen an sich und andere stellen können, wohl wissend, dass niemand diesen Anspruch jemals zu erfüllen in der Lage ist. Mit anderen Worten: Es gibt keine Identität ohne Selbstentzug. Letzterer ist für erstere konstitutiv und nicht ein bloßes Störelement auf einem Entwicklungs- oder Bildungsweg, der teleologisch im Sinne einer morphologischen Entelechie auf einen fest umrissenen Endpunkt zuläuft und schließlich ein abgeschlossenes und geschlossenes Sinngefüge umfassen könnte.“[13]

Die Identität der Kinder Gottes wird bezeugt durch ihre sie selbst auf die Werte des Reiches Gottes verpflichtende Suche, deren Entzogenheit und auch ihr wiederholtes Scheitern ihrer Entschiedenheit gerade nicht zuwiderläuft. Vielmehr kommt ihr ein Freiheitsgewinn gerade durch das Gewahrwerden der strukturellen Unverfügbarkeit zu, das jede Rede von alternativlosen Sachlogiken als ideologische Täuschung enttarnt und dadurch eine evident politische Wirkung entfaltet, ohne in politische Besserwisserei abzugleiten. Deshalb ist die sich im Vater-Unser aussprechende Bitte zentral für christliche Existenz: „Dein Reich komme“ (Mt 6,10a). Das unsägliche Leid, das Menschen im Namen ihres Christentums über die Welt gebracht haben und bringen, erwächst aus der Missachtung dieser Bitte als Bitte an den ganz Anderen. Die Hass und Gewalt säenden und praktizierenden Christen verdrängen die demütig bittende Kindschaft Gottes durch ihre Selbstermächtigung, die sagt: „Wir errichten

---

11 STRAUB, Identität, 280f.

12 A.a.O., 281.

13 Ebd.

das Reich Gottes!" Die Kinder Gottes hingegen bezeugen ihre Kindschaft mit dem Vater-Unser, das sie beten lehrt.

In der Bergpredigt geht es weder um die *Fest-stellung* christlicher Vorschriften, die dann situationsunabhängig in blindem Gehorsam zu befolgen wären, noch um den Erweis der allgemeinen Sündhaftigkeit, der das alltägliche und politische Leben der Nachfolgenden von den konkreten Weisungen der Bergpredigt dispensierte, sondern um die ermutigende Anweisung zur prekären Selbstbestimmung als Kinder Gottes auf dem Weg der Nachfolge im vor-läufigen Horizont des Reiches Gottes. So werden die Kinder Gottes zu hoffentlich Handelnden.

Die nach-folgende Selbstbestimmung ereignet sich als Bezeugung des Anderen, der seinen Weg der Bezeugung des Gottes Israels konsequent vor-läufig gegangen ist. Die Bergpredigt verspricht die vollgültige Bezeugung der Kinder Gottes als Nachfolgende durch diesen anderen Zeugen Gottes. Da die Nachfolge mit diesem Versprechen in eine eigene prekäre Vor-läufigkeit führt, spricht sie den sich in ihrer Bezeugung des Anderen Verstehenden, Empfindenden und Handelnden zu, schon jetzt reichlich beschenkt zu sein (*makarios*). In dieser kon- und dezentrierten prekären Selbstbestimmung der Kinder Gottes bildet sich ihr „Selbst als auf den Anderen Antwort Gebendes, das als solche auch den Sinn politischen Lebens inspiriert."[14]

Dieses Antwortgeben praktizieren die Kinder Gottes im Gebet, das ihnen wiederum Kraft und Freiheit gibt, alternativ zu denken und zu handeln und sich von dem Weg der Nachfolge auch nicht durch das eigene Versagen und Scheitern abbringen zu lassen. Christinnen und Christen aller Kirchen und Konfessionen können und sollen gemeinsam handeln und so für eine bessere, gerechtere, gesündere Welt kämpfen, weil sie gemeinsam beten können. Die Handlungsoptionen der hoffentlich handelnden Kinder Gottes wissen sich nicht bestimmt vom „Machbaren", sondern allein von der Frohbotschaft der Schrift.

---

14 B. LIEBSCH, Prekäre Selbst-Bezeugung. Die erschütterte Wer-Frage im Horizont der Moderne, Weilerswist 2012, 10.

Bibelstellenregister

Sachregister